ドキュメント
銀行

金融再編の20年史——1995-2015

前田裕之
日本経済新聞社 編集委員

Discover

ドキュメント
銀行

金融再編の20年史――1995-2015

前田裕之
日本経済新聞社 編集委員

Discover

ドキュメント 銀行　目次

はじめに

「銀行」は「お金」と同様に人間の生活を支える基盤である。現代社会で、お金を全く使わずに生活するのが不可能なのと同様に、銀行と全く接点を持たずに暮らしていくのはかなり難しい。預金口座を作ってお金を預けている人、ATMでお金を引き出している人、住宅ローンを借りている人、事業資金を借りている中小企業の経営者、銀行の窓口で公共料金の払い込みをしている人、銀行の株を買っている人など、何らかの形で銀行と取引をしている人は膨大な数にのぼる。

それだけ影響力が大きい存在であるにもかかわらず、銀行について真剣に考えたことがある人はどれだけいるだろうか。銀行とはどんなところで、何を考え、どう行動しているのか、よく知っている人は少ないのではないだろうか。銀行についてよく知らなくても従来通りの取引を続けられるのなら、それでも構わないかもしれない。「銀行にお金を預けたままにしておけば安心だ」と何となく考え、取引を続けている人も多いだろう。

銀行（お金）と似たような存在はほかにもある。電気・ガス・水道、鉄道・航空、郵便などども生活の基盤として重要な役割を果たしているが、多くの人は、それぞれの事業がどのように成り立っているのかを知る機会が少ないままに、利用を続けている。
だが、こうした事業に、ひとたび事故が起きると、社会全体が麻痺してしまう恐れもある。電気を例に挙げよう。電気を供給しているのは電力会社であり、ほとんどの人が利用しているが、電力会社とはどんなところで、何を考え、どう行動しているのか、無関心な人が大半だった。ところが、2011年3月11日、東日本大震災が発生し、福島の原子力発電所が事故を起こすと、空気は一変した。原発事故は各方面に多大な悪影響を及ぼし、東京電力ひいては電力会社の経営や事業の内容に国民の目が向き、批判の声がわき上がった。問題の根は深く、電力会社の経営だけでなく、日本のエネルギー政策の根幹が問われる事態となった。原発事故が起きる前に、手を打つことはできなかったのか。

原子力発電所を抱える電力会社の経営と、銀行の経営とはもちろん大きく異なるが、「危険性」の質が異なるだけだ。メガバンクを中心に日本の銀行は今、経営が安定しているようにみえるが、銀行は本当に安全なのだろうか。バブル経済が崩壊し、不良債権問題を抱えて瀕死の状態に陥った銀行界が立ち直ったと言えるのは、ほんの10年前である。日本の銀行は総じて影響が小さかったが、2008年秋のリーマン・ショックが引き金となり、世界の金融機関の経営が大きく揺らいだのは記憶に新しい。

「銀行業とは何か」、「銀行は安全なのか」という疑問に答え、これから銀行とどう付き合うべきかを考えるヒントを提供するのが本書の狙いだ。

本書の特徴と構成を説明しよう。筆者は日本経済新聞社の記者としてほぼ30年間、経済問題などをテーマに取材をしたり、記事を書いたりしてきた。30年の記者歴のうち10年以上は金融業界を担当してニュースを追いかけ、それ以外の時期も金融界の動きには関心を持ち、観察を続けている。その過程で数多くの銀行の経営者や銀行員たちの肉声を聞き、銀行を舞台に何が起きてきたのかを目の当たりにしてきた。

本書では、筆者が直接、目にしてきた事実を柱に据えてストーリーを展開する。ただし、取材先が「オフレコ」を前提に話した内容や、取材先のプライバシーに関わるような内容は避け、基本的には筆者がすでに新聞媒体等で紹介した「オープン」情報をベースにしている。それゆえ本書には「衝撃の新事実」は含まれていないが、「オープン情報」の多くは時間の経過とともに「忘れられた情報」になっており、読者に多くの「発見」をもたらすと期待している。

筆者が見聞してきた事実だけでは足りない部分を補うため、銀行の経営者らが出版した回顧録、新聞や雑誌の記事、銀行や金融当局による公開情報なども参考にし、読者に全体像を提供するよう心掛けた。また、新聞記者の宿命ではあるが、事実を淡々と記述するだけだと、問題の本質をとらえきれず、理論の裏付けも弱くなりがちだ。そこで、本書では、「銀行業とは何か」を考える材料になりそうな著書を、ジャンルにとらわれずに随所で引用し、読者の理解の助けになるように工夫した。本書の目的は個々の事実をどうつなぎ合わせ、解釈したらよいのか、見取り図を示すことにあるからだ。

第1~3章では、日本の大手銀行がバブル崩壊後にどのような運命をたどり、日本の5大金融グループ（三菱UFJ、みずほ、三井住友、りそな、三井住友トラスト）がどんな経緯で誕生したのか、過去20年間の動きを中心に検証する。各章に、その時代を象徴する経営者らを「主人公」として登場させ、経営が傾いた銀行の再生に奮闘する姿を描き出す。様々なエピソードを紹介する傍らで、銀行業務の基本、不良債権問題の構造、「追い貸し」の背景、合併の功罪など、銀行業の本質を考える上でのポイントを整理する。

第4章では、銀行の「新陳代謝」をテーマに、地方銀行・第2地方銀行と、インターネット銀行などの新設銀行を取り上げる。全国で100を超える地銀・第2地銀の動きをすべて紹介するのは不可能であり、地銀・第2地銀を象徴する事例に絞り込んで分析した上で、これからの地銀・第2地銀全体の動きを占う。新設銀行についても、代表例と全体像のパートで構成する。

第5章第1節では、第1~4章の記述を踏まえ、銀行業の本質を、経済理論を紐解きながら解説する。第2節では「銀行の世界史」に触れた後、銀行経営を大きく左右してきた日本の金融行政、金融制度の変遷をたどる。そして第3節では、銀行はどうあるべきか、銀行とはどう付き合うべきか、筆者の私見を交えて問題を提起する。

なお、本書に登場する経営者らの肩書は原則として当時（本の著者は発刊時）のままとし、敬称は略した。

第1章

金融危機の「入口」と「出口」

第1節

巨額損失事件で奈落の底に

日本全国に支店網を巡らし、津々浦々に銀行員を配置している銀行グループは今、4つある。三菱UFJフィナンシャル・グループ、みずほフィナンシャルグループ、三井住友フィナンシャルグループと、りそなホールディングスの傘下にあるりそなグループである。

この4グループのいずれか、あるいは複数に預金口座を持っている人は多いのではないだろうか。4グループ以外に口座を持っていて、直接の取引はなくても、ATMコーナーを利用して自分の口座からお金を引き出したり、代金を振り込んだりした経験がある人も少なくないはずだ。

日常生活の風景にすっかり溶け込んでいる4グループだが、経営が安定したとの評価が定着してきたのは、実はごく最近のことである。「銀行は安定した業種だ」との見方が広がり、学生の就職人気ランキングでも4グループは上位に顔を出している。そんな空気に水を差すつもりはないが、今の4グループはどんな経緯を経て出来上がったのか、そして経営の面で問題点はなくなったのか、検証してみたい。

巨額損失の告白　金融危機の入口

そこでまず、今から20年前に時計の針を戻そう。20年も前のことを今、振り返っても仕方がないとの声が聞こえてきそうだが、当時、日本の銀行界で起きた出来事は決して昔話だとは片付けられず、再び目の前で繰り返される可能性が十分にあるというのが筆者の見方である。なぜなら、当時、日本の銀行が抱えていると指摘された様々な問題は20年たっても解決されたとは言えないからだ。銀行が構造的に抱える問題が奥深くに潜んでいる以上、いつ表に出てもおかしくない。

だからこそ、20年間に何が起き、どんな問題があるとされたのかを、振り返ってみる意味がある。

最初に登場する銀行は、りそなグループの中核をなす、りそな銀行の前身である大和銀行である。大和銀行は大阪に本拠を置く大手銀行の中で、住友銀行（現・三井住友銀行）、三和銀行（現・三菱東京UFJ銀行）に続く第3位の銀行であった。

収益至上主義という言葉がぴったり当てはまる行風で知られる住友銀行や、その後を追う三和銀行に比べると、なんとなくのんびりしたムードが漂う半面、中小企業などの面倒をよくみる誠実な銀行というイメージがあった。

当時の関西系の3銀行を象徴する情景としてよく語られていたエピソードがある。タイトルは「夜8時の法則」。この時間に住友銀行の行員はなお銀行で働いている。三和銀行の行員は大阪の歓楽街である北新地で酒を飲んでいる。大和銀行の行員は家に帰ってビールを飲みながらテレビでナイター（プロ野球中継、今でいうナイトゲーム）をみているというものだ。

住友銀行員が遅くまで働いているのはイメージ通り。三和銀行員にしても、大和銀行員にしても、もう働いていない点では同じかもしれないが、家に真っ直ぐに帰らずに酒を飲んでいる三和銀行員に比べ、おとなしく家に帰ってテレビをみているところに、大和銀行員のイメージがぴったりなのだ。極端にデフォルメされた姿ではあるが、3行の違いをよく表すお話ではある。

そんな大和銀行が世界の金融界を揺るがし、日本を奈落の底に突き落としたのが、ニューヨーク支店巨額損失事件である。そして、この事件はバブル経済の崩壊後、日本の金融界が深刻な危機に陥り、長いトンネルから抜け出せなくなった暗い時代の始まりを象徴する出来事であり、「金融危機の入口」と位置付けることができる。事件を振り返ってみよう。

事件の「発覚」は１９９５年7月。ニューヨーク支店で証券運用を担当する井口俊英が頭取の藤田彬に、１９８３年から銀行に無断で米国債の簿外取引を継続し、巨額の損失を隠蔽していたことを告白する書状を送ったところから始まる。大和銀の首脳陣は告白状で初めて巨額損失の実態を知ることになるのだが、12年もの間、井口の不正行為を見抜けなかった管理体制の不備もさることながら、事件を知った首脳陣の初期動作と、その後の対応のまずさが、大和銀の信用失墜に輪をかけてしまったのである。

井口は事件の経緯を手記で克明に綴っている。手記を読みながら、日本の銀行が抱えていたとされる問題を明らかにしていこう。井口の告白はこんな書き出しから始まる。

前略　私はニューヨーク支店配属の井口俊英です。ここに記する事は私の正直な告白です。この事件が、当行に及ぼし得る影響を考えれば、只一人の人間として、この様なことを起こし得る体制が存在したことと、自分がその真直中《まっただなか》に居合わせた不運を呪うばかりです。事実を先に述べます。私はニューヨーク支店の米国債取引で約十一億ドルの損失を出しております。損失は当店の投資有価証券をはじめ、顧客より保管銀行（カストディアン）として保護預かりしている米国債を売却して埋め合わせてあります。この様な不祥事を直接頭取殿にご報告することにしましたのは、当行が打つべき手を打つ前に外部に本件が漏れて、当行が一層不利な立場に追い込まれることがなき様、これ以上当行に損失が生じない様配慮したもの

です。現在のところ、この事実を認知している者は私以外におりません。[1]

井口は12年間、不正行為を続けた末になぜ、このタイミングで告白することにしたのか。手記では井口なりの論理を展開している。その論理が妥当かどうかはともかく、告白状を受け取った大和銀行首脳は当初、「井口が発生させた損失を内々に処理し、大きな事件になるのを防ぎたい」と考えたフシがある。法令違反を重ね、これだけの巨額損失が明らかになったにもかかわらず、首脳陣がそんな現実離れした考えを抱いたのは、それまで表に出していなかった「前例」があったからだ。それが、大和トラスト事件である。

大和銀行ニューヨーク事件は日本の大手銀行が危機に直面していることを白日のもとにさらした「金融危機の入口」として注目を集めたが、井口の法令違反に首脳陣が翻弄された事件と言えなくもない。しかし、ニューヨーク事件に少し遅れて世間の前に姿を現した大和トラスト事件は明らかに首脳陣が隠蔽工作に加担した大きな犯罪行為であり、井口の事件以上に問題の根は深い。この事件については後述する。

大蔵省護送船団方式の「善意」

井口の告白を受けた大和銀首脳が最初に相談した相手は大蔵省（現・財務省／金融庁）だ。

1995年8月8日、大和銀行は接待用の施設である白金寮に大蔵省銀行局長の西村吉正と銀行課長の村木利雄を招いた。頭取の藤田以下、ニューヨーク事件に関係する首脳陣が勢ぞろいし、「内々に」事情を説明したのである。

大和銀としては、大蔵省のお墨付きを得た上で穏便に事件を処理する手立てを探りたかったのだが、大蔵省からは「今の時期はよくない」と月末以降の発表を示唆されただけだった。この非公式会合の存在が後々、大きな問題となり、大和銀にとってだけではなく、大蔵省にも深い傷を負わせた。

大蔵省銀行局は、現在で言えば金融庁に当たり、銀行業界を監督する立場にあった。巨額損失事件について、非公式会合で説明するなど、現在の銀行業界と金融庁との関係を考えると想像しづらいだろうが、このときの大和銀行の行動は決して常識はずれだったわけではない。重大な問題だからこそ、まず、監督官庁に相談し、指示を仰ぐのが当たり前だったのである。

大蔵省と銀行界の関係を象徴する言葉としてよく使われたのが「護送船団方式」である。この言葉自体を今や、ほとんど耳にしないが、軍事用語である。最も速度の遅い船に合わせ、統制をとりつつ船団が進む様子を指している。戦後日本の銀行業界はその典型とされ、監督官庁の大蔵省が銀行業界の手綱を握り、体力が弱い銀行が落伍しない様に統制した。（図表

図表 1-1　護送船団方式のイメージ

1－1参照）

どうして、こうした方式が出来上がったのか。戦前の日本では、弱小銀行の経営破綻が珍しくなく、社会不安の原因にもなっていた。戦後、経済復興を目指す日本は、銀行界の秩序を守りながら産業界に安定した資金を供給する必要があったからである。１９７０年代に高度経済成長が終わり、資金不足から資金余剰に時代が変わる中で、護送船団方式も変身を迫られていたが、銀行業界を牛耳ってきた大蔵省は権限を手放そうとはしなかった。

日本経済が右肩上がりの時期には、産業界への資金供給を担い、メーンバンクとして大きな影響力を持つ銀行界を統制する大蔵省はまさに、日本経済を統制していたといっても過言ではない。ところが、バブル経済が崩壊し、多くの銀行が経営危機に陥るに至り、大蔵省の手に余るようになってきた。大和銀行ニューヨーク事件は、監督官庁と銀行業界との関係が崩れさる予兆だったのだが、8月8日に白金寮に集った面々には、そんな自覚はなかっただろう。

大蔵省が「8月末まで待て」とサインを送ったのは、直前に東京のコスモ信用組合が経営破綻し、さらに大阪の木津信用組合と兵庫銀行の経営破綻の発表が控えていたためだ。大型の経営破綻に、大和銀行の案件が加わると、金融不安が広がりかねないと心配したのだ。銀行界の箸の上げ下ろしまで指導すると揶揄された大蔵省にしてみれば、経営破綻の発表のタイミングを監督官庁がコントロールするのは当然であり、大和銀行に事実上、待ったをかけたのも、金融システム不安を抑えるためという「善意」からだ。8月30日には木津信組と兵庫銀の経営破綻の発表があり、大蔵省の思惑通り、大きな混乱は生じなかった。

「博打に勝つか負けるか」という危ない橋

大蔵省から明確な指示を得られなかった大和銀行はこの後、井口に不正取引の手口などを報告させながら、米国の弁護士に相談し、9月18日に米国の金融当局に事件を報告した。井口の告白状が届いてからほぼ2カ月が過ぎていた。そして、9月23日には米連邦捜査局から井口が逮捕され、9月26日に大和銀行はようやく、ニューヨーク巨額損失事件について記者会見を開いて発表する。

巨額損失と、井口の不正行為について説明した頭取の藤田は、再発防止策について問われると、「海外の現地行員の管理・教育が現地の支店長など現場任せになっていた面があり、日本の本部も関与していく体制に改めた。具体的には現地行員の人事管理・教育を専門に担当する行員4人を任命したほか、検査体制についても10人の海外専任担当者を配置した」と説明した。

井口の不正行為を見逃し続けたのは「組織と人事管理の問題」と総括する藤田の認識は誤りとは言えない。井口は米国債を簿外で無断売買して生じた損失を同行が保有したり、顧客から預かったりしている投資有価証券を売却して穴埋めしていた。証券の売買部門と管理部門の責任者を同一人物が務める体制が、不正行為の温床となった。

ニューヨークには日本の他の大手銀行なども軒を並べていたが、巨額損失事件が発覚したのは大和銀行だけだ。不正行為を働くような人間をチェックできなかったばかりか、逆に稼ぎ頭として評価していた大和銀の人事管理がお粗末だったことは確かだろう。大和銀は当時、11行あった都市銀行のうち資金量で7位であり、人材の面で上位行とは差が開いていた。大和銀がもっとしっかりと人事管理をしていれば、こんな事件は起こらなかったのかもしれない。

だが、問題の根はもっと深い。そもそもなぜ、大和銀は井口に頼っていたのか。井口のように稼げる手段がほかになかったからである。再び手記に戻ろう。井口は米国債取引の仕組みを次のように説明している。

米国債取引の仕組みは簡単である。アメリカ政府が資金調達のために発行した債券が米国債。中でも最も値動きの激しいのが三十年債（ロングボンド）で世界中の金融機関、投資家がこの債券が上がるか、下がるかで博打をはっている。私たちは、下がる方にはっていた。すなわち、二十七億ドル相当の米国債を空売りしていたのだ。もともと資産として持っていない米国債を売る（空売りする）ためには、現物を証券会社（業者）から借りてくる。これが空売りポジションである。業者は、私たちが売った米国債の代金を担保として押さえている。業者は信用があればいくらでもチップを貸してくれ、そのチップで私たちは相場をはる。これが、元手なしに、二十七億ドルの相場がはれる仕組みである。予想通りに米国債が下がってくれれば、安くなったところで買い戻して売買益を得る。

もうとっくに金銭感覚など消えていた。売りポジションなので相場が上昇すると損は膨らむ。かといって下落する見通しがあるからポジションを持っているのではない。どう見ても上がりそうだが、ポジションを売りから買いに転換するにはあまりにも巨額になり過ぎてい

た。取引金額では世界最大の米国長期債市場でも、我々のポジションは大き過ぎて、動かせばたちまち世界中に知られてしまう。[2]

井口は米国債の売買を「博打をはる」と表現している。結局、博打に負け続けた分を有価証券の不正売却で穴埋めしていたのだが、仮に「博打に勝ち続けていた」としたら、井口はニューヨーク支店のヒーローであり続け、「人事管理の問題」も表面化しなかっただろう。大和銀行ニューヨーク支店は「博打に勝つか負けるか」という危ない橋を渡っていたのである。

もう1カ所、米国債取引について説明をしている個所があるので、少し長くなるが引用しよう。

大和ニューヨーク支店で認められていた米国債取引の形態は、日中に売買を完結する日計り取引（Day Trading）であり、投資、投機、賭博のどのカテゴリーにも属さない。

一般に投資（インベストメント）とは、元本リスクを最小限に抑え、より高い運用益を得ることが目的であり、預金、債券運用、配当金目的の株式長期投資が主なものである。

それに対し、投機（スペキュレーション）とは対象物（件）の将来価値を独自の知識、分

析力をもって予想し、売買益（キャピタルゲイン）を目的として資金を投じる行為であり、一般の株式売買が一番分かり易い例だ。ただ投機には、自分の予想が外れた場合、元本の一部または全部を失うリスクが伴う。最後に、賭博（ギャンブリング）は勝率が五割以下の遊びであり、目的はあくまでも娯楽である。賭博で金儲けをしようというのは、単なる希望的観測であって、自滅への最短距離である。

日計り取引は文字通り、日中の動きの中で売買益を狙ってごく短期的な売買をすることで範疇としては投機と賭博の間のきわめて狭い部分に位置する。日計り取引のあるべき姿とは、一旦相場に入ったら、不安、悲嘆、怒り、歓喜といった感情や、欲、意地、見栄といった人間の悪心が入り込まないように、前もって立てた綿密な作戦を忠実に実行することにより、小さく負けて、大きく勝つ取引を来る日も来る日も繰り返すことである。

誰しも相場に入ると、個人差はあれど、理性が感情に支配されてしまう。そしていずれ感情に左右されて自らを滅ぼす。相場に入る前の冷静な頭で練った理性的かつ客観的な作戦をいかに忠実に実行し通せるかが、日計り取引において勝敗を決めるのだ。もちろん作戦の良し悪しも大事である。（中略）

説明が長くなったが、我々はこういった日計り取引の原則を全く理解せぬまま、我流の相場観に基づいて取引を繰り返していた。日計り取引ではなく自分の相場観に基づいたごく目先の投機になってしまっていたのである。[3]

最初に引用した個所と読み比べてみると、井口の心理状態がよくわかる。「目的はあくまでも娯楽である」と井口自身も考える、勝率が低い賭博で金儲けを狙ったものの、大きな失敗をして「負ける前に逃げる」ことができなかったのである。

井口の敗北はもちろん、井口の資質によるところも大きいのだが、そもそも「賭博」で安定した収益を上げることなど、どだい無理なのだ。その証拠に、後から井口と一緒に仕事を始めた2人もやはり米国債取引で大きな穴をあけ、不正行為に手を染めていく。

申し開きできない組織ぐるみの隠蔽工作

井口はどれくらいの利益を上げていたことになっていたのか。詳細は明らかになっていないが、ニューヨーク支店での米国債の売買益は年間5億~10億円（1ドル＝100円換算で500万~1000万ドル）程度、同支店全体の収益が年間2000万~2500万ドルと後に大和銀は説明しており、同支店の収益の半分近くを井口が稼ぎ出していた計算になる。大和銀全体にとっては微々たる金額だが、他に稼ぎ口がないニューヨーク支店にとって井口は貴重な存在だったことがわかる。

だが、内実を伴わない「国際業務」のつけは大きかった。不正取引による巨額損失約11

00億円に加え、米ニューヨーク連邦地検との司法取引による罰金約360億円が特別損失となり、1996年3月期決算では、貸出業務など本業によるもうけである業務純益と特別損失がほぼ同額となり、本業による稼ぎが吹き飛んでしまった。

藤田の記者会見に話を戻そう。

この記者会見には虚偽が含まれていた。1つ目は、事件の報告時期だ。大蔵省には8月8日に報告したにもかかわらず、米金融当局と同様に9月18日に報告したと説明したのである。大和銀としては、大蔵省に内々に指導を仰ぎ、穏便に処理したい腹だったが、明確な指示はなく、結局、米当局への報告はそれから1カ月以上、過ぎてからとなった。この遅れを説明できる合理的な理由はない。大蔵省と大和銀との、ひいては銀行界との積年の関係が、空白の1カ月を生み出してしまった。この問題は後に表面化し、銀行不信、大蔵省不信に拍車をかける結果となった。

2つ目は「虚偽」と断定するのは酷かもしれないが、あえて公表しなかったという点ではもっと罪が重い。それが先にも触れた大和トラスト事件だ。大和銀行の米国子会社であるダイワ・バンク・トラストを舞台に起きた不正事件である。発生したのは1984年。米国子会社の行員が米国債の簿外取引で最大9700万ドル（約97億円）の損失を出した。経営幹部はその事実を知りながら粉飾決算で内々に処理し、金融当局に報告しなかった。
ペーパー会社を作って損失を移し、香港の現地法人など海外のグループ会社が資金を融資して94年に損失を穴埋めした悪質な行為である。今回のニューヨーク巨額損失事件とのからみで、表面化したが、そうでなければ永遠に闇に葬られた可能性が高かった事件である。新聞報道などを受け、大和銀は10月9日に大和トラスト事件の公表を迫られ、頭取の藤田らは引責辞任に追い込まれたのである。

大和トラスト事件とニューヨーク事件には共通点が多いが、違いもある。事件の発覚後、前者の場合は組織ぐるみで隠蔽し、後者ではまず、大蔵省に相談し、指示を仰いだ。結局は両事件ともに白日のもとにさらされ、大和銀の信用は地に落ちたのだが、大和トラスト事件は、首脳陣が実態を知りながら隠し続けてきたわけで、ニューヨーク事件より罪が重いとの見方もできる。

米国の金融当局が最終的に大和銀に米国からの完全撤退を命じることになったのは、事件についてきちんと報告をしなかったからである。大和銀が米当局との司法取引に応じるにあたり、ニューヨーク支店事件そのものは井口個人の犯罪だとする大和銀の主張が認められた。大和銀は大蔵省の「示唆」に従って米当局への報告を遅らせたが、最後まで隠し通すつもりではなかったとの言い分も通った。

これに対して、大和トラスト事件は組織ぐるみの隠蔽工作であることは明白であり、申し開きができる余地はない。大和銀は、大和トラスト事件での起訴を防ぐためにニューヨーク事件での司法取引を急いだともいえる。大和銀は連邦地裁から起訴された24の罪状のうち、詐欺、共同謀議、重罪隠匿など主要16項目の罪を受け入れ、大蔵省も日本の金融危機防止のため、大和銀の報告の遅れを支持していたことを弁明書で明言した。

米当局が問題視したのは、「組織ぐるみの隠蔽工作」であり、大和トラストやニューヨーク支店で、ごく一握りの行員が「博打」に近い巨額な国債売買で収益を上げようとする態勢そのものには何ら注文をつけていないのだ。この事実が持つ意味については後に改めて考えることにする。

決まった「敗戦」をいかに鎮めるか

さて、ここでようやく、この節の主人公が登場する。当時、大和銀行常務だった國定浩一である。國定は95年6月、東京から大阪駐在を命じられ、生まれ育った大阪の地で仕事を始めたばかりだった。ところが、ニューヨーク事件の発覚後、同年9月末に急きょ、事件担当となり、再び、東京に戻って事後処理にあたった。

國定が事件担当になった時点で、大和銀はどんな状況に陥っていたかを改めて考えてみよう。ニューヨーク支店の巨額損失事件についてはすでに公表済みだが、大蔵省への報告時期など虚偽を含む内容であり、しかも大和トラスト事件については隠蔽したままの状態である。大和銀の国際業務を拡大してきた会長の安部川澄夫や頭取の藤田らが、事件の責任をどう取るのかは決まっていない。そして、こんな状態になった銀行が立ち直れるのかどうか、視界は極めて不良だ。

この後、事件がどう展開していくにせよ、「敗戦」は決まっていたといえる。國定にできることといえば、米金融当局の怒りをできるだけ鎮め、少しでも処分を軽くしてもらうこと、くらいしかなかっただろう。

國定は事件担当になった後、ニューヨークと東京を往復して米金融当局と銀行との間にできた大きな溝を埋めようとした。往復は95年10月から96年3月までに7回。交渉のヤマ場では、ニューヨークに1週間、東京に1週間といった日程だった。國定は東京では丸の内のパレスホテルを定宿にしていて、東京にいるとわかっている日は、マスメディア各社の担当記者が彼の帰りをロビーで待ち構えていた。

事件担当になる以前から、メディア対応には慣れていた國定は、ロビーに姿をみせると連日のように即席の説明会を開き、記者から、いつ果てるともなく矢継ぎ早に投げかけられる質問に答えた。筆者も大勢の記者の中の1人で、米国との往復で疲労困憊しているであろう國定が疲れた表情をみせずに、長時間、記者たちに向き合う姿勢には心を打たれるものがあったが、残念ながら國定から「すぐに記事になる」話が出た記憶はない。

今、考えれば当たり前のことだが、大和銀には、自己決定できることがほとんどなく、ましてや國定が日本の記者に話しても良いことなど、ほとんどなかったのだ。筆者はのちに、もちろん取材する側とされる側という関係ではあるが、國定と親しい間柄となり、彼の人となりをよく知ることになる。記者の立場をよく理解し、関西流のユーモアを交えながら当意即妙な受け答えをする國定にしてみれば、「何も言えない」当時の状況は歯がゆかったに相違ない。記者たちの質問攻めがようやく一巡すると、國定は長身を屈めるように一礼し、自室へと引き揚げるのが常だった。

國定は当時の心境をこう振り返っている。

「野球は九回裏二アウトからや。たとえ十三対〇で負けとっても、逆転できる。満塁ホームラン三本で、あと一点。そこでもう一人ランナーが出て、ツーラン打ったら逆転やないか」

一九九五年の暮れも押し迫っていた頃、大粒の雪が降ってくる夜中のニューヨークを歩きながら、ぶつぶつと呟いていたのをいまでもよく覚えている。

どんなに暗くて長いトンネルをくぐっていくことになろうとも、その先に針の穴のような点が見えたなら、いつかは外に出られるし、日の目を見られる。

「どんな状況でも、逆転は可能や！」

その時の私はそう考えていたのだ。自分に言い聞かせていたのではなく、そう信じていたのである。（中略）

このときの不正取引と損失については、アメリカ金融当局への報告が遅れていたこともあり、アメリカ側は最初から大和銀行がアメリカから完全撤退することを求めてきていた。アメリカ金融当局との折衝はもちろん、裁判対策や当地の従業員の処遇や拠点の整理といった課題が山積みで、寝る暇もない日々が何ヶ月も続いていたのだ。

ここを乗り切ることができるのか。大和銀行は存続できるのか……。

そんな不安がのしかかってきていた中で、私は「野球は九回裏二アウトからや」と繰り返しつぶやき、この苦境から這い上がっていくことは必ずできると信じていたのだ。[4]

國定があえて野球のたとえを出して、追い込まれた当時の心境を吐露しているのには理由がある。その理由は追って説明するが、「どんな状況に追い込まれても逆転できる」とポジティブな考え方をする國定といえども、絶体絶命のピンチであることはよく認識していた。

不正行為による巨額損失と米国の監督当局への報告の遅れもあり、米国側は当初から完全撤退を求めていた。國定は表向き戦う姿勢を崩さなかったものの、11月頃からは完全撤退を視野に入れ、拠点売却、従業員の処遇、裁判対策などで寝る暇もない日々が続く。

ニューヨーク事件の前後、日米関係はあまり良くなかった。大和銀事件は「日本たたき」の材料になった面もある。國定の奮闘は高く評価できるが、限界はあった。最終的には大和銀行は「存続」はできたものの、96年2月に米国から完全撤退を余儀なくされ、司法取引にも応じざるを得なくなった。

エリート銀行員の典型的な姿

ここで國定の経歴を振り返ってみよう。

東大法学部を卒業して大和銀行に入行した「エリート」である。東大受験に1度、失敗し、1浪して東大に入学後はあまり勉強をせず、就職活動で他の大手銀行などに軒並み断られ、只一つ、内定をもらえたのが大和銀行だったという。それでも、大和銀行内では将来を約束された人間であり、入行3年目で海外トレーニー（研修生）の試験を受けたところ、ニューヨーク支店勤務となった。

入行以来、配属先の支店（大阪の久太郎町支店）で外国為替や融資などの日常業務に追われながら、高校時代の友人と毎週末に英会話の勉強を続けていた。英会話くらいできないと銀行員として大成できないと考えたからだった。

ニューヨーク支店の日本人スタッフは8人で、國定は最年少の行員だった。同支店の主な業務は輸出入為替と現地での貸し出しで、商社を中心とする日系企業が主な取引先であった。國定の仕事は日本との間で情報をやり取りする電信係。ニューヨーク支店の業務の状況を日本に伝え、日本から指示、連絡を受ける係だ。

現地時間の夜8時までには日本に送信し、帰宅は11時くらい。翌朝6時には出社し、テレックスで日本から送られている暗号文を日本語に訳す。激務ではあったが、休日には米国の隅々まで旅行し、海外生活を楽しんだ。米国人は明るくて親切という印象で、親近感を抱きながら仕事を続けていた。

しかし、ニューヨーク事件担当となって再び米国で仕事をすることになった國定に米国人たちは全く違った態度を取る。利害が対立しないときは明るく親切だが、ひとたび「敵」とみなされると、徹底的に攻撃してくるのだ。

ニューヨーク支店勤務は順調だったが、國定には気がかりなことがあった。父が運営する建材会社の経営が傾き、両親の生活が困窮するようになったのだ。実家は借金の担保に取られ、生活費にも困る状態だった。パンの耳だけを毎日、買いに来る母に同情したのか、近所のパン屋さんはそのうち、ただでくれるようになった。母は靴下を箱詰めする仕事をみつけたが、生活はいっこうに良くならない。國定はいくばくかの仕送りをしていたが、全く足りない。

ニューヨークでの豊かな暮らしと、両親の困窮生活。対照的な姿を視野に入れながら仕事を続けざるを得なかった國定は、物事には常に光と影があることを思い知らされた。それでも、「光」の象徴だったニューヨークが、後に「影」となって襲いかかってくることになるとはさすがに想像できなかった。

5年間のニューヨーク勤務を終えて帰国した國定はその後、新宿支店長、東京営業第三部長、東京企画部長などを務め、順調に出世していく。両親の生活も次第に安定し、國定の中で「影」の意識が薄れてしまう。部下には厳しく接し、返済が滞っている債務者には罵声を浴びせる。取引先からはちやほやされ、夜の宴席では当然のように上座に座る。その一方で監督官庁である大蔵省や日銀には平身低頭し、当局との窓口となる東京企画部長のときには、接待攻勢をかけた。といっても、当局との接待を任されるのは、銀行内では一握りの人間であり、その場に居合わせることはエリートの証しでもあった。

こうした生活を送る中で、自分が特別な存在であるかのように錯覚し、ごう慢で鼻持ちならない人間になったという。この自画像は、程度の差こそあれエリート銀行員の典型的な姿だったといえる。

だが、バブル経済が崩壊し、ほとんどの銀行が不良債権問題に押しつぶされる中で、銀行員に対する世間の見方は極めて厳しくなった。銀行内での人材の序列は温存されていたから、エリート意識を持つ人はなお多かっただろうが、肩で風を切って歩くことはできなくなりつつあった。ニューヨーク事件の処理にあたっていたときの國定にも、ごう慢さや、エリート意識をひけらかす場面などはなかっただろう。

話は少し飛ぶ。ニューヨーク事件の処理を終えた國定は96年、専務に昇格し、マスコミの間では「次期頭取」との呼び声も高かった。だが、ライバルとの競争に敗れ、98年には大和銀を退職し、子会社の大和銀総合研究所社長に転出して再び大阪勤務となる。この間のいきさつは色々あるが、あえて触れないでおこう。ただ、國定にとっては予想外の転出であり、しばらくの間「戦力外通告を受けた」と語って失意を隠そうとしなかった。

エリート街道を突き進んできた國定にとって銀行員人生の中では初めての挫折であり、ショックは大きかった。転出が決まったとたんに、付き合いが途絶えた人もいる。転出して間もない國定を訪問した筆者への第一声は「よく来てくれました。私は落ちぶれてしまいましたが」であった。

そんな國定を救ったのが阪神タイガースだ。幼少期は南海電鉄の沿線に住んでいて、大阪・難波の球場に南海ホークス（現・ソフトバンクホークス）の試合をよくみに行っていた。母とともに南海の野村克也の大ファンとなった。とはいえ、大阪のテレビで中継されるのは、もっぱら阪神の試合。テレビでは阪神を応援していた。

國定が大和銀総研に転出した翌年の１９９９年に野村が阪神の監督に就任すると、最初は野村ファンとして阪神の応援に熱を入れ始めたが、阪神タイガースを応援する阪神ファンたちの声や行動は國定に新鮮な驚きをもたらす。やがて自らもその輪の中に入り、甲子園球場の外野スタンドに通うようになる。挫折感を味わっていた國定は大いに癒され、意識の持ち方が大きく変わった。

どんなに弱くなっても応援してやろう

國定の真骨頂は、「阪神ファン」と「関西経済ウォッチャー」という一見すると異質な要素を融合し、「虎エコノミスト」と呼ばれる独自の存在を自ら作り出し、演出したところにある。シンクタンクのトップとして、関西の大手企業や中小・零細企業の経営者らの話を聞くだけでなく、阪神ファンに代表される「庶民」や「地べたから聞こえてくる声」にも耳を傾け、経済や景気の実態を的確につかもうとしたのである。

不況の中で職を失い、住む家がなくなって路上に青いテントを張って生活する人たちが増えていたが、路上生活者の実態を定点観測するのも、欠かせない仕事の1つとなった。こうして「行動するエコノミスト」として存在感を増していく。


「阪神ファン」と経済はどう関係するのだろうか。阪神が好成績を収めれば、観客が増え、関連グッズの売れ行きが伸びるといった経済効果が生まれるだろう。國定もそうした側面に注目はしているのだが、國定がより注目しているのは阪神ファンの行動原理や意識の持ち方である。

國定によれば、阪神ファンは（巨人ファンとは違って）傍観者にはならず、選手と一体となって「参戦」しながら応援している。野村監督時代の3年間は最下位が続いたが、それでもファンの視線は温かい。阪神ファンは「2勝3敗の哲学」を身に付けているからだと國定は説く。そして、厳しい状況にあっても、あきらめずに行動を起こす阪神ファンの姿勢は、低迷する関西経済ひいては日本経済を立て直す上で大いに参考になるというのが持論だ。

不況であっても、何かに頼るのではなく、自分に何かできることはないかと前向きに考え、アイデアをひねり出して行動を起こす。そうするうちに生産や消費が少しずつ上向き、好循環が生まれるというのだ。再び國定の著書から引用しよう。

二勝三敗の哲学とは、万年最下位に甘んじていた頃の阪神の成績に由来する。二〇世紀から二一世紀に移ろうとしている頃、阪神は四年連続最下位だったわけだが、その成績は次のようになっていた。一九九八年が五二勝八三敗。九九年が五五勝八〇敗。二〇〇〇年が五七勝七八敗一分け。二〇〇一年が五七勝八〇敗三分け。この四年間で通算すれば、二二一勝三二一敗四分けとなる。わずかな誤差はあるものの、きれいに二勝三敗の〝哲学〟が守られていたのがおわかりだろう。この頃、阪神ファンでない人間からは「あれだけ弱いチームの応援をよく続けられますね?」「あんなに負けてばかりだとつまらないでしょう」と言われ続けた。だが、そんな心配は大きなお世話だったし、そうした言葉に対しては、私は常々、次のような言葉を返していたのだ。「二勝三敗のペースで何が悪いんや。五試合やって全部負けとるわけじゃなくて、二回も勝っとるやないか」(中略)現在の世の中にあって、巨人のように、いやかつての巨人のように、「勝ち続けるのが当たり前」になっているほど幸せな人がどれだけいるものだろうか、と。(中略)二勝三敗というペースは、人生哲学を学ぶためにもちょうどいい具合になっていたのである。(中略)「我慢は美徳」だということを学んだ阪神ファンの子どもたちと、「来年は、もっと値の張る四番打者を二~三人取ろう」と話し合っている巨人ファンの親を持つ子どもたち——。そのどちらが将来的に社会に適合していけるかは、比べるまでもない[5]。

もともと阪神ファンだったとはいえ、國定がここまで阪神タイガース、いや阪神ファンに惹かれたのはなぜか。ニューヨーク事件の処理にあたっていたとき、野球を思い出して自らを鼓舞するシーンの描写を先に紹介したが、大和銀行が絶体絶命のピンチに陥ったとき、がんばれと声をかけてくれたのは取引先の企業だった。もちろん、取引先の多くは大和銀から資金を提供されている「借り手」であり、大和銀の経営が揺らいだら、資金供給を受けられなくなるとの計算も働いていただろう。

だが、それだけではない。大和銀がどんな苦境に陥っても、長年の信頼関係を重んじて応援する取引先の姿は、阪神がどんなに弱くても、選手たちを信じて応援するファンの姿と重なってみえたのではないだろうか。

大和銀ファンが最もやきもきしたのは、ニューヨーク事件が発覚し、信用不安に陥った大和銀を救済するため浮上した、住友銀行との合併構想である。それまで何のうわさもなかった両行の合併構想が事件後まもなく急浮上した背後には、大蔵省が控えていた。

大和銀に拒否する余地はなく、いったんは合併構想を受け入れたが、國定は当初から合併に強く反対した。本章の冒頭で紹介した「夜8時の法則」を引き合いに出すまでもなく、経営体質がまるで異なる住友銀行と合併すれば、大和銀は事実上、消滅してしまう。

そんな事態を避けたい取引先は「独立路線を貫いてほしい」と要請してきた。住友銀との合併構想はその後、しばらく話題になっていたが、最終的には合併反対が大和銀内のコンセンサスになり、やがて話は立ち消えになった。

大和銀行の銀行員は住友銀行とは違って、夜中まで働くバイタリティや競争意識には乏しいかもしれない。しかし、不測の事態が起きたとき、親身になって面倒をみてくれるのは、住友銀行ではなく、大和銀行である。だから、どんなに弱くなっても応援してやろう。こんな声を耳にした國定は大いに意気に感じ、事件の処理にまい進した。そして、新天地では、自分が応援する側に回ったのである。

【参考文献】
1 井口俊英『告白』(文春文庫 1999):13-14
2 前掲書:57-58
3 前掲書:205-207
4 國定浩一『阪神ファンの底力』(新潮文庫 2011):8-9
5 前掲書:23-26

第2節

「優しい」銀行の末路

ニューヨーク事件を決着させた大和銀行は巨額損失を上回る難題を抱えていた。不良債権問題である。バブル崩壊後、どの銀行も不良債権を背負い、処理に四苦八苦していたが、大和銀行はとりわけ苦境に陥っていた。その理由は大和銀行の経営体質、行風、都市銀行内でのポジションにある。

大和銀は全国展開する「都市銀行」ではあったが、営業地盤の中心は大阪を中心とする関西にあり、首都圏に強い商圏を持つ関東系の銀行に比べて不利な立場にあった。しかも、先述したように関西に限っても、住友銀行と三和銀行の後塵を拝しており、3番手銀行としての地位に甘んじていた。大手企業との取引にうまみがなくなりつつあったとはいえ、大手の有力企業は住友銀と三和銀がおさえており、大和銀はそこから漏れた大手企業や中堅・中小企業との取引に注力せざるを得なかった。

企業に融資をする際に、住友銀と三和銀と同じ基準で審査をしていたら、競争には勝てない。どうしても、融資審査を甘くせざるを得ない。融資を受ける側からみれば、大和銀は

「親切で面倒見が良い銀行」となる。

バブル経済が膨らんでいた時期には、通常の感覚なら資金を貸しても返してもらえない「貸し倒れ」の危険性が高いと考えられる企業でも、土地を中心に担保価値が高まるから大丈夫だろうという感覚に、どの銀行の融資担当者も陥りがちだった。ましてや、もともと「優しい銀行」だった大和銀行は、蛇口を目いっぱい開いて貸し出しを実行した。バブル崩壊でそのツケは大きく跳ね返ってきた。「誠実で優しい銀行」という評判は、銀行にとって必ずしもほめ言葉にはならないのだ。

預金者とは銀行にとっての「債権者」

銀行にとって貸出業務は本業中の本業である。ここで、銀行の業務内容について整理しておこう。銀行の業務内容は「銀行法」などの法律に定めがあり、各銀行が自由には業務を営めない。それだけ銀行は「公共性」を持つ存在なのだが、なにをもって「公共性」を意味するのかについては様々な議論があり、後に吟味する。以下では元大手銀行支店長の吉田重雄の著書などを参考に銀行の業務内容を整理する。[6]

銀行法第10~12条は銀行の「業務の範囲」を細かく定めている。1つ目は「固有業務」。銀行が営める業務として、①預金または定期積み金等の受け入れ、②資金の貸付または手形の割引、③為替取引、を挙げている。この固有業務が「銀行業」であり、銀行の営業免許を持たない限り、こうした業務を営むことはできない。

2つ目は「付随業務」。①債務の保証または手形の引き受け、②有価証券の売買または有価証券関連デリバティブ取引、③有価証券の貸し付け、④国債、地方債もしくは政府保証債の引き受けまたは当該引き受けにかかわる国債等の募集の取り扱い、⑤金融債権の取得または譲渡、などだ。付随業務とは、銀行の固有業務を営むうちに生まれてくる業務であり、経済情勢などに応じて変化する可能性がある。

そして3つ目は「他業証券業務等」。銀行の固有業務や付随業務の遂行を妨げない限度内という条件付きで認められている。①金融商品取引法に規定する投資助言業務、②同取引法に掲げる有価証券または取引について、同法各号に定める行為を行う業務、③信託法に掲げる方法による信託にかかわる事務に関する業務、などを明示している。

つまり、銀行業の中心は、預金を集め、その資金を元手に企業や個人に貸し出しを実行し、利益を上げる預金・貸出業務であると、法律にはっきり書かれているのだ。本来業務の3番目に挙がっている為替取引とは、送金や手形などによって現金を移動させずに決済する業務。

口座引き落とし、口座振り込み、送金、口座振替などがあり、国内での決済を内国為替、海外との決済を外国為替と呼ぶ。

銀行の基本機能は、個人や企業が余剰資金を預金などの形で集め、資金を必要とする相手に貸し出す「金融仲介機能」、口座を持つ預金者などの求めに応じて金銭の支払いや受け取り、送金を代行する「決済機能」、預金の受け入れと貸し出しを繰り返しながらお金の流れを増やしていく「信用創造機能」の３つ。３つの機能はいずれも「固有業務」に含まれる業務なのである。

預金と貸し出しの関係をもう少し掘り下げてみよう。専門家は預金業務を①受け入れる側が不特定多数の人を相手にする、②金銭の預け入れである、③元本保証がある、④主として預け主の便宜のためになされる、と定義するが、これだけでは法的な裏付けは、はっきりしない。法律論に基づいて考えると、預金を預ける人は、銀行に対して「債権者」の立場になり、銀行は預金者に対して「債務者」となる。銀行にお金を預けるということは、銀行に信用を供与していることになるのだ。

ところが、自分が「債権者である」という意識を持たず、「銀行は現金の保管場所である」という感覚の人が多いのではなかろうか。だからこそ、超低金利が続いて利息がほとんど得られなくても不満を持たず、銀行が預かったお金をどのように運用しているかについても無関心でいられる人が多いのかもしれない。

預金は、預金者から預けられた現金（これを「本源的預金」と呼ぶ）をベースに、銀行が持つ「信用創造機能」によってさらに膨らんでいく。この過程を説明しよう。例えば、aさんがB銀行に100万円の現金を預けるとしよう。B銀行はaさんの預金引き出しに備えて10％の10万円だけを手元に残し、90万円をC社に貸し出す。10％は仮の数字で、「支払準備率」と呼ぶ。貸出金はC社がA銀行に持つ預金口座に振り込まれる。C社は90万円をD社への支払いにあてる。D社がE銀行に持つ預金口座に90万円が振り込まれる。するとE銀行は90万円のうちD社の預金引き出しに備えて9万円を手元に置き、81万円をF社に貸し出す。この時点で、預金額はaさんの100万円、D社の90万円、F社の81万円に膨らんでいる。これを繰り返すと、預金の合計額は、最初の預金額×支払準備率の逆数（この場合は10）＝1000万円となる。これが信用創造のプロセスであり、1000万円のうち「本源的預金」の100万円を除いた900万円を「派生的預金」と呼んでいる。

預金は貸し出しの原資であるばかりではなく、信用創造のプロセスで貸出業務と密接に結びついているのだ。吉田はこう警鐘を鳴らす。

預金者の多くは、大切な財産である預金を預ける銀行の経営状態について正確に知ろうと

する努力もしていません。それは銀行を信頼する存在としてみているからです。また、近年の預金金利は異常に低いことから、利息を期待して預けるというより、元本保証で安心であるという気持ちが大きいと考えられます。一方、銀行員も預金を預かるということの本質は、預金者から資金の借り入れ＝銀行の資金調達であるという意識をもっている人は少ないと思います。銀行の貸借対照表をみて、預金が負債に載っていることさえ気づいていない行員がいます。そして、預金が貸出業務の原資として使われているということを知っている人も少ないと思います。なぜなら、筆者が貸出業務の研修を行って、「貸出金の原資は？」と質問して答えられない若手が多いからです。「（貸出金の原資は）〝銀行の金〟」と答える若手行員もいます。

「融資ほどおいしい商売はありませんよ」

次に、銀行の収益構造について、もう少し詳しく説明しよう。日本のメガバンクなどは、銀行、証券会社や信託銀行などをグループに入れ、グループ全体で収益を拡大しようとしているが、ここでは銀行本体に話を限定する。

銀行の収益は、①預金で集めた資金を貸し出しや有価証券を運用して得られる「資金利益」、②外国為替手数料、投資信託や保険の販売手数料などからなる「役務取引等利益」、③

デリバティブ（金融派生商品）取引などによる「特定取引利益」、④外国為替売買や国債等債券売買益などの「その他業務利益」からなる。

資金利益には、保有している有価証券から得られる利息・配当金、金融機関同士の短期資金の貸し借りから生じる利息など、役務取引等利益には、協調融資の組成から得られる手数料、ＡＴＭの使用料なども含まれる。ちなみに株式売却益は「その他経常利益」に計上され、本業のもうけではない、臨時の収益と位置付けられている。

全国銀行協会が、都市銀行、地方銀行、信託銀行など合計１１６行の２０１５年３月期決算を集計した数字をみてみよう。（図表１－２参照）一般企業の売上高にあたる「業務粗利益」のうち、資金利益が占める割合は約70・４％と最も高く、以下、役務取引等利益（18・４％）、その他業務利益（６・５％）、信託報酬（２・３％）、特定取引利益（２・４％）と続く。メガバンクと地方銀行などを比べると、収益構造には大きな違いが出ているが、銀行界全体ではなお預金・貸出業務による利益が圧倒的に多いのである。

例えば、りそなホールディングスの場合、２０１４年度のグループ銀行の貸出金（平均残高）は約26兆円で、このうち企業向けが約15兆円、住宅ローンを中心とする個人向けが約10兆円。これらの貸出金による利益が３４８８億円で業務粗利益（５８０５億円）の60％を占めている。

図表 1-2　全国銀行の業務粗利益の内訳

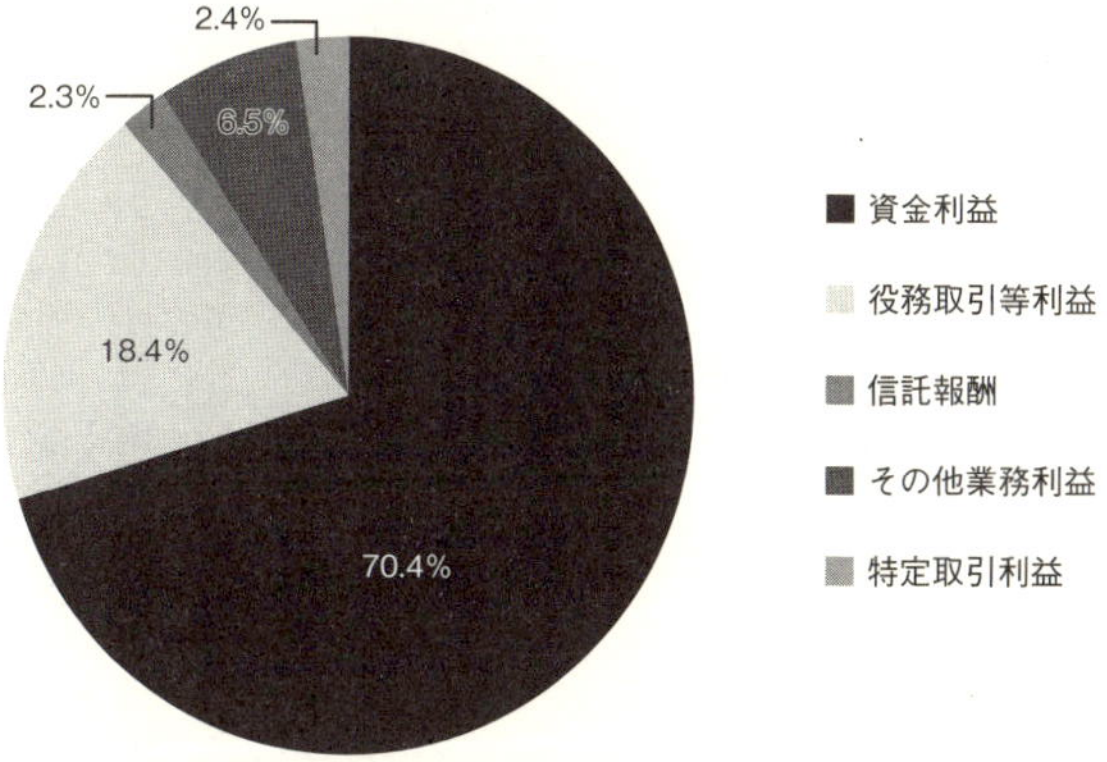

（注）全国銀行 116 行合計、2015 年 3 月期決算、合計額は約 11 兆円、全国銀行協会調べ

それでは、預金・貸出業務の基本構造について説明しよう。現在の日本では超低金利が続いているものの、銀行は預金を集めるためには一定の預金金利を支払わなければならない。ただ、集めた資金を貸し出すときにつける貸出金利を預金金利よりも高く設定すれば、銀行は確実にもうけることができる。貸出金利と預金金利との差を利ざやと呼ぶ。

例えば、銀行が預金で集めた1億円の資金を5つの会社にそれぞれ2000万円ずつ、金利を年10%、返済期間1年で貸し出したとしよう。1億円の資金に対して銀行は年1%の預金金利を払う必要があると仮定する。仮に5社がすべて約束通り資金を返済すると、1年後に銀行には1億1000万円の資金が戻ってくる。預金者に支払う金利は100万円なので、銀行は9

00万円の利ざや収入を得ることができる。

「融資ほどおいしい商売はありませんよ」。筆者はかつて取材先の銀行員からよくこんな声を聞いた。バブル経済が崩壊する前の銀行経営が安定していた時期のことである。貸出金利と預金金利の利ざやが決まっていれば、土日に銀行が休んでいても安定した金利収入が入ってくる計算だからだ。通常のビジネスなら営業を休めば、売り上げや利益の減少に直結する。銀行業という特殊なビジネスだからこそ、休んでいても、もうけが出るのだ。

調子が良いときの銀行業が「おいしいビジネス」なのは、日本に限った話ではない。スタンフォード大学教授のアナト・アドマティらは、こんなふうに描写する。

> **アメリカの銀行業界では1930年代の改革の後、40年にわたってきわめて安定した時期が続いた。取り付け騒ぎは過去のものとなった。商業銀行や貯蓄銀行は資金供給が安定し、融資のリスクも比較的小さかったため、大いに発展した。当時の空気は「貯蓄銀行のビジネスモデルは3、-6、-3」という表現からうかがい知ることができる。3%の金利で預金を集め、6%の金利で融資をして、午後3時にはゴルフ場へ繰り出す、というのがそれだ。**[7]

だが、「おいしい商売」は世の中にそう転がっているものではない。「3-6-3」モデルが成り立つには前提条件が2つある。1つ目は、銀行に安定して預金が集まることである。預金が集まらない限りは、その先の貸し出しに進まないからだ。

米国の「3－6－3」モデルは1970年代に終わりを告げる。ベトナム戦争と2度のオイルショックでインフレが発生し、市場金利が急上昇したのがモデル崩壊のきっかけだ。銀行の預金金利には上限規制があり、預金者たちは預金金利より高い金利を払うマネー・マーケット・ファンド（MMF）と呼ばれる証券会社が提供する商品に預金を移し替えるようになったのだ。

預金流出に直面した銀行は、資金調達に支障をきたす恐れがあった。そこで、米国政府は預金金利の上限規制を段階的に撤廃し、1986年には銀行も高い金利を設定できるようにした。

銀行からの預金流出は止まったものの、今度は銀行の資金運用が抱える問題が急浮上する。銀行の中でも貯蓄銀行（貯蓄貸付組合＝S&L）と呼ばれる銀行は1960年代に長期固定金利で実行した住宅ローンの残高が多く残っていたが、住宅ローン金利は、急騰する資金調達のコストを下回る「逆ざや」に陥ってしまった。

逆ざやとは、資金調達のコスト（調達金利）を資金運用の利益（運用金利）が下回る状態を指す。この状態に陥ると、銀行は調達金利を下げるか、運用金利を上げない限り、それこそ、営業日ではない土日に何もしなくても赤字が膨らむことになる。

S&Lのその後をみてみよう。1980年代には米国のS&Lのほぼ半数が債務超過の状態に陥っていた。逆ざやを解消するには運用金利を上げるしかない。多くのS&Lは商業用不動産や「ジャンク債」と呼ばれる、高利回りだが、回収不能になる可能性が高い債券への投資を増やしたのだ。しかし、こうした投資は結局、失敗に終わり、1990年代末には約3200のS&Lのうち1000超が廃業する事態になった。

預金からの安定した資金調達が銀行の本業にとって大切なことがよくわかる。再び日本に話を戻すと、日本には、かつて「預金集め」が銀行員にとって最も重要な仕事だとされていた時期がある。大蔵省（現・財務省／金融庁）による規制金利時代のことである。

新聞紙で寒さをしのぎ、ボーナスを預けてもらう

ここで少し歴史をさかのぼってみよう。

1945年、第2次世界大戦が終わると、戦時中に軍事費を調達するために発行された国債や、戦後処理のための財政赤字が原因で、インフレが急速に進行していた。インフレを警戒する日本政府は1947年、「金融機関資金融通準則」を公布した。銀行の貸し出しを預

金の範囲内にし、日銀から銀行への資金供給を抑制するのが狙いだった。同時に、大蔵省が日銀を通じて金融機関の預貯金や貸し出しの上限金利を決める「臨時金利調整法」を施行し、金利の動きを統制したのである。

臨時金利調整法の適用対象は、金融自由化の中で順次縮小した。1994年10月、金利が禁止されている当座預金を除いて、すべての流動性預金（いつでも引き出しが可能な預金）の金利が自由化されるまで、戦後にできた金利統制の仕組みが50年以上も続いたことになる。さらに、1962年には「貸出限度額適用制度」を発足させ、大手銀行には個別に貸し出しの増加額の限度を設け、限度額を超える貸し出しを禁じた。これは日銀による「窓口指導」と呼ばれ、1991年まで続く。

銀行の本業は預金集めと貸し出しであると、先に説明した。その根幹をなす金利水準の設定と、貸し出しの量が大蔵省と日銀に統制されてきたのである。銀行は民間の組織ではあるが、この時代は明らかに官に統制され、戦後復興から高度成長へと突き進んだ日本政府の意向に沿って動く「将棋の駒」といえる存在だったのだ。

高度成長期の日本企業は積極的に設備投資を実行し、業容を拡大した。設備投資をするためには資金が必要だ。現在のように資本・証券市場が発達していなかった時代であり、企業はその資金を銀行から借り入れるしかない。大手銀行は旺盛な資金需要に応え、窓口指導の範囲内で貸し出しを伸ばしていった。日銀は、銀行がどれだけ預金を集めているかを窓口指導の尺度にしていたため、銀行員にとって預金集めが至上命題となった。

1960～70年代に銀行員として営業の最前線にいた人たちは、もはや引退世代だが、筆者はかつて銀行の幹部から「若かったころの苦労話」をよく聞かされた。ある支店長経験者は、冬のボーナスシーズンになると、得意先の玄関前で、夜中まで家主の帰宅を待っていた。もちろん、ボーナスの一部を預金として預けてもらうためだ。寒さが身に染みるが、コートを着込んでいると怪しい人物だと思われかねない。そこで、一目で銀行員とわかるように紺色のスーツを着ているのだが、寒さには勝てない。新聞紙で体をぐるぐる巻きにし、その上にスーツを着込んでみえない様にすると、体が温まることに気づき、新聞紙は必須アイテムとなった。

ある銀行の頭取は自転車で預金集めに走り回ったエピソードを披露してくれた。得意先では、入行したての20代の銀行員を「自分の子供や孫のように」かわいがってくれ、大口の預金を預けてくれた。こうして集めた預金額は支店の中で常にトップで、何度も支店長表彰を受けた。

銀行をあげての預金獲得キャンペーンも盛んだった。元銀行員の津田和夫は当時の様子をこう描いている。

頭取以下全員参加の預金獲得キャンペーンが行われた。金額や件数の獲得基準にしたがって点数がつけられ、ボーナスや昇格もその結果が重要視された。一種のノルマ制である。カネの流れるところなら、すべて預金の源泉（預金ソース）である。一日でも銀行に資金が滞留していれば、それは収益の源泉である。

親戚知人はいうにおよばず、近隣の家や店をくまなく訪問して預金を集めるローラー作戦や、退職、就職、入学、結婚、資産売却、相続など、人生の節目も預金ソースとして着目された。会社の上場、公共投資、地域開発など、企業や公的機関のプロジェクトも大口預金ソースである。

企業に貸金をした場合、支払先を調べてその預金口座を獲得することが貸金をする際の当たり前のプロセスで、貸出先企業にも協力を要請した。これができない場合は、貸金の条件で不利な扱いを受けることさえあった。（中略）

支店長交替や周年行事は、預金集めの絶好の機会であった。記念パーティーに招待されたお客は、必ず預金をしてから来るのが常識となった。「預金を増やしたかったら支店長を替えればいい」という冗談とか、「自分の誕生日にお祝いをねだるのか」といった揶揄も聞かれた。[8]

大口の預金者には様々な便宜を供与した。規制金利時代の預金集めは、銀行にとって業容の拡大が狙いであり、攻めの資金調達といえる。これに対して80年代の米国のS&Lは守りの資金調達を迫られ、経営破綻に追い込まれていったのだが、預金集めが銀行の生命線だと認識していた点では同じである。

現在の日本では、政府・日銀による超低金利政策が続いている影響もあって、預金金利は超低水準である。高度成長期のような派手な預金獲得キャンペーンを実施している銀行はほとんどみかけないし、得意先の自宅まで訪問して預金集めをしている銀行員も皆無だろう。それでも、銀行が資金調達に困っているという話は聞こえてこない。

それは、MMFのようなライバル商品がなく、「スズメの涙」くらいの金利しか払われないとわかっていても、余裕資金を預金以外の商品に移し替える人が少ないからだ。2012年末に第2次安倍晋三政権が発足して以来、円安・株高が進行しているものの、預金を取り崩して株を買う人はそれほど多くない。日本政府は1990年代から「貯蓄から投資へ」という掛け声をかけ、個人の株式投資を促そうとしてきたが、あまり効果は出ていない。

銀行にとって最も怖い「取り付け騒ぎ」が起きる気配もない。取り付け騒ぎとは、自分が預金を預けている銀行の経営状態が悪いと判断し、預金を一気に引き出す人が殺到する現象を指す。銀行は預かったお金のうち、ごく一部しか現金の形では手元に置いていない。手元に置いておくよりは、貸し出しなどの運用に回した方が、利益を得られる可能性が高いからだ。だから、仮に預金者が一斉に預金を引き出そうとすると、銀行は引き出しに応じきれなくなる可能性がある。

バブル崩壊後、不良債権問題を抱える銀行の経営不安がとりざたされ、預金流出に悩まされた銀行は多い。ある監督当局の幹部は当時、「店頭にお客さんが長蛇の列をなす光景がテレビなどに流れたら危ない。決してそうさせないように注意している」と語っていた。そんな光景をみたら、不安心理が増幅し、ますます多くの人が預金を引き出しに来る。そして、銀行は本当に「支払い不能」となり、破綻の淵に落ちてしまうからだ。

バブル崩壊後の金融危機は日本人にとって遠い過去の出来事になりつつあり、「取り付け騒ぎ」が話題になることはない。

こうした状態にあぐらをかき、本業の重要な柱である預金集めを「軽視している」とまではいかなくても、「積極的に預金を集めなくてもよい」と考えている銀行は多い。その理由は後に説明するが、「預かったお金をうまく運用できなくなっている」からにほかならない。

しかし、銀行が預金集めに苦労しなくてもよい状態はこれからもずっと続くのだろうか。

もちろん、かつての規制金利時代に逆戻りする可能性はゼロに近い。余裕資金の大半を預金に回してきた人が急に「投資」に目覚め、株式投資に資金を配分するとも思えない。だが、日本人全体での預金の量がこれから徐々に減っていく可能性は極めて高い。

人口の高齢化が進む中で、働いて得る収入が少ない高齢者が増えれば、貯蓄は取り崩されていくのは確実だ。そうなっても、銀行は「小口預金は集めなくてもよい」などとのんびり構えていられるのだろうか。

与信判断にこそ銀行業の醍醐味

回り道が長くなった。銀行業が「おいしい商売」であり続ける2つ目の条件は、貸し出しをした相手が約束通りに元本と利息を返済してくれることだ。日本経済が右肩上がりを続けていた高度成長期などは、銀行の貸出業務は順調だった。企業は銀行からお金を借りて設備投資や生産増強などに動き、消費者は増産された商品の購入を増やす。企業は売り上げや利益が伸び、銀行から借りた金を約定通りに返済するか、あるいは再び資金を調達してさらなる設備投資の拡充に踏み切る。そしてまた消費者は……といった具合に経済に好循環が生まれ、銀行も安定した収益を確保できたのである。

お金を貸した相手にきちんと返してもらうにはどうすればよいか。貸し出しを決定する際に、きちんと返してもらえるかどうかを見極める以外に方法はない。貸出先の見極めを「与信判断」と銀行は呼ぶ。与信判断にこそ、貸出業務ひいては銀行業の醍醐味があると自らの人生を振り返る銀行員は少なくない。以下は旧大和銀行に1990年に入行した銀行員K氏の証言である。

最初の配属先は大阪の支店。資産家や中小・零細企業向けの営業を担当し、アパートローンなどの契約を取った。同支店に2年5カ月、勤務している間にバブルが崩壊したと言われたが、現場にはそんな雰囲気は伝わらなかった。余裕資金がある人は引き続き余裕があったし、相続税に関心がある人は引き続き関心を持っていた。支店は都心部に近く、交通の便が良いところで、バブルが崩壊してもマンションの建設はやまなかった。

先輩から40～50社の取引先リストを引き継いだ。基本的には優良で「貸しても良い」相手だ。新人に担当させても理解を示してくれるような相手を選んでいたのだろう。担当先を訪問するうちに、融資申し込みの話があれば銀行に持ち帰って先輩と相談した。先輩からは「その資金需要は、こういう流れで返済してもらえる話だよ」と教えられた。自分で融資の可否を判断できるようになるまで入行から3～4年は経験を積む必要があると思う。それでも担当が務まるのは、業歴が長い企業は急に変わったことはしないからだ。銀行と長年の取引があり、資金の流れがはっきりしている企業は安心だ。40～50社のほとんどは担保付き融資。担当した企業の中で倒産したのは1社だけだった。

K氏は「銀行員は人をだまさない」というイメージをいだいて大和銀行に入行した。そして、実際にそのイメージにたがわない銀行員生活を送ってきたという。入行直後に担当した取引先は財務内容が良く、銀行にとって安心できる相手が集まっていたが、売り上げの増減などは常にあり、資金需要にうまくこたえるためにも「個人と個人の信頼関係を築くことが極めて重要」と語る。「銀行員にとって何が大切か」という問いに対してK氏はこう強調した。

最も大切なのは顧客との信頼関係である。営業部門にいたとき、「新規取引をしてほしい」、「資金を借りてほしい」という提案を顧客に「よしわかった」と言ってもらえる瞬間は胸が熱くなった。「銀行は晴れたときに傘を貸し、雨が降ったら傘を貸さない」と皮肉を言われることがあるが、銀行員たちは「そんなことはあり得ない」というニュアンスで使っている。困ったときは顧客と助け合う関係をつくることが銀行の使命である。資金余剰の時代であれば、経営内容が良い企業は中小企業であっても、資金を借りる側が強者といえる。それでも、中小企業の場合、現在は隆々としていても、2、3年後にどうなっているのかわからないという不安があり、財務面のアドバイスを求めているはずだ。中小企業の相談役になれたら銀行員はよい仕事ができる。

大和銀行は不良債権の比率が高く、経営難に陥った。バブル期に不動産関連の融資に走ったのは大いなる反省点ではあるが、取引先の資金需要にバブル期にも愚直に応じていた結果という面もある。都市銀行から地方銀行、信用金庫、信用組合といった具合に下位の業態になるほどバブル崩壊の痛手が大きかったのは、下位業態の「人の良さ」も影響している。大手銀行に断られた融資案件を下位の業態が引き受けているのだから、貸し倒れリスクが高いのは当然でもある。大和銀行は従来、「逃げ足が遅い銀行」と呼ばれていた。「逃げ足が速い銀行」は利益を出すのが得意かもしれないが、取引先にとっては冷たい銀行だろう。大和銀行は「面倒見が良い銀行」だからこそ、不良債権の比率が高くなったともいえるのではないだろうか。[9]

中小企業の経営者に信頼され、経営のアドバイザーとなって資金需要に迅速に応える。貸出金利は適正水準で、借り手と貸し手は固い絆で結ばれる――。貸出業務を担当する銀行員が思い描く理想像だ。K氏は理想に近い銀行員生活を送って来たと自負している。しかし、大和銀行全体をみると、必ずしも理想像ばかりではない。

バブル期に不動産融資にまい進した銀行員たちはまっとうな「与信判断」ができていたのか。土地を担保に取りさえすれば、地価が上昇する限りは貸し倒れのリスクはないと安易に考え、バブルマネーを取引先に投入したからこそ、バブル崩壊で多大な貸し倒れが発生してしまったのではないか。貸出業務は銀行業の中軸であり、銀行業務の意義が凝縮されていると強調する傍らで、多くの融資担当が与信判断をおろそかにし、銀行の屋台骨を揺るがしたのである。

貸出業務が成り立つためには貸した相手が約束通りに返済してくれることが条件と先に説明したが、貸した相手がきちんと返済してくれるかどうかを判断するのは難しい。しかも、貸し出しの原資である預金はいつ引き出されるかもわからない流動性の高い資金だ。ここに銀行業の難しさの本質がある。

経済全体の環境が銀行員の与信判断に影響を及ぼし、判断を狂わせることもある。高度成長期の日本企業には旺盛な資金需要があり、銀行には融資の申し込みが殺到した。伸び盛りの企業は、借りたお金をきちんと返済するから、銀行の与信判断にも狂いは生じなかっただろう。バブル期も企業の資金需要は旺盛だったが、本業とは関係のない不動産関連事業に資金をつぎ込む企業も多く、銀行は与信判断を誤ったと先ほども指摘した。

そして、バブル崩壊後、日本に金融危機の嵐が吹き荒れたときは、銀行の経営に不安を感じた人々が預金を引き出す動きが広がり、銀行は預金流出にストップをかけようと必死になった。貸し出しの原資が減少している上に、不況下で貸し出しを増やしても、さらに不良債権が増えかねない。

銀行がなかなかお金を貸そうとしない「貸し渋り」や、すでにお金を貸している相手からの資金回収を急ぐ「貸し剝がし」が横行した。厳しい与信判断と言えば聞こえが良いが、与信判断をする以前に資金供給の蛇口を閉めてしまったといえる。

資金余剰時代でも『下町ロケット』は資金調達できない

それでは、現在はどんな経済環境なのだろうか。K氏の証言の中にも出てくるが、現在は「資金余剰」の時代である。簡単に言えば、「お金が余っている」状態だ。もちろん、個別の企業や個人などによって懐事情は異なるが、日本全体でみれば、資金を求める側よりも、資金を提供する側の方が多いのだ。国内の銀行全体では、2015年3月末で預金残高が約700兆円なのに対し、貸出残高は約520兆円にとどまっている。

銀行は預かったお金を貸し出しだけでは運用できていないことを如実に物語っている。（図表1－3参照）

こうした環境のもとでは何が起きるかを想像してみよう。例えば、業績が好調ゆえに、設備投資にも積極的なA社という企業があるとしよう。A社は銀行の側からみると、「お金を貸したい相手」である。その評価はおそらくどの銀行も変わらない。

A社はB銀行と長年の付き合いがあり、資金需要が発生したときにはB銀行から借りる習慣になっている。ライバルのC銀行にしてみれば、何とかB銀行の牙城を切り崩したい。そ

図表1-3　銀行の資金繰りの現状

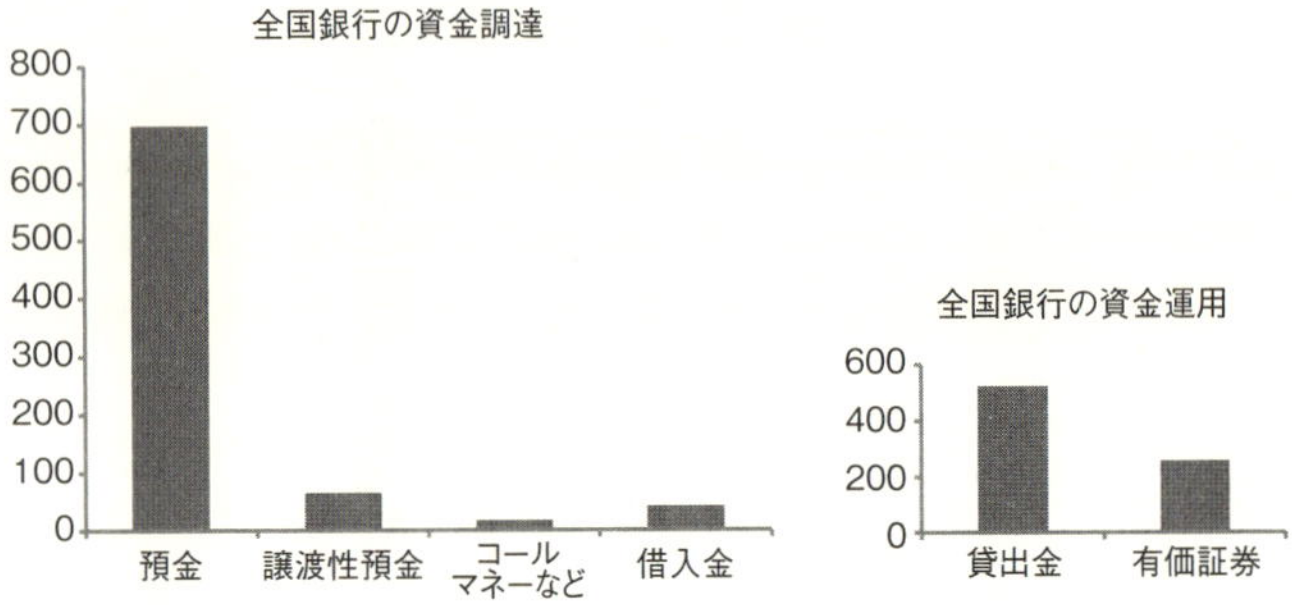

（注）全国銀行116行合計、2015年3月末、単位:兆円、全国銀行協会調べ

こで、C銀行の営業担当は足しげくA社に通い、経営者の関心を引こうとする。B銀行と同じ条件を提示しても、A社は振り向かないだろうから、B銀行よりも低い貸出金利を提示する。その動きを知ったB銀行は、C銀行にA社がとられないように、C銀行並みに金利を引き下げる。こうしてA社向けの貸出金利は低下し続ける。

一方、業績が低迷し、資金繰りが厳しくなっているE社は、運転資金を手当てするために銀行からお金を借りたいと考えている。古くから付き合いがあるD銀行に融資を申し込むが、会社の先行きを心配するD銀行はなかなか応じてくれない。そこで、B銀行にも頼みにいくが、やはり断られてしまう。E社が困っていると、C銀行はD銀行より高い貸出金利なら資金を融通してもよいという。

C銀行は預金による資金が潤沢にあり、多少のリスクを犯してでも貸し出しを伸ばしたいと考えていた。E社はC銀行から資金を調達できたが、結局、数カ月後に倒産してしまい、C銀行の貸し出しは焦げ付いてしまう。融資を渋ったD銀行とB銀行の与信判断は正しく、C銀行の判断は誤りだったことになる。

極端な例を示したが、日本全国でこれと似たような現象が繰り返されているのだろう。優良企業向け貸出金利は下がり続ける一方で、経営不安がある企業や、業績の先行きが不透明な企業などは、なかなか資金を調達できない。日本全体をみると、A社のような存在は限られており、銀行は預金で集めた資金を持て余しているのが実情だ。

学生の就職活動用に発刊されている書籍で、ある入社5年目の男性銀行員が、取引先企業の新規開拓を担当する日々の仕事ぶりをこう語っている。

「誠実に、真面目に対応するといったことは当然ですが、何よりもスピード感では絶対に負けないように努めています」

「新規開拓の対象企業のことを調べ上げて、その企業に関心を抱き、それをアピールしなければなりません。一度の訪問で経営者に面会できるわけはなく、四〇回から五〇回は訪問してとにかく名刺を置いていく。そうしているうちに会っていただけるようになりますが、そこで『私は御社の事業内容をこれだけ把握しています。ついてはこういう提案をさせていただきたいと思っています』とアピールする。それに経営者はビックリされて、そこから取引

が始まることが多いですね」

「新規開拓はすでに他行との取引ができあがっている企業ばかりです。そこを突破していくには、人間性をアピールし、それに共感してもらうことが最大の決め手になると思っています[10]」

誠実に新規開拓に取り組む若手銀行員の姿には頭が下がるが、一歩引いてみれば、彼は先に例示したA社のような優良企業に足しげく通って他行からの「肩代わり融資」の要請を繰り返しているだけだともいえる。このインタビューには貸出金利の話は出てこないが、他行との取引が出来上がっている優良企業に人間性をアピールするだけでは新規取引は成立しないだろう。やはり、決め手は貸出金利の水準であり、新規開拓の過程で他行よりも高い金利を提示できる可能性はほとんどないのではなかろうか。

彼は、業績が悪化している企業との取引については何も語っていない。実際にそうした経験がないのか、それとも就職ガイドにはふさわしくない話題だと判断して避けているのかは、わからない。ただ、銀行界全体の営業現場をのぞいてみれば、「肩代わり融資」の争奪戦より、はるかに「見応えのある」ドラマが展開されているはずだ。

銀行員出身の作家、池井戸潤の直木賞受賞作『下町ロケット』。部品を製造する町工場の社長を務める主人公の佃は、得意先の大手企業からの一方的な注文打ち切り、ライバルの大手メーカーからの理不尽な特許紛争で窮地に追い込まれる。佃はメーンバンクに3億円の運転資金の融資を要請するが、支店長の反応は否定的だ。

「おたくとウチとの取引はおおかた二十年にもなるんですよ。支店長」と詰め寄り、「おたくになにか頼まれればそれにこたえてきた。お互いに信頼関係あっての取引だったはずです。正直、ウチはいま胸突き八丁の場面だ。（中略）そのために資金繰りの問題を解決しておくのは必要不可欠なんです。なんでもっと信用していただけないんです」と畳み掛けるが、支店長は「融資はビジネスですよ」と言うばかりで聞く耳を持たない。

その後、主人公は特許紛争に勝ち、多額の和解金を手にすることになった。すると、銀行支店長は営業スマイルを浮かべながら営業担当と一緒に早速、佃の会社を訪問。和解金の使い道を尋ねてきた。

佃は「あんたら、ウチが苦しいときになんていったんだ。（中略）散々理由をつけて融資するどころか、潰れる前にカネは返してくれって態度だったじゃないか。それがなんだ、手のひらを返したように」、「自分の都合のいいときだけすり寄ってくるような商売はよしてくれ。いいときも悪いときも、信じ合っていくのが本当のビジネスなんじゃないのか」と怒りをぶつけ、その銀行との取引を打ち切ってしまう。[11]

町工場の側からみれば、この銀行は悪役そのものである。だが、銀行の側に立って佃社長とのやり取りを振り返ると、この支店長の行動はそれほど間違っていないともいえる。資金余剰のもとでなんとか融資を増やしたい事情があるとはいえ、大口取引を失い、特許紛争まで抱えた中小企業に運転資金をやすやすと貸す銀行はほとんどないだろう。

公的資金は「危なくない銀行」に投入する？

本節での、ここまでの記述を要約しよう。

銀行にとっての本業は、預金を集め、その資金を元手に企業や個人に貸し出すこと。預金金利より貸出金利を高く設定し、かつ貸出金を確実に回収できれば銀行は安定した利益を確保できる。ところが、貸出先の経営が不安定になり、回収が滞ると、銀行は不良債権を抱え込むことになり、ビジネスモデルが揺らいでしまう。低成長期に入った日本では、生き残りに失敗する企業が増えており、銀行業は極めて難しいビジネスになっているのだ。

第1節では、大和銀行の経営を揺るがしたニューヨーク支店巨額損失事件を検証し、井口俊英が「博打を打つ」感覚で米国債の売買に精力を注いでいた実態を示した。現在の日本の銀行界で、井口が手を染めたような不正行為がまかり通る可能性は低いだろう。

それでは、現在の銀行界は、井口が没頭した米国債売買と同様に「相場でもうけるための」市場取引には手を染めていないのだろうか。銀行の収益構造について、すでに説明したが、銀行決算をみると、国債や株式売買による利益がかなりのウエートを占めている。

また、銀行の本業とは位置付けられていない米国債売買は「危険な取引」で、本業の預金・貸出業務は「安全な取引」と言えるのか。

アナト・アドマティらはこの点を鋭く突いている。

ならず者トレーダーが数十億ドルの損失を出せば、大きなニュースになる。
一方、銀行が融資の意思決定で組織的なミスを犯したり、資産と負債の満期のミスマッチにより多大な損失を抱えても、そしてこうした銀行の問題が他の人々にも多大な問題を引き起こしても、ニュースで大きく報道されることはない。(中略)
市場での過激な投機によるリスクや損失のほうがメディアでは注目されやすいが、伝統的な融資もそれと同じくらいリスクの高い業務であり、非常に大きな損失を生む場合がある。銀行は信頼できる借り手を選び、不良債権から損失が発生しても優良な融資からの利益で相殺できるような金利を設定しようとするが、それでもリスクをカバーしきれず、損失が出ることも多い。一部の融資案件の金額が大きすぎた、景気後退の影響で多くの企業が一斉に返済できなくなった、といったことなどが原因となる。住宅価格が一斉に値下がりし、多くの住宅ローンの借り手が同時にデフォルトする、というのも十分考えられる。(中略)

不動産融資のバブルとその崩壊は、2007年のアメリカのサブプライムローン危機、2010年のアイルランド危機、2012年のスペイン危機でも中心的な役割を果たした。銀行は1980年代には南米諸国で、そして再び2010年以降のヨーロッパで、政府でさえ通貨を印刷できなくなると借金を返済できなくなる場合がある、という事実を思い知らされた。[12]

ニューヨーク事件後の大和銀行に話を戻そう。國定浩一の奮闘もあり、事件の処理は終わったものの、不良債権の重荷を抱える大和銀は徐々に窮地に追い込まれていった。

政府は手をこまねいていたわけではない。金融機能安定化法という新しい法律に基づき、1998年3月、大手銀行に一斉に公的資金を資本注入したのだ。資本増強額は合計約1兆8000億円。ただ、資本注入する対象は「健全な銀行」という建前を崩さなかったため、極めて不十分な金額しか注入できなかったのが実情だ。1996年、住宅金融専門会社(住専)が抱え込んだ不良債権の処理に6850億円の公的資金をつぎ込むにあたり、国民から強い非難を浴びたトラウマが政府に残っていた影響だ。

「公的資金」とは、簡単に言えば「国の金」である。国の金は、国民の税金が元手だから、税金と言い換えてもよい。「公的資金」を「税金」さらには「血税」と言い換え、「銀行に血税を投入するのか」と批判しているメディアもあった。ただし、この場合、住専処理とは大きく異なる点がある。住専処理では6850億円は損失の処理にあてられ、二度と返ってこない。大手銀行に資本を注入する場合、政府は大手銀行が発行する劣後債や優先株などを、公的資金を使って買い入れる。大手銀は期限がきたら債券や株式を国から買い戻す義務がある。国から一時的に金を借りている状態に近いのだ。

だからこそ、政府は、公的資金を「危なくない銀行」に投入すると説明したのだ。仮に公的資金を注入した後、大手銀行が経営難に陥り、国から債券や優先株を買い戻せなくなると、今度こそ、国の金が戻ってこない事態となる。それでは国民が納得しないと恐れていたのだ。大和銀行への注入額は1000億円。他の大手銀行と横並びの金額であり、貸出総額に占める不良債権の比率が高い大和銀行にとっては「焼け石に水」といってもよい規模だった。

1回目の公的資金では不十分との声が高まり、政府は再び腰を上げた。1998年10月、金融機関への公的資本注入を可能にする金融機能早期健全化法が国会で成立。2回目の公的資金の資本注入に向けて動き出した。資本不足を解消しきれていなかった大手銀行の間では「どんなタイミングでどれだけ注入できるのか」が注目の的となり、腹の探り合いが始まる。

大和銀行の不良債権は1998年3月末で約9500億円。貸出金に占める割合は8％強と都市銀行の中で最も高かった。当然のことながら、公的資金は、のどから手が出るほどほしい。しかし、仮に公的資金を注入してほしいと手を挙げれば、国民からは「やはり大和銀行は危ない銀行だ」と受け取られ、預金流出などの危険性が高まる。しかも、公的資金の導入は「経営の失敗」を認めることにもなり、経営責任を明確にする（例えば経営トップが引責辞任する）必要が出てくるかもしれない。大和銀に限らず、大手銀行の首脳陣は同じような警戒心を持ち、政府の動きをじっとみつめていた。

その一方で、バブル崩壊の影響はますます大きくなり、大手銀行は打開策を打ち出さなければならなくなっていた。98年9月末、東海銀行とあさひ銀行は持ち株会社の設立をにらんだ全面提携を発表した。中部圏と首都圏に営業基盤を持つ両行が経営統合し、地域に密着した中堅・中小企業取引を展開する計画だった。

東海銀行とあさひ銀行は都市銀行の中では「中位行」。大和銀行よりは上位に位置するが、特定の地域に強みがある銀行という意味では大和銀と似た性格があり、市場関係者などの間では、大和銀も含めた3行が提携すればよいとの見方があった。関西圏に地盤を築いている大和銀が参加すれば「太平洋ベルト連合」となり、上位行にも、ある程度は対抗できるようになるからだ。

この時期の大和銀行首脳は大手銀行との「提携」や「経営統合」には前向きではなかった。ニューヨーク事件の際に浮上した、住友銀行との合併構想を自ら葬った経験が、「単独路線」にこだわる伏線になっていたのかもしれない。しかし、他の大手銀行よりも厳しい財務状態にある大和銀が単独で生き残るのは難しかった。市場は大和銀の動きの鈍さに厳しい視線を注いだのである。

もっとも、経営統合や提携で、大手銀行の経営が劇的に改善するとは限らない。この問題については後に改めて検証する。さらに補足すれば、東海銀行とあさひ銀行の経営統合はこのグループに後から加わる三和銀行と、あさひ銀行との間に確執が生まれ、空中分解してしまう。あさひ銀はこのグループから離脱し、最終的には大和銀行と合併して、りそな銀行となるのである。

関西特化戦略を打ち出せたのはなぜか

大和銀行が選択したのは、経営統合や提携といった拡大路線ではなく、縮小路線だった。大和銀は10月、海外の銀行業務から99年度中に全面撤退し、関西地域を中心とした「スーパー・リージョナルバンク」（大型地域銀行）を目指す計画を発表し、公的資金の資本注入を申請する方針も表明した。国に公的資金を注入してもらうには、銀行自身も「汗をかいている」ことを示す必要があり、大和銀の場合は海外からの全面撤退を選んだのである。

海外から撤退し、営業地域を関西に絞り込む路線を突き進めば、都市銀行の看板を下ろし、地方銀行になるに等しい。長年の銀行界の序列からすれば、地方銀行は都市銀行よりも明らかに「下位」に位置付けられていたが、市場の反応は好意的だった。


大和銀が、関西特化戦略を打ち出した、いや打ち出せたのはなぜか。海外業務からの撤退の伏線となったのが、ニューヨーク事件である。頭取の海保孝は、事件の責任を取って辞任した頭取、藤田彬の後任である。大和銀の内部には当時、「国内派」と「国際派」の派閥があり、事件を契機に国際派の力は失墜し、国内派が権力を握ったとされている。

海保は国内派に属し、海外業務への思い入れがほとんどなかった。そしてニューヨーク事件の責任を取って、大和銀は米国から全面撤退する事態となったが、このときの経験が海外撤退の予行演習にもなっていた。

もともと大和銀は、(もちろん、大和銀に限った話ではないが)、海外業務でそれほど稼いでいたわけではない。海外から撤退すれば、自己資本比率規制の最低ラインを国際基準行の8%から国内基準行の4%に下げる意味もあった。自己資本比率とは、貸し出しなどの「リスク資産」に占める自己資本の割合を指し、この比率が高いほど、経営の健全性が高いとされる。

スイスのバーゼルに本拠を置く国際決済銀行は、国際的に活動する銀行は8％以上の自己資本比率が必要だとの基準を示しているが、海外業務を展開していない銀行はこの基準を満たす必要はなく、日本の金融当局が示している最低基準（4％）を満たせばよかった。ブランド力を維持する、もっと言えば他の大手行に見劣りしないようにするためだけに海外業務を維持していた面があり、そうした体面を気にしなければ、海外撤退は渡りに船だったのである。


大和銀には後戻りは許されない。ロンドン、香港、シンガポール、ソウル、上海の各支店を駐在員事務所に改め、バンコク駐在員事務所と合わせて6駐在員事務所に。香港のユナイテッド・センター支店と傘下の9出張所は売却する。海外現地法人はインドネシアの合弁銀行、大和プルダニア銀行などの3社とし、プルダニア銀行への出資比率は50％以下に引き下げる。海外拠点や海外業務関連の国内スタッフ約100人は国内の銀行・信託部門に重点配備する計画を掲げた。

海外撤退で業務粗利益（企業の売上高に相当）は減るものの、それを上回る経費削減の効果があり、業務純益ベースで約40億円の増益を見込むと、大和銀は説明していた。つまり、それまで海外業務では売り上げは立っていたものの、利益にはつながっていなかったことを示している。

問題含みだったのは「関西特化」の方であり、大和銀にとっての影響ははるかに大きかった。大和銀が関西特化を選んだのは、大手銀行が軒並み首都圏重視に走る中で、独自性を発揮し、単独路線を貫きたい、という判断からだったが、公的資金の資本注入とのからみで次第に「政治性」を帯びていく。

筆者は当時、大阪勤務であったが、マスメディアの金融担当の記者たちは当初、おおむね大和銀の決断を評価していたように思う。やや脱線するが、在阪の経済記者は「関西経済の地盤沈下」に悩みながら取材活動を続けている。銀行界に関していえば、大手銀行では住友銀行と三和銀行はすでに経営の企画・中枢機能を東京に移しており、在阪記者が責任を持って取材する対象ではないし、その気があっても首脳陣がほとんど東京に勤務しているので、取材もままならない。大手銀行は関西にも多くの支店や営業本部などを構えているが、東京の本部を経由しない直接の取材は原則として許されないし、経営の根幹にかかわるような情報は、そこにはふつうは転がっていない。

マスメディアの場合、ある企業を担当するのは、その企業の本社所在地に近い拠点に所属する記者であり、大手銀行の場合はほとんどが東京本社に所属する記者が担当することになる。そんな中で、大和銀は企画・中枢機能を大阪に置き、首脳陣の大半が大阪に常勤している唯一の大手銀行であり、関西特化戦略は「これからも大和銀の取材は在阪記者が担当できる」ことを意味していた。

だが、在阪メディアにとって歓迎すべき関西特化戦略は、本当に大和銀にとって最善の選択だったのだろうか。本店所在地が大阪であろうが東京であろうが、あるいは首脳陣が東京に住もうが大阪に住もうが、経営の実態に大きな影響はないだろう。大阪から東京に居を移した経営者の中には「東京にいないと最先端の情報を得られない」と語る人も多いが、実際にはどうだろうか。

「護送船団行政」のもとに置かれていた銀行界では、監督官庁の大蔵省（現・財務省／金融庁）との関係が大切なので、霞が関の近くにいた方がよいとの指摘もあるが、経営陣がそろって東京に住む必要はないのではないか。現実に大和銀では従来、首脳陣のほとんどは大阪在住だったが、それで監督官庁との関係に問題が生じたという話は聞いたことがない。

むしろ、問題は「関西特化」そのものにある。関西は首都圏に次ぐ、日本で2番目の都市圏であるが、両者の差は年々、広がっている。関西2府4県の域内総生産が国全体の総生産に占める割合は1970年代で20％弱。足元では15～16％まで下がった。対照的に首都圏は30％超の水準を維持している。日本全体では人口が減少しているにもかかわらず、首都圏の人口は増え続けている。仕事を求めて移住する人が絶えないからだ。対照的に関西からは人口流出が続いている。関西に住んでいても仕事をみつけにくいからだ。

収益の基盤を置こうとしている関西が低迷している限り、大和銀だけが収益を改善するのは難しい。関西の域内総生産は、域内の民間投資や消費がどれだけ活発かどうかで決まる。域内総生産が伸び悩んでいるのは、域内の企業や個人の活動が低迷しているからにほかならない。そうした企業や個人を相手に預金を集めたり、設備投資の資金や住宅ローンなどを貸し出したりすることで成り立っている銀行業が苦戦を強いられるのは当然だ。

関西地銀の受け皿として

住友銀行や三和銀行に限らず、かつては大阪に本部機能を置いていた大手企業が相次ぎ、「東京シフト」にかじを切ったのは、関西の将来性に疑問を感じ、首都圏に期待を寄せているからだ。先にも述べたが、経営陣が首都圏に居を構えるかどうかは、大きな問題ではない。首都圏と関西を比べ、どちらに経営資源をより多く投入するかが、ポイントなのである。

与えられた経営資源をフル活用し、できる限り収益を拡大しようとする「資本の論理」に従う大手企業が、特定の地域にこだわり、地域のために行動することができないのは当然でもある。

こうした実態をよく知る大和銀の幹部の中には、不満を表明する人も多かった。「大和銀は都市銀行であり、海外や首都圏などで働きたいと思って入行した人間は多い。今回の決定にはがっかりしている」、「首都圏の学生たちから就職活動の際に敬遠される」、「関西の有力企業が相次ぎ東京に企画・中枢機能を移している。関西特化を標榜するとこうした企業との取引を逃がしてしまいかねない」、「関西の成長余力は乏しい。関西に経営資源をさらに投入しても銀行の収益増にはつながらず、結局は無駄な投資になるだろう」……。

「関西特化戦略」には、もう1つの隠されたミッションが含まれていた。関西で経営不安に陥っている地方銀行や第2地方銀行の「受け皿」になる役割である。単独では生き残っていけない地銀や第2地銀に資本参加するなどで経営基盤を安定させ、金融システム不安を解消するのが狙いだ。大和銀は当初、このミッションには乗り気ではなかったが、金融当局の誘導に乗る形で出資先を増やしていく。

海外業務からの撤退、関西特化、関西地銀の受け皿構想の3点セットを用意した大和銀は1999年3月、めでたく公的資金4080億円の注入を認められ、自己資本を充実することができた。大手銀行15行への資本注入は合計約7兆4500億円。金融システム不安はひとまず収まった。(図表1－4参照)

図表1-4　1999年3月の公的資金注入額（億円）

	優先株式	劣後債・劣後ローン	合計
第一勧業銀行	7000	2000	9000
富士銀行	8000	2000	10000
日本興業銀行	3500	2500	6000
さくら銀行	8000		8000
住友銀行	5010		5010
三和銀行	6000	1000	7000
東海銀行	6000		6000
東洋信託銀行	2000		2000
三菱信託銀行	2000	1000	3000
大和銀行	4080		4080
あさひ銀行	4000	1000	5000
住友信託銀行	1000	1000	2000
三井信託銀行	2503	1500	4003
中央信託銀行	1500		1500
横浜銀行	1000	1000	2000
	61593	13000	74593

（出所）預金保険機構

だが、「優しい銀行」の体質が変わったわけではない。関西特化戦略は収益基盤を強化するどころか、かえって弱体化する可能性のある戦略でもあった。大和銀は2度目の公的資金注入の4年後に再び危機に陥るのである。

6　吉田重雄『銀行ルネサンス』（金融財政事情研究会　2014）：30-41
7　アナト・アドマティ、マルティン・ヘルビッヒ『銀行は裸の王様である』（土方奈美訳、東洋経済新報社　2014）：71-72
8　津田和夫『巨大銀行の構造』（講談社現代新書　1993）：159-160
9　前田裕之（2009）「経済危機における日本人の意識と行動」（佛教大学大学院社会学研究科修士論文）
10　齋藤裕監修『産業と会社研究シリーズ③銀行　2016年度版』（産学社　2014）：27
11　池井戸潤『下町ロケット』（小学館文庫2013）：60-61　203-204
12　アナト・アドマティ、マルティン・ヘルビッヒ・前掲書：74-76

第３節
細谷改革の成果と限界

２度目の公的資金の注入を受け、経営の安定を取り戻したかにみえた大和銀行。だが、不良債権はなお、重くのしかかり、「関西特化」戦略にも、めぼしい効果は表れなかった。その上、大手銀行の間では、生き残りを目指す合従連衡の動きが活発になり、独立路線を標ぼうする大和銀は取り残されつつあった。

大和銀も「受け皿構想」の一環で、地元の近畿銀行、大阪銀行、奈良銀行に出資するなど、金融再編と無縁ではなかったのだが、市場が求めていたのは大手銀行同士の再編であり、大和銀は再び苦しい立場に追い込まれていた。

加速する金融メガ再編の中で

２０００年には第一勧業銀行、富士銀行、日本興業銀行が経営統合して、みずほホールディングスが発足。２００１年にはさくら銀行と住友銀行が合併して三井住友銀行が誕生するなどメガ再編が加速していた。上位銀行でさえ、再編に打って出ているのに、大和銀だけが単独路線を貫けるのか。取引先の間でも、そんな声が日増しに強くなっていた。

大和銀には「引く手あまたの花嫁候補」と呼ばれていた時期もある。都市銀行でありながら、信託銀行業務を併営できる唯一の存在であり、関西、アジアに営業基盤を持つという特色がある。首都圏に基盤を置く大手銀行の目には、合併すれば自分にはない強みを手に入れられる相手と映ったのである。

しかし、その魅力は薄れつつあった。海外業務からの撤退で「アジア」の看板は失われていたし、関西経済の地盤沈下が進む中で「関西」の看板も色あせてきていた。頭取の海保孝は「大手銀行の合従連衡とは距離を置く」と繰り返し、関西の受け皿構想に力を注ぐが、独立というよりも孤立している印象が強まった。


転機はほどなく訪れた。三和銀行、東海銀行との3行統合に加わっていたあさひ銀行が統合の方式を巡る対立などから、2000年6月に交渉から離脱したのだ。もともと東海銀との統合を予定していたところ、2000年3月に急きょ、三和銀も加わったことで、あさひ銀の意向が通りづらくなったとみられている。

あさひ銀は、東海銀との経営統合に大和銀も加わることを望み、首都圏、中部、関西にそれぞれ強みを持つ中堅銀行の連合体を思い描いていたが、大和銀の腰は重かった。そうこうするうちに三和銀がグループに加わり、目算が狂う。三和銀が「合併」を提案するに及んで、あさひ銀は「三和銀主導の統合になる」と警戒し、統合交渉からの離脱を選んだ。

だが、単独路線に戻ったあさひ銀には、大和銀と同様に未来の展望は開けなかった。主導権争いの結果として離脱を選んだあさひ銀に市場は厳しい評価を下した。株価は低迷し、資金繰りにも窮するようになっていた。

大和銀の側にも変化が生まれていた。2000年9月、ニューヨーク支店巨額損失事件を巡る株主代表訴訟で、大阪地裁が頭取の海保孝ら元・現役員に総額7億7500万ドル（約829億円）の賠償金の支払いを命じる判決を下したのだ。原告側はニューヨーク事件の結果、米司法当局との司法取引に応じて巨額の罰金を支払う事態になったのは、大和銀首脳陣の責任であり、銀行に与えた損害を賠償せよと主張していた。

判決が出る直前、大和銀行のある幹部は「(原告側は）門前払いですから大丈夫ですよ」と話していたが、予想外の巨額賠償が命じられ、大和銀の首脳陣は動転した。首脳陣は当然のことながら上告したが、裁判の先行きは読めず、黒雲が立ち込めていた。そして2001年6月、海保は後継に副頭取の勝田泰久を指名し、自らは会長に就任した。

海保と勝田はそれ以前から二人三脚で銀行を切り盛りしており、勝田の頭取就任は既定路線ではあった。ただ、原理原則にこだわり、どちらかというと内向的な性格の海保と、よく言えば柔軟、悪く言えば節操がなく、かつ外向的な性格の勝田の経営手法には違いがあった。海保は「関西特化」、「単独路線」を主張して譲らなかったが、勝田にはそんなかたくなさはない。頭取就任から間もない2001年8月、大和銀は近畿大阪銀行（大和銀主導で、近畿銀と大阪銀が2000年に合併して誕生）、奈良銀と共同で持ち株会社「大和銀ホールディングス」を設立し、2003年春には地域別に再編する計画を発表。持ち株会社は2001年12月に発足した。

一見すると「関西の受け皿構想」を実行しているだけのようにみえるが、持ち株会社設立には隠された意図があった。株主代表訴訟対策である。大阪地裁が巨額賠償を命じた訴訟の原告は大和銀の株主。持ち株会社ができると株式移転で持ち株会社の株主となるため、大和銀の株主は「原告資格」を失ってしまう。老獪な勝田らしい素早い動きだといえる。

持ち株会社には代表訴訟対策以外にも思わぬ効用があった。2001年9月、あさひ銀は大和銀に対し、経営統合を要請した。経営危機に陥ったあさひ銀が大和銀に事実上の救済を求めたのである。

あさひ銀が保有する株式の含み損も拡大していた。新たに導入された時価会計では、含み損の約6割を株主への配当原資である剰余金から差し引かなければならない。剰余金が枯渇し、政府が公的資金を使ってあさひ銀から買い取った優先株への配当ができなくなれば、国が議決権を行使し、「国有化」される恐れがあった。商法改正で、銀行の持ち株会社は法定準備金を取り崩して配当に回せるようになり、大和銀グループの持ち株会社に参加すれば配当が可能になるという計算も働いた。

大和銀は、あさひ銀が東海銀行と統合交渉を進めているときにも「次の合流相手」としてラブコールを送りながら、合流が実現しなかった相手である。三和銀行・東海銀行との統合交渉から離脱したあさひ銀は、横浜銀行、千葉銀行さらには東京三菱銀行などにも秋波を送るが、具体的な交渉には至らない。迷走する経営に市場から厳しい審判を下される中、最後は、なりふり構わず大和銀の門をたたいた。

勝田の決断は速かった。あさひ銀行の資産規模は大和銀行のほぼ2倍。普通の状態で経営統合すれば、あさひ銀主導になる可能性が高いが、市場の風圧にさらされ、瀕死の状態で助けを求めるあさひ銀の要請に応じれば、大和銀主導で経営統合を進められると読んだのだ。

その後、現実に大和銀主導で経営統合が進むが、ほころびが生じるのにも、それほど時間はかからなかった。銀行同士の合併にはどんな狙いがあり、一方で、どんな問題が生じやすいのか、後の章で詳しく論じることにする。

内部抗争の「弱者連合」を襲った荒波

ここでは大和銀にとって「関西特化戦略」とは何だったのか、を考えてみたい。

公的資金の資本注入を受けるにあたり、大手銀行は何らかの経営改善策を示す必要があった。大和銀は追い込まれる形とはいえ、他の大手銀行とは一味違った戦略として「関西特化」を選んだはずだった。経済が低迷し、「地盤沈下」が続く関西に経営資源を集中投下する計画の先行きを心配する声は少なくなかったものの、戦略の方向性は明確であり、地元企業などの間では歓迎する声も多かった。

だが、あさひ銀との経営統合は関西特化とは明らかに矛盾する。首都圏を中心に営業網を持つあさひ銀と、関西に基盤を持つ大和銀には相互補完を期待できるとの指摘もあったが、それなら、最初から全国展開を目指せばよい。関西特化戦略に従って首都圏店舗の統廃合を進めようとしている最中に、あさひ銀の店舗を引き受けるのは、大和銀にとって、関西特化戦略は公的資金を得るための手段にすぎなかったことが明白になったといえる。

こうした批判を受けるとわかっていながら、あさひ銀との経営統合に突っ走ったのはなぜか。預金・貸出業務を柱とする銀行業にとって、規模の拡大は、収益を拡大するのに最も手っ取り早い方法だからである。

例えば、貸出金利と預金金利の差（利ざや）が年1％だとしよう。大和銀が関西だけで営業し、貸出残高が100億円と仮定すると、年間の金利収入は1億円である。仮に首都圏にも営業網を巡らせ、貸出残高が全体で300億円に増えれば金利収入は3億円となる。預金・貸出業務の基本は、メガバンクであろうが、地方銀行であろうが、信用金庫、信用組合であろうが同じだ。

違いは、取り扱っている資金の量だけである。「上位都銀」、「下位都銀」といった銀行業界内の序列も、資産規模の大きさに応じて決まっている。大和銀は、都市銀行の下位行から上・中位行へとのし上がる大きなチャンスだとみたのだ。

2002年3月、あさひ銀が大和銀グループに参加。翌年の経営統合に向けて動き出した。02年10月には持ち株会社の名称を、りそなホールディングスに変更した。耳慣れない「りそな」は、ラテン語で共鳴する、響きわたるという意味だ。顧客の声に耳を傾け、互いに共鳴し合いながら強固な関係を築き上げたいとの思いが込められている。顧客のことを第一に考える姿勢を表す名称であり、銀行業にとって何が大切なのかを経営陣が理解していたことを示している。

では、当時の大和銀グループは新銀行名の通りに動いていたかどうかと言えば、疑問符をつけざるを得ない。1998年10月に「関西特化」の看板を掲げ、関西の取引先を重視すると公約しておきながら、3年後の2001年9月に、あさひ銀行との経営統合で合意したのは、「顧客のため」ではなく、「銀行のため」ひいては「経営者のため」だったのではなかろうか。あさひ銀行との経営統合を発表する記者会見には筆者も参加したが、大和銀グループの傘下に入っていた近畿大阪銀行の幹部が、会見場の片隅で、寂しそうな表情を浮かべているのをみつけた。会見終了後にその幹部に話しかけると「関西特化の公約はどこへ行ってしまうのでしょうか」と問いかけてきた。

2003年3月、大和銀と、あさひ銀が合併・分離し、「りそな銀行」が発足した。「弱者連合」と揶揄されながらも、ひとまず経営統合を実現し、新銀行としてスタートを切った。しかし、大和銀出身者と、あさひ銀出身者の関係がうまくいっていないとの情報がメディアにも伝わるようになっていた。あさひ銀出身者の間では、大和銀に主導権を握られている統合への不満が増していた。経営危機のさなかには我慢していたが、危機が去った（実際には去っていなかったのだが）とみるや、自己主張を始めたのである。

そんな雲行きの変化を感じた勝田は、あさひ銀の主張を封じ込めるのに精力を注いだ。筆者は合併後に勝田に話を聞く機会があったが、新銀行の幹部人事をどうすれば両行出身者が納得するのか、頭を痛めている様子だった。

内部抗争に明け暮れる、りそなグループには荒波が近づきつつあった。発足から2カ月あまりしかたっていない、りそな銀行が約2兆円の公的資金の資本注入を受け、「実質国有化」されるまでのプロセスを説明しよう。

りそな銀が5月の連休明けから突然、「経営危機」に陥ったのは「税効果会計」を巡る銀行と監査法人の見解の相違が、この時期に表面化したためだ。銀行が不良債権を有税で損失処理し、後に無税での処理が認められると、払い過ぎた税金が戻ってくる。税効果会計では、その分を「繰り延べ税金資産」として計上し、同額を資本に算入することを認めている。

こうした税効果資本の算入は今後5年の納税見込み額とされていたが、りそなの監査法人である新日本監査法人は3年分に短縮するように求めたのである。仮に3年分しか認められないと、りそな銀行の自己資本比率は、経営の健全性を示す最低ライン（4％）を下回り、公的資金の再注入が必要になってしまう。りそなの今後5年の収益計画は不透明であり、3年間が限度と監査法人は判断したのだが、もっと早く判断できたはずだ。

監査法人が連休明けまで明確な判断を下せなかったのは、金融当局の意向を読み切れず、どこまで独自の判断をしてよいのか迷っていたからだ。金融担当相の竹中平蔵は2002年10月に発表した「金融再生プログラム」（通称・竹中プラン）で、税効果資本を厳格に査定するよう呼びかけ、日本公認会計士協会も賛同していた。ただ、主要行の不良債権比率を2005年3月までの2年半の間に半減させる目標を掲げた竹中プランには、主要行が厳しく資産を査定した結果、銀行自身が「経営破綻」する場合の対応までは当然ながら書かれていない。

ここで、竹中が当時、どんな意識を持って金融行政をかじ取りしていたのかを説明しておこう。竹中は自著で、金融機関の不良債権問題の本質をどのように考えていたかを綴っている。

様々な経済政策を考えるうえで、私自身は当初から、不良債権問題は絶対に避けて通ることのできない問題であると考えていた。だからこそ、総理の最初の所信表明演説においても、改革の第一項目としてこの不良債権処理を掲げてもらっていた。

アメリカやヨーロッパの経済専門家の間では、以前から「デット・オーバーハング」という言葉が使われていた。もはや返済できないような過剰な借り入れを企業が背負ってしまうと、経済全体が大変な停滞状況になることを意味している。（中略）実は、バブル崩壊後の日本経済が抱えていた問題は、この「デット・オーバーハング」に集約されていた。

返せない借入金とは、貸し手つまり銀行から見れば不良債権に他ならない。これが増加すると、銀行はそれ以上にリスクをとって新たに貸し出しを増やすことは困難になる。場合に

よっては、返せる余裕のある相手先から無理やりに返済させようとする。「貸し渋り」や「貸し剥がし」という表現は、このことを端的に示している。一方で過剰な借り入れをしている企業としては、日々の資金繰りにも困るようになり、とても前向きの投資（これは新たなリスクをとることを意味する）などできなくなる。結果的に、経済・産業全般が停滞し、大手の企業や金融機関の経営までもが危ぶまれる状況が出現する。[13]

りそなグループが、「実質国有化」前に「貸し渋り」や「貸し剥がし」に走っていたという話はほとんど聞かない。むしろ、勝田の号令のもとで中小企業向け貸し出しを増やしていたのが実態だ。竹中の言う「デット・オーバーハング」がこの時期の日本にぴったり当てはまる仮説だったとも言い切れない。

仮に銀行が不良債権の重荷から解き放たれ、自由にお金を貸せる環境になったとしても、「貸したい相手」がすぐにみつかる状況ではなかった。資金需要があるにもかかわらず、銀行が貸し渋りをしているために資金を十分に調達できない優良企業の存在が、この仮説の前提になっているが、そんな優良企業があれば、銀行は喜んで資金を提供しただろう。

ただ、不良債権問題が銀行の足腰を重くしていたのは確かで、不良債権比率が高く資本基盤が脆弱な、りそなグループが、結果として「竹中プラン」の標的となったのは、避けられない道だったといえよう。

金融危機の「入口」と「出口」

連休明けの動きに戻ろう。5月6日、監査法人が税効果資本の減額をりそなに通告すると、りそなは反発して見直しを要請した。翌日、金融庁の事務局からこの問題の報告を受けた竹中は「隠さない」、「原則を曲げない」、「ルール通りにやる」と指示している。この後、りそなと監査法人の間に金融庁の担当者も割って入り、繰り延べ税金資産の見積もりを甘くして自己資本比率が4％以上になるように調整を始めた。

りそなと監査法人が税効果会計の扱いを巡って対立し、深刻な事態になっているとの情報は4月頃から徐々に広がっていた。筆者は連休明けに勝田に連絡を取り、真偽を確認すると、財務担当者の名前を挙げて「担当に任せているから大丈夫だ」と明言した。勝田にとっても土壇場での監査法人の方針変更は寝耳に水だったのだろう。

繰り返しになるが、勝田は営業現場に号令をかけて中小企業向け貸し出しを増やしていた。中小向け貸し出しが増えれば、銀行の総資産は増える。そうすると自己資本をリスク資産で割った値である自己資本比率は下がる。仮にもっと早い段階で勝田が税効果会計の問題に気づいていたら、貸し出しを増やせと号令をかけることはなかったはずだ。その意味では、竹中プランの意図を十分に理解せず、もっと言えば甘くみていたツケが回ってきたともいえる。

水面下の動きを聞いて不信感を持った竹中の意向を組む形で、りそなの延命策にとどめを刺したのが12日に開かれた金融庁の「金融問題タスクフォース」だ。竹中直属のチームであり、竹中プランの策定でも大きな役割を果たしている。

この日は税効果会計の問題を協議し、金融庁から「監査の独立性を守るべきだ」との発言を引き出した。竹中は、りそなグループをどうするのか、具体的な指示は一切していない。とはいえ、この時期に「原則通り」と繰り返せば、りそなグループが追い込まれていくのは当然だ。不良債権が増え、経営が不安定になっていたのは、歴代経営者らの責任だが、りそなが「実質国有化」に転落したきっかけを作ったのは間違いなく竹中であろう。

竹中は当時、銀行界や政界などの一部から「市場原理主義者」とか「ハード・ランディング論者」と呼ばれて非難された。米国流の市場主義を振りかざし、日本経済の実情をわきまえずに銀行界に不良債権の処理を強制しているという批判だ。

りそな国有化が決まる直前のプロセスだけを振り返ると、こうした批判にも一理あるようにみえる。だが、竹中プランを作成した経緯や、不良債権問題をどのように位置付けていたかを踏まえて竹中の行動を検証すると、「すべてを市場に任せよ」といった単純な発想にとらわれているわけではないことがわかる。

竹中プランでは不良債権処理の半減目標を課すのは主要行だけに限定し、地域金融機関は別枠とした。りそな銀行の処理では、公的資金の注入を躊躇なく決断した。筆者は後に竹中に取材する機会を得たが、現実に起きていることをよく見極めながら物事を判断していくタイプのようにみえる。米国の経済学者が唱えている学説などをよく話題にするし、米国流の市場重視の考え方が根っこにあるのは確かだが、それがすべてではない。不良債権問題になかなか決着をつけられない当時の日本にとって、竹中は「劇薬」ではあったが、一定の役割を果たしたと言えるのではないだろうか。

ただし、不良債権の処理はあくまでも「負の遺産」処理であり、それで銀行業界が完全に息を吹き返すわけではない。竹中は、日本が取り組まなければならない課題は大きく分けて、「リ・アクティブ」（「受け身」を意味する言葉）な改革と「プロ・アクティブ」（「攻め」を意味）な改革の2つがあり、前者の代表が不良債権処理、後者の代表が郵政民営化であると解説している。郵政民営化が攻めの改革なのかどうか、そして、小泉純一郎首相が実行した郵政改革はどれほどの効果を日本経済にもたらしたのかは議論が分かれるところだろう。その問題はさておき、竹中の言う受け身の改革はどんな結果をもたらしたのか。その後の銀行界の動きをみればおのずとわかる。

大手銀行は竹中プランのもとで不良債権の処理に取り組み、目標を達成した。それでは、不良債権の重荷から解放された大手銀行は、本業の預金・貸出業務を立て直せたのだろうか。

預金で集めた資金を、優良な企業に適正な金利で貸し出し、利ざやを得る――。不良債権処理にめどをつけてから10年以上が過ぎた現在でも、大手銀行はこのビジネスモデルをきちんと回せていない状態だ。

5月15日、監査法人は、りそなに監査結果の見直しをしないと通告し、万事休すとなったりそなは、翌16日、公的資金の申請検討を金融庁に報告した。17日に政府は金融危機対応会議を招集し、日銀も臨時政策員会を開いた。預金保険法102条第1項の1号措置に基づく、りそなの「実質国有化」が決まった。

監査法人の指摘を受け、繰り延べ税金資産を当初の想定より減額したりそな銀行の自己資本比率は2%台になった。約2兆円の資本注入で、りそな銀の自己資本比率は12%台に上昇する。りそな銀と似たような貸し出しをしている地方銀行上位行の自己資本比率の水準を参考にして注入額を決めた。りそな銀は預金保険機構向けに普通株と議決権付き優先株を発行し、預金保険はこれをりそなホールディングス株と交換する。これで国がりそなグループの72%の議決権を握り、りそなは7月、国の管理下に入った。

負債が資産を上回る「債務超過」ではない銀行に公的資金を入れるのは、金融システム不安を未然に防ぐためだったが、資本注入の金額が適度なのか、そもそも資本注入が必要だったのかなど様々な議論を呼んだ。

早大大学院ファイナンス研究科教授の川本裕子（当時はマッキンゼー所属）は月刊誌で「国有化の判断が本当に正しかったのか。はなはだ疑問だ。これほど経営の悪化した銀行は整理するのが筋ではないのか。なぜ、従来の株主の責任を減資という形で問わないのか。大和銀行とあさひ銀行の合併、りそな銀行の誕生が認可されたのは三月だ。なぜ、そのわずか二カ月後にこのような事態を招くのか。当局による認可に問題はなかったのか。金融庁は資産を再査定する必要はないと主張しているが、二兆円もの巨額の血税を投入した後、一層の資産の劣化が見つかり、税金を追加投入しなければならなくなる懸念はないのか。当局はこうした数々の疑問に厳正な説明責任を負う」と資本注入を厳しく批判している。

公的資金を巡って様々な議論が巻き起こる中で、竹中の「援軍」となったのは、株式市場だ。りそなへの公的資金の注入で市場関係者の間に、バブル崩壊後、不良債権問題に苦しみ続けてきた日本の金融界がようやく金融危機の「出口」に到着したとの見方が広がった。5月下旬から株価は底値から脱し、上昇し始めたのである。

竹中は金融再生プログラムを策定したとき、金融機関が不良債権処理を加速すれば、取引先企業の倒産などが予想され、短期的には経済にマイナスの力が働いて、まずは株価が下がるが、処理が一巡すれば中期的にはプラスの力が働いて株価も反転すると予想していた。りそなの実質国有化は竹中が意図して仕組んだわけではないが、株価が底値から脱出する大きな転機となった。

大和銀行のニューヨーク巨額損失事件で日本は金融危機の「入口」に入り、大和銀が母体となった、りそな銀への公的資金の注入で「出口」に向かった。大和銀行という大手銀行の中で下位に属し、地味な印象が強かった銀行が、結果として金融危機の主役を演じることになったのである。

白羽の矢は「負の遺産」を再生へ導いた国鉄マンに

ここから次の物語が始まる。主役は細谷英二。東日本旅客鉄道（ＪＲ東日本）副社長で、国鉄の民営化に多大な貢献をした人物である。関連会社社長に転出する人事が決まり、何から着手するか、構想を練っているところだった。

５月某日、細谷は親しい間柄であるウシオ電機会長の牛尾治朗から食事に誘われた。約束の10分前に到着したが、牛尾はすでに待っていて、細谷は「かなり重要な話があるのだろうか」と直感した。牛尾はりそなへの公的資金注入に話題を振り、「再注入した公的資金が適切に使われなかったら、日本の金融システム全体が崩壊しかねない。ここで銀行界にしがらみがない人材に経営を引き受けてもらう必要がある」と力説した。細谷は相槌を打っていたが、「その人材は細谷さんだ」と、りそなのトップ就任を打診されたのである。

細谷はその場では即答を避けたが、牛尾に外堀を埋められる形で、最後は「清水の舞台から飛び降りる心持ちで」トップ就任を引き受けた。

ここで簡単に細谷の国鉄での経歴を紹介しておこう。細谷は1968年に旧国鉄に入社した。東海道新幹線が走り始め、赤字の額も少なく、学生の間でも人気のある企業だった。ところが入社後、経営は悪化するばかり。細谷は70〜80年代に国鉄の財政問題を担当し、大蔵省（現・財務省／金融庁）や運輸省（現・国土交通省）との予算折衝などにあたった。国鉄はこの間、4回の再建計画を策定したが、ことごとく失敗した。

1981年、政府は電電公社、専売公社、国鉄の3公社改革に着手し、第2次臨時行政調査会会長の土光敏夫のもとで審議会がスタートする。このとき、国鉄自身が自分たちの目指す方向を打ち出さないと切り刻まれてしまうのではないかと危機感を持った若手課長グループがいた。のちに「国鉄改革3人組」と呼ばれた井手正敬（西日本旅客鉄道元社長）、松田昌士（JR東日本元社長）、葛西敬之（東海旅客鉄道元社長）である。

細谷は3人組の知恵袋として国鉄改革のシナリオを作り、政界への働きかけに奔走する。1982年、自民党交通部会長の三塚博に「ぜひ自民党としてしっかり議論していただきたい」と要請すると、三塚は呼応し、自民党内に「国鉄再建のための小委員会」を作って自ら委員長に就任。国鉄の職場規律の問題に切り込んだ。

一方、第2次臨調は1982年、初めて国鉄の分割民営化を提言。翌1983年、住友電気工業会長の亀井正夫を委員長とする「国鉄再建監理委員会」という第三者委員会を作り、民営・分割の議論を始めた。細谷らは監理委員会とのパイプを作り、民営・分割は可能であると主張したが、国鉄の経営陣は、民営化はやむを得ないが、分割は技術的に難しいと抵抗した。そして、細谷ら分割賛成派は次々と左遷されたのである。

細谷はあきらめなかった。1985年5月、若手の改革派は三塚と亀井に建白書を提出。首相の中曽根康弘は6月、改革に抵抗する国鉄総裁らを更迭し、7月には「国鉄改革に関する意見（監理委員会による分割民営化案）」を閣議決定した。細谷らは左遷先から復帰し、分割民営化の作業を進めた。

1986年7月、衆参同日選挙で自民党が圧勝。社会党の反対派を自民党が強行採決して突破し、11月には国鉄改革関連8法案が成立した。1987年4月に国鉄は分割・民営化し、JR各社が発足したのである。細谷は「国鉄改革3人組」を支えた分割・民営化の立役者となった。

ＪＲがスタートした後、細谷らは様々なプロジェクトに取り組んだ。利用者のニーズを探ろうと、ＪＲに移行する直前に銀行のＯＬに集まってもらい、国鉄への不満を聞いた。とにかくトイレが３Ｋ（汚い、臭い、暗い）だと指摘され、まず、トイレクリーンナップ作戦を開始した。様々なサービスの改善に努力するうちに、利用者が約25％増え、民営会社としての成果が表れてきた。

細谷は「自主自立の精神のもとで、国鉄時代には生かせなかった経営資源を有効活用できるようになった」と分析していた。細谷によると、国鉄の民営化は「官から民へ」の成功モデルであるとともに、事業再生の成功モデルでもある。

国鉄の長期債務は約37兆円に膨らんでいた。そのうちＪＲ各社には14・５兆円のみを承継させ、27万７０００人の職員のうち約20万人だけを新会社が引き継いだ。債務処理や余剰人員対策は国鉄清算事業団に委託したのだ。近年の企業再生の多くは過去の「負の遺産」を整理してからスタートしており、ＪＲはその先行事例になったといえる。

細谷が、りそなの経営トップ就任を引き受けたのは「国に支援されて国鉄を再生できたのだから、今度は自分が国に恩返しをしなければならない」という使命感からである。

国鉄マンとして生きてきた細谷は、他業種の人たちとも若いころから交流し、いつかは別の業種で自分の腕を試したいとの気持ちがあり、りそなへの転出を「他流試合のよいチャンス」と受け止めた面もある。銀行経営の経験が全くなく、家族をはじめ周囲の人たちから猛反対を受けながらも、細谷はりそな再生へと突き進んでいく。こうして「細谷改革」がスタートしたのである。

筆者が細谷への取材を始めたのは、りそなのトップに就任してからである。国鉄改革の立役者として知る人ぞ知る存在ではあったが、一般には知名度はそれほど高くなく、りそなの中にも細谷を知る人はほとんどいなかった。「竹中プラン」によって銀行が押しつぶされたと「被害者意識」を持つ従業員も多く、ＪＲから転出してくる経営者に冷ややかな視線を浴びせかけた。

マスメディアの間でも「お手並み拝見」といった論調が目立っていた。筆者も同様なスタンスだったが、細谷の動きをウォッチし、対面での取材を重ねるうちに細谷の誠実さや熱意に共感し、そして「細谷コンピューター」とたとえられる明晰さに驚き、知らず知らずのうちに「細谷応援団」の一員になっていたように思う。他のメディアでも筆者と同じように感じた人間が多かったのだろうか。マスメディア全体の論調も、「細谷改革」に総じて好意的になっていった。

改革の内容に入る前に、細谷がどういう意図をもって改革に取り組んだのかを紹介したい。銀行業とは何か、銀行経営とは何か、を考える上で格好の材料になるからだ。

細谷は、りそな改革が一段落したあと、講演会などで国鉄改革とりそな改革を比べながら経営改革のポイントを説明することが多かった。以下はその要旨である。

経営者として感じるストレスは鉄道業よりも銀行業の方がはるかに大きい。鉄道業は地域独占の強みがあり、収益のブレは小さい。リアルなビジネスなので、設備投資をすれば車両とか駅の施設などが目にみえる。利用されているかどうかを自分で確認できる。銀行業では、経営の結果は数字のみ。その数字をみたからといって利用者や経営の実態をつかめている保証はない。しかも、銀行の収益は市場の動向によって大きく変動する。経営者は株価や金利の動向にも敏感でなければならない。

それでも、経営の基本は鉄道業も銀行業も同じだと思う。経営とは、「お金、顧客、従業員」に関することの3つに集約できる。

まず、お金の問題。事業を立て直すには、負の遺産を処理し、バランスシートを健全にしなければならない。国鉄で言えば過剰債務、銀行で言えば不良債権を抱えたままでは事業の再生はできない。国鉄は国鉄清算事業団に過剰債務を引き取ってもらい、りそなでは、約2兆円の公的資金を不良債権の処理にあてた。それでJR、りそなは、持続的な黒字体質に転換できたのである。２つ目は顧客サービスの改革であり、３つ目は従業員の意識改革である。

細谷は国鉄改革を通じて学んだ経営手法をりそな改革に存分に生かし、成果を上げていく。独占時代には恵まれた環境で事業を展開したが、自動車の発達という輸送構造の変化についていけなかった国鉄。戦後の資金不足、右肩上がりの時代には順調な経営ができたが、行政による護送船団方式に甘えながら横並びでバブル融資に走り、バブル崩壊で不良債権を抱え込んだ銀行界。細谷は、２つの業界は相似形であると断じ、自信をもって、りそな改革に取り組むことができたのである。

その過程をこれからじっくり検証するが、本節の結論を先取りしていえば、細谷が挙げた経営改革の３要素「お金、顧客、従業員」の中には欠けている点があり、その点だけは最後まで改革ができなかったことがわかるだろう。それは、経営者が自分の目で確認しやすい「リアル」な鉄道業とは異なり、数字を追うしかない「バーチャル」な銀行業の業務内容そのものである。

細谷は銀行を「普通の会社」と位置付け、国鉄と同様にバランスシートや顧客サービス、組織などの改革に取り組んだ。顧客サービスの中には銀行業の本業に関わる要素も含まれてはいたが、りそなの収益源である預金・貸出業務などを根本から変えたわけではない。

細谷でさえ、変えられなかったところに、銀行業が抱える問題の根の深さが表れている。

それでは、細谷改革の内容を順にみていこう。

「お金、顧客、従業員」の改革が始まる

2003年6月、りそなホールディングス（HD）会長に就任した細谷は社員向けにメッセージを送った。

社員への要望の1点目は、普通の会社になること。銀行業は特別な産業であるという意識を捨て、普通の会社として経営努力を始める。収益が期待できる事業部門や新事業分野を見極め、利益を生み出せるように努める。

2点目は銀行の仕事がサービス業であるという自覚を持つ。目指すのは単なる銀行業ではなく、金融サービス業への転身。まず、徹底したコスト削減により競争力を強化した上で、顧客に選択してもらえるサービス・商品を提供し続ける。

3点目は内部対立の解消。「りそな」という船が沈みかけているときに、船員同士がけんかしてののしりあっているのを、外部の人はあきれてみている。再生か瓦解かどちらに向かうか、これからの6カ月が大事だ。特に最初の100日以内に「りそな」は変身したというメッセージを強く打ち出さなければならない。

1点目と2点目は、国鉄を民営化し、国営企業から民間企業に移行したときの経験を踏まえたメッセージだ。銀行が午後3時にシャッターを閉めるのは、サービス業としての「いろは」ができていない証拠だ。サービス業としての自覚を持ち、収益構造を変えようと訴えたのである。

3点目はりそなの母体となった旧大和銀行と旧あさひ銀行の出身者同士の対立への警鐘だ。資産規模では大和銀を上回るあさひ銀が、大和銀に救済される形で誕生したりそな銀。合併後も両行出身者の対立は激しくなる一方で、一丸となって危機を克服しようとする機運が盛り上がらず、実質国有化へと転落した。細谷は旧行意識が蔓延しているのを感じ取り、強烈な牽制球を投げたのである。

細谷はまず、経営改革の3要素の1つである「お金」のバランスシート改革に着手した。バランスシート改革の前提が資産の洗い直しである。資産の洗い直しとは、りそな銀行が保有する貸出債権などの資産はどんな状態で、さらに損失を生む可能性はないのか、調べ直すことである。監査法人を使って資産の再査定をすると宣言し、トーマツに米国会計基準に基づき、厳しく資産を査定してほしいと要請した。

金融庁は3月にしっかり検査をしたので、資産には問題はないと主張していた。そのときの査定に基づいて資本注入の金額も決めているので、資産の洗い直しをされるのは困ると考えたのだろう。だが、細谷の意思は固かった。

大和銀とあさひ銀が合併する前の決算を単純に合計すると、国有化前の10年間で2兆5000億円の赤字を計上している。単純平均すると毎年2500億円の赤字を出す構造だった。膨大な不良債権を処理しきれておらず、処理のコストだけで単年度黒字は不可能だった。

細谷は幹部行員に対して、「KICの罪」を犯すなとも呼びかけている。「K」は虚偽（嘘の報告）、「I」は隠蔽（事実を隠すこと）、「C」は遅延である。

金融コンサルタントは、1兆3000億～1兆5000億円程度の赤字を最初の年に出さないと、この銀行は立ち直れないとアドバイスしていた。細谷は幹部行員には、リスク要因をすべて出すよう求め、「厳格に」、「嘘をつくな」、「先送りするな」と指示。不良債権に加え、退職給付債務や子会社の含み損などの数字も開示させ、銀行が置かれている現状を正確に把握しようとした。

その過程で浮かび上がったのが、傘下の近畿大阪銀行の存在だ。大和銀行の「関西特化」戦略の一環でホールディングスの傘下に入っていたが、細谷は会長に就任するまでその存在を知らなかった。金融庁からも事前に説明はなく、なぜ誰も教えてくれなかったのかと憤慨した。近畿大阪銀行は、大和銀行から資本注入を受けたものの、不良債権の処理にめどがついていたわけではない。厳しく資産査定をすれば資本不足に陥るのは明白だった。

りそなの実質国有化を機に「細谷応援団」として社外役員に就任したメンバーの中からは「近畿大阪銀行の存在をきちんと説明しなかった金融庁に責任がある。経営破綻させ、国の責任で損失を処理すべきだ」といった声も出たが、そうした荒療治をすれば、りそなグループ全体の信用不安をあおりかねない。結局、りそなHDが3000億円の増資引き受けを余儀なくされた。

不良債権の処理、赤字要因となっていた関連会社の整理など、りそなは、2003年9月中間決算でバランスシートにリスク要因をすべて計上し、約1兆8000億円の赤字となった。約2兆円の公的資金の大半を「負の遺産」処理にあてたのである。

高コスト体質にもメスを入れた。従業員の年収3割カット、OB年金の削減、帳票の削減なども実行した。この時期に約5000人が退社し、総人件費が減った効果も大きく、約6000億円だった連結ベースの営業経費を、4000億円を切る水準まで圧縮した。

2兆円の公的資金という強力な後ろ盾もあり、「お金」の改革は細谷の計算通り進んだといえるだろう。2004年3月期に約1兆7000億円の最終赤字となったが、膿を出し切った後の翌2005年3月期は約3700億円の黒字に転換した。2003年9月末で11%を超えていた不良債権比率は2006年3月末で2%台まで下がり、「持続的な黒字体質」

を確立した。

「メガバンクにはできないことをやろう」

2番目のテーマは、対「顧客」に関する改革である。細谷は「りそなブランドの再生」を目標に掲げた。

公的資金が入る前、銀行の資金繰りが厳しくなり、優良な顧客に対する貸し出しを断る場面があった。預金を他の銀行に移した個人顧客もあり、ブランドイメージが傷ついていた。顧客の不満を調べてみると、大半は店頭での待ち時間の長さと、ATMに関する説明不足だった。

そこで、「待ち時間ゼロ」を目指して現場での工夫を促した。そして、営業時間の延長。2004年4月から、閉店時間を平日は夕方5時まで、金曜日は7時まで延ばし、サービスの時間を増やした。細谷は閉店時間が午後3時まではサービス業とはいえないと感じ、就任後、直ちに時間延長を指示したのだが、実行までに9カ月かかった。担当者は「できない理由」を並べ、かつて実験をしたが失敗したとの報告が上がってきたが、「好感度ナンバー1銀行」、「金融サービス業への進化」を目指す細谷はぶれなかった。

各支店で1つずつ新しいサービスを始める「プラス・ワン運動」もスタートさせた。営業経費を切り詰める中で、お金がかかるサービスの拡充は難しいが、従業員の知恵と工夫で顧客のイメージを改善することは可能だという発想だ。

「りーなるプロジェクト」もブランドイメージの向上を目指す試みの1つ。りそなとリージョナル（地域）を合体した用語だ。大阪の若手社員が大阪・天満宮の宮司に依頼して「百天満天百」という、語呂合わせの定期預金通帳を作った。宮司から朱印を借り、500通限定で朱印付きの定期預金を発売したら、すぐに売り切れ、11億円の預金が集まった。

この成功をもとに、地域の商店街の人たちと酒造りのプロジェクトが進んだ。百天満天百ブランドの酒を造ろうと、滋賀県の取引先の酒蔵で特別な酒米を植えてもらった。

FM802という大阪のFM放送が若手の芸術家のデザインを募集し、デザイナーを育てるプロジェクトにも協力した。若手デザイナーの絵を無料でキャッシュカードのデザインに採用し、数カ月ごとに発行した。

「メガバンクにはできないことをやろう」という細谷の呼びかけに応じる形で始まった様々なプロジェクトは、確かにブランドイメージの向上にはつながっただろう。地域社会への貢献は銀行にとって大切な機能の1つといえる。しかし、こうした活動は銀行の収益には直接は結びつかないことも改めて確認しておきたい。また、「金融サービス業への進化」を目指して始めた多くの運動やプロジェクトの大半が、「個人顧客」向けだったことにも注意が必要だ。

細谷は国鉄改革での経験を参考にしながら、りそな改革に取り組んだとすでに説明したが、国鉄改革でのサービス改革は利用者の増加という形で収益向上に直結したのに対し、銀行におけるサービス改革は必ずしも収益改善にはつながらない。待ち時間がゼロになれば確かに支店を訪れる個人顧客の満足度は上がるだろう。だが、支店を訪れ、公共料金の振り込みなどをする人は、そもそも銀行に収益をもたらす顧客ではない。ATMコーナーを利用するだけの顧客も同様だ。銀行全体の評判を良くする効果はあるかもしれないが、それで収益が向上するとは言えないし、かえって余分なコストが発生するかもしれない。

銀行の収益に直結するような、企業や個人向けビジネスをいかに生み出していくのか。100日計画の中では、明確な方針は示されなかった。

従業員の「心の赤字」を消したい

3番目は「従業員」の改革である。「普通の会社」にするために象徴的なことをしようと、「頭取」、「職員」といった呼称を廃止し、お互いに「〜さん」付で呼ぶようにした。現場はどうなっているのかを知るために、就任の翌日から時間が空いている限り、車で支店回りをした。支店の前で突然、降り、支店の中をのぞいて支店長や社員の表情や仕事ぶりを観察した。

金融庁からの指導もあり、報酬は年収3割カットの状態であり、サッカーの負け試合の後の選手のような雰囲気を感じた。この状況をどう変えていくのかを探る意味もあり、1週間のうち2日ぐらいは時間を空け、10〜15人くらいの社員たちから話を聞き、自分の銀行業に対する思いも伝えた。

「金融庁や本部の言う通りにやっていたのに、なぜ自分たちがこんな厳しい目にあわなければならないのか」という率直な意見を耳にした。銀行は規制業種であり、従業員が必ずしも当事者意識をしっかり持っているわけではないことに気づいた。メールや社内報などで思いを伝えるようにはしていたが、なかなか浸透はしない。

やはり自分で1人1人の従業員に直接、語りかけ、対話をしなければならないと痛感した。従業員の「心の赤字」を消したい、と細谷は強調していた。

人事制度や組織にも思い切ってメスを入れた。6月末に就任したときには組織も経営幹部の配置も決められていたが、いくつか問題点を発見し、10月に改革を断行した。

ホールディングスという持ち株会社と銀行の組織が重層化していて仕事がかなり重なっていた。営業関係は銀行、企画部門はホールディングスに置いて銀行の企画部門と兼務させ、組織をフラット化、スリム化した。経営トップより年次が高い執行役員がいて、トップの意向が浸透しない問題があり、年次が高い執行役員は交代させた。その一方で、年次主義を否定して若手役員を登用。新しいポストを作るときには必ず公募制とする「ポストチャレンジ制度」を導入し、1人1人がやりがいを見いだすように、やりたい仕事を登録する「キャリアエントリー」制度を設けた。

銀行界の伝統的な減点主義を打破するため、「Ｇｏｏｄ Ｗｏｒｋ賞」や「ＭＶＰ表彰」、「ブランド表彰」などほめる文化を根付かせる工夫もしている。女性の活用にも意を注いだ。女性支店長の任命、女性のリーダー研修、女性のプロジェクトチームによる商品開発、育児休暇の延長、社員が一定期間パート勤務のできる選択制度など様々な取り組みを加速させた。

従業員改革と同時に、ガバナンス（企業統治）改革も実践した。細谷はりそなトップへの就任を引き受ける条件として委員会等設置会社への移行を条件にし、6人の社外取締役が就任。役員会では真剣勝負と呼べる議論が展開され、細谷をはじめ、りそなの経営陣は一挙手一投足を厳しくチェックされた。花王元副社長の渡邊正太郎を筆頭に、各自が自分の持ち味を生かしながら、様々なアイデアや意見を披歴し、細谷も社外取締役の意見を積極的に取り入れた。細谷はインタビューで、渡邊を意識しながら「昔は近所に雷親父がいて、子供たちが間違いを起こせば雷を落とした。企業にもそんな存在が必要だ」と語っていた。経営の主導権はもちろん細谷が握っていたが、取締役会で議案を通すのはまさに真剣勝負だったのである。

今、日本ではコーポレート・ガバナンス（企業統治）の向上が叫ばれているが、りそなは銀行界ではいち早く委員会設置会社に移行し、「社会実験」を重ねていたといえる。経営の決定事項は直ちに細谷が記者クラブに出向いて発表し、「ガラス張りの経営」を信条とした。

「経営マニア」の改革見本市

こうして細谷改革の概略を列挙したが、これでも一部である。国鉄にいたころから「経営マニア」と呼ばれるほど経営について勉強を重ね、かつ外部の幅広い人材から意見を聞きながら実行しているだけに、考え付くことは、ほとんどすべて実行したといえるだろう。細谷自身も「試行錯誤の中から成功事例を積み上げていきたい」と語っていたほどで、さながら経営改革の見本市の様相を呈している。

参考までに、細谷が２００７年に「国鉄改革」と「りそな再生」から学ぶ11の教訓としてまとめた項目を列挙しておこう。

1　変化に鈍感な組織は滅ぶ

独占や成功体験の長かった企業は必ず衰退の道を歩む。変化に鈍感な組織は必ず滅ぶ。業績がいい時ほど改革を推し進めていく必要がある。ダーウィンの「最も強い者が生き残るのではなく、最も賢い者が生き残るのでもない。最も変化に適応できる者が生き残る」という言葉通りだと思う。

2　成功は常に苦心の日々にあり、大きな努力・小さな成果

経営改革に手品のような手法はない。毎日こつこつとやっていくしかない。

3　経営改革の基本は〝心の改革〟

従業員の意欲が上がらなければ改革はできない。心の改革、特に心の赤字を消さないと、競争力はついてこない。その点からいうと、女性の方が過去のしがらみから脱却し、新しい挑戦をしてもらえると思う。男性の方が過去のしがらみを背負い、なかなかハードルを乗り越えられない。そういう意味では意識改革が遅れた男性社員をどのようにして改革モードにするかがテーマ。

4　当たり前のことを当たり前に実行――一害を除くに如かず、危機はよき友・時間はラ

イバル

金融コンサルタントなどからいろいろ助言を受けたが、あらゆる経営改革の助言は当たり前のことばかり。その当たり前のことをどう実行していくかがリーダーの役割。経営改革というのは経営悪化の要因を1つずつ除去していくこと。そして短期決戦でなければならない。私がりそなの会長になった年に、IBMを再建したルイス・ガースナーさんから「危機はよき友、時間はライバルだ」というアドバイスを受けた。振り返ると、りそな会長就任から1００日が勝負だった。最初の１００日が次の１０００日、１５００日を決めるのだと思う。

5　供給サイドの発想・お役所依存は衰退の道――天動説から地動説へ

国鉄も銀行もそうだったが、供給サイドの発想・お役所依存でやっている企業は間違いなく衰退していく。顧客が中心に動く、地動説の考え方の企業文化にならなければ、企業の飛躍はありえない。

6　成功体験（競争のなさ）は危機の始まり

企業は経営改革の実績を上げただけでは生き残れない。改革を継続しなければならない。成功体験があるとそれに満足してしまう。あるいは内部論理がまかり通って、摩擦を避けるようになるがそれでは問題だ。

7　先送り主義・既得権益との闘いには透明性（誰からも見える経営）

改革の際に誰からも見える経営をすることが必須条件。国鉄・JRを通じて、政治の世界とも接点があった。りそなの会長に内定したときも、某政治家から呼ばれて、今回の公的資金について、お前は新聞記者に企業価値の最大化を目指すと言っているが、あの金は関西の中小企業の救済のために、俺たちがとったものだ。お前は銀行の公共性が全くわかっていないとお叱りを受けた。私は全国の国民のお金を預かっているつもり。ガラス張りの経営を行うので、もし文句があれば言って欲しい。まさか、赤字貸し出しを強要されるのではないですよねと話をしたが、その後、その政治家から連絡はない。

政治的な圧力がもっとあると思ったが、国鉄改革に比べれば少なかった。就任後に日本外国特派員協会に呼ばれ、りそな再生への取り組みについてスピーチした。フィナンシャルタイムズの記者から、政治家や金融庁から圧力がかかったらどうするのかと質問を受けた。そういう場合は情報開示して、マーケットの判断に任せるとコメントしたが、一斉に拍手があった。日本の規制事業は疑いの目で見られていることを改めて知った。

8　軸をブラさない――自分の肉声で変革の志を示し、繰り返し訴える

経営のリーダーは軸をぶらさず、自分の肉声で変革の志を示し、同じメッセージを繰り返

し訴える以外にない。メッセージは自分で筆を取って書いているし、支店長会議でも一度たりとも誰かにメモを書いてもらったことはない。すべて自分の頭の中で考えて、自分の言葉で社員に方針を伝えている。

93％のコストダウンは難しいが、30％のコストダウンは可能

ＪＲ時代の体験だが、三井造船の会長からＪＲ東日本の初代会長としてきた山下勇さんという造船技術者のトップの方が、ＪＲの鉄道技術はもっと優れていると思ったけれども本当にローテクだ。場合によってはノーテクだと厳しく言われた。国鉄の最後の10年間は赤字財政に加え、労使関係が悪化しており、技術開発は合理化につながるため、誰も力を入れていなかった。

山下さんが来て一挙に技術開発が進み、それが「Ｓｕｉｃａ」などで花開いてきていると思う。山下さんは技術に関してとんでもないことを言う。私とは親子ほど年齢が離れているのだが、酒を飲んで、何でそんなできないことを技術屋に指示するのかと聞いたら、10％削れというと、ここまでの延長線でしか考えない。50％削れというと、皆、ゼロベースで考える。それで6割の出来でも30％削減になるという話を披露された。りそなに来ても帳票を半分にするなど同じようにやっている。経費6０００億円が4０００億円になったように、3分の1のコストは下がるものだと実感している。

10　リーダーの使命は背中を見せること――上、3年にして下を知り、下、3日にして上を知る

会長室もガラス張りにし、誰でも部屋に入って話をしに来られるようにオープンにしている。最初のころは、いろいろ圧力があるだろうと、お金の使い方をはじめ、後ろめたいことがないようにした方が良いとアドバイスを受けた。若干面倒な場合もあるが、私の言動は365日オープンにしているので、全くそういう心配はないと思う。スキャンダルで3万人の社員が悲しい思いをしたら、私はリーダーとして失格だと思っている。

11　会う人、皆師匠――謙虚さこそ持続性の礎

優れた人や組織から学ぶことが大事。謙虚さを持っていいものを吸収していけば企業組織は持続的に発展していけると思う。銀行は妙にプライドの高い人たちの集団だから、自分たちよりも規模の小さい集団の優れている点を学ばない文化がある。例えば、地方銀行でこんな良いことをやっているから見て来いと言っても、どうせ地方銀行だからと行こうとしない。ピラミッド組織の序列の企業文化がある。これを直すだけでも銀行は良くなると言っている。

細谷の座右の銘も記しておこう。

1　縁尋機妙、多逢聖因（地蔵本願経）
人と人との出会いを大切にしていけば、必ず成功の道が見えてくる。

2　障子を開けて見よ、外は広い（豊田佐吉）

3　常に生き生きしていること・いつもあるべき姿を求めていること・卑しくないこと・ポストに執着するのも驕りもまた一種の卑しさである（作家の城山三郎が魅力を感じる経営者の共通点）

沈みかけた船を巡航速度に戻す

細谷はやみくもに様々な改革に取り組んだわけではない。頭の中で優先順位をつけ、「公的資金の返済」と「企業価値の最大化」という2大目標を達成するべく、タイムスケジュールを組み立てながら着々と実行していったのである。

就任から最初の2年間は「集中再生期間」。資産の再査定に基づく不良債権の処理、「緊密先」と呼ばれる赤字の関連会社の整理、経費の大幅な削減など「負の遺産」の完全処理が中心だ。
次の3年間は「営業力の強化」が主な課題だ。店舗での事務量を減らす「オペレーション改革」や顧客サービスを向上させる「サービス改革」のほか、全国を複数の地域に分け、地域別の責任者を置いて運営する「地域運営」、異業種との提携などに力を入れた。その先に、公的資金の完済と、りそなグループとしての差別化戦略が実を結ぶという青写真を描いていた。

細谷が描いていた差別化戦略とは何か。「メガバンクにも地銀にもできないことをやれる銀行」になることだ。メガバンクと比べたとき、りそなの強みは中小企業との取引の厚みにある。そこで、ソリューション（問題解決）やコンサルティング力という付加価値をつけ、信頼される銀行になる。かつメガバンクにはできないようなローコストで実行する。そうすれば、地銀並みのコストで、高度なサービスを提供できる銀行になれると考えたのだ。

「メガバンクにも地銀にもできない」サービスは一歩間違えば「メガバンクにも地銀にもできる」サービスに転じてしまう。りそな銀行の社員が中小企業を訪問し、貸し出しを要請するとき、企業側が気にするのはまずは金利である。ソリューションやコンサルティング力に魅力があっても他行より高い金利負担を求められたら大概の企業は腰を引いてしまうだろう。
細谷は就任のほぼ半年後に、「今、最も悩んでいるのは収益力強化に向けた構造改革。貸

図表 1-5　りそな再生の軌跡　（単位：億円、▲は赤字）

りそなグループの業績推移	連結粗利益	資金利益	営業経費	連結純利益
2003 年 3 月期	9018	5991	5976	▲ 8376
2004 年 3 月期	7750	5612	5100	▲ 16639
2005 年 3 月期	7631	5423	3820	3655
2007 年 3 月期	8052	5637	3846	6648
2009 年 3 月期	7395	5470	3844	1239
2011 年 3 月期	6670	4840	3694	1600
2013 年 3 月期	6371	4430	3616	2751
2015 年 3 月期	6324	4259	3577	2114

し出しを増やすのは大変なこと。利ざやを増やすことがいかに難しいか身に染みている。最近のメガバンクの決算をみても貸し出しのウエイトは右肩下がりになっていて、これからどうやって稼いでいくのか、銀行共通の悩ましい課題だ」と率直に語っている。

細谷改革はりそなをどのように変えたのか。決算などのデータをみながら検証してみよう。（図表１－５参照）バランスシート改革が重要だと強調した細谷は就任した初年度に大幅な赤字を計上し、かつ営業経費を大きく圧縮した。その効果で、２００５年３月期からは３０００億円台の当期純利益を計上できるようになった。

その後の業績推移を検証すると「集中再生期間」に実行したバランスシート改革の効果が極めて大きく、それ以外の様々な改革は業績には直接は寄与していないことがわかる。預金・貸出業務を中心とする「資金利益」は細谷就任前の２００３年３月期で６０００億円弱。その後、６年連続で5000億円台を記録し、2010年3月期には5000億円を割り込んでいる。手数料収入は2003年3月期が約1500億円。2007年3月期に2000億円弱まで増えたが、その後、減少傾向となり、2010年3月期には1500億円を下回り、就任前の水準に逆戻りしている。不良債権の処理や経費削減では着実に成果を上げたものの、本業で稼ぐ力は変わらなかったといえる。

もちろん、沈みかけた船を巡航速度に戻し、旧行同士でののしりあっていた船員たちの士気を高めた細谷の貢献は、数字だけで推し測れるものではない。「実質国有化」という烙印を押された銀行との取引を回避する風潮が広がっていたとしたら、資金利益や手数料収入を維持することも容易ではなかっただろう。

清廉潔白で誠実な人柄の細谷だからこそ、りそなの求心力を回復させ、公的資金を順調に返済し続けることができたのは確かだ。繰り返しになるが、そんな細谷の力をもってしても、りそなの「稼ぐ力」を高めるのは困難だったのだ。

「メガバンクでも地銀でもない」銀行の存在価値とは

巡航速度に落ち着いたりそなに大きな波が押し寄せた。2008年秋のリーマン・ショックである。りそなに注入された公的資金はピーク時で3兆1280億円。2007年9月末時点では2兆3375億円が残っていた。年間3000億円台の当期純利益を出し、すべてを返済に回したとしても完済まで7~8年はかかる計算だった。

ところが、リーマン・ショック後の景気の落ち込みは、りそなの収益を圧迫し、2009年3月期の当期純利益は約1200億円に落ち込んだ。2010年3月期は約1300億円、2011年3月期も約1600億円と低迷した。この利益水準で単純に計算すると、完済までに16~17年かかることになる。

この時期に収益の足を引っ張ったのは「与信費用」の増加。経営難に陥る取引先が増え、貸出金の回収難や貸倒引当金の計上による損失が膨らんだのだ。「このままでは社員にも顧客にも公的資金の返済は無理だと思われてしまう」と細谷は懸念した。

リーマン・ショック後の世界同時不況の中で、銀行の収益水準が全体に下がってきた。投資銀行部門の暴走に歯止めをかけるため、世界で規制強化の動きが広がり、バーゼル3という新たな自己資本規制の導入も本格化する。従来以上に資本の水準と質の向上を求められ、利益をこつこつと積み上げて公的資金の返済にあてるやり方には限界が生じていた。

厳しい決算見込みを頭に入れながら、細谷は大勝負に出た。2011年1月に公募での新株発行を決議し、2月に5477億円の資金を調達。剰余金も加えて3月に8135億円の公的資金を一気に返済したのだ。

1年ほど前に腹を固め、タイミングを見計らって実行した。2010年8月に預金保険法に基づく優先株4000億円を返済した分と合わせると返済額は1兆2000億円を上回り、残る公的資金は8716億円に減った。国が保有する普通株（約2600億円）を除けば、配当を支払って毎年1000億円程度の返済財源を積み上げれば5年以内に完済できる水準となったのだ。

公募増資で公的資金を返済する計画に対して、証券会社に所属するアナリストの間では批判的な意見が強かった。増資をすれば株価が下落する可能性が高かったからだ。細谷が2010年11月に計画を表明すると株価は500円の額面を割り込み、アナリストの意見が正しいようにもみえたが、細谷はこう反論した。

2010年8月に預金保険法に基づく公的資金を初めて返済したとき、本来ならポジティブに評価されてもおかしくないのに、株価下落の引き金となった。アナリストの多くは、従来路線で公的資金を抱えたまま、バーゼル3の国内基準行の規制細目の決定を待てばよいとの意見だった。しかし、公的資金の返済は最大のミッション。バーゼル3のために返済を先送りするのは間違っている。

りそなは2004年以来、大手銀行の中では最も安定した収益を上げてきたのに「いつ公的資金を返済するのか」、「預金保険機構がいつ普通株式を売り出すのか」、「メガバンクが肩代わりするのではないか」など様々な憶測が飛び交い、株価が不安定になる矛盾を抱えていた。公的資金の返済はりそなだけでは決断できないので、いくら投資家に説明しても思惑が独り歩きしがちだ。一日も早く公的資金を返済し、普通株中心の資本構成にしないと経営努力を的確に判断してもらえないと判断した。2003年時点では、りそなはマーケットに評価されるレベルではなかったので公的資金で支えられたが、2011年にはマーケットの評価に耐えられる経営を実践してきた自負があるので増資に踏み切った。新規株式公開（IPO）の意味合いを持つ増資だと考えている。

人間の運命は不条理だ。ようやく大きなヤマを越えた細谷は少し前から病魔に襲われていた。自覚症状はあったのだろう。公募増資を実施した後のインタビューで「私はりそなグループの最高経営責任者（CEO）と言える現在の立場をあと何年も続ける気力、体力を持っているわけではない。私の役割を段階的に落としていき、りそなHDまたは、りそな銀行の代表権を持つ役員で構成する経営チームをきちんと整備していく」と後継者の育成について語っている。

細谷にすべてを依存するりそなを「細谷リスク」を抱えた銀行と揶揄する市場関係者もい

図表 1-6　りそなグループの公的資金残高一覧表

（単位：億円、注入額残高）

	2003 年 9 月末（実績）	2015 年 6 月 25 日完済	返済額	備考
公的資金合計	31,280	―	▲ 31,280	
優先株式	25,315	―	▲ 25,315	
早期健全化法	8,680	―	▲ 8,680	
乙種	4,080	―	▲ 4,080	2009 年 3 月完済
丙種	600	―	▲ 600	2015 年 6 月完済
戊種	3,000	―	▲ 3,000	2009 年 3 月完済
己種	1,000	―	▲ 1,000	2015 年 6 月完済
預金保険法	16,635	―	▲ 16,635	
第 1 種	5,500	―	▲ 5,500	2011 年 3 月完済
第 2 種	5,635	―	▲ 5,635	2011 年 3 月完済
第 3 種	5,500	―	▲ 5,500	2011 年 3 月 1,000 億円返済 2014 年 2 月 2,540 億円返済 2014 年 7 月完済
劣後ローン	3,000	―	▲ 3,000	
金融安定化法	2,000	―	▲ 2,000	2005 年 10 月完済
早期健全化法	1,000	―	▲ 1,000	2009 年 3 月完済
普通株式	2,964	―	▲ 2,964	2005 年 2 月 27 億円返済 2008 年 6 月 144 億円返済 2008 年 12 月 175 億円返済 2013 年 7 月 992 億円返済 2014 年 2 月 完済

（注）単位未満切り捨て

たほどなので、細谷は自分がいなくなった場合の対応を早い段階から考えていたようだ。２０１２年４月には、りそなＨＤの代表権を返上し、会長職にはとどまったが、銀行内では資本政策や人材育成に特化することにした。「公的資金返済にめどがつけば会長退任の節目。一定の年齢になったらという選択肢も考える」とも語った。

細谷はこの後、体調が徐々に悪化し、インタビューなどに顔を出す機会もほとんどなくなる。同年11月、67歳で死去した。りそな再建に、まさに命がけで取り組んだのである。

細谷の志を継いだ、りそなＨＤ社長の東和浩は、公的資金の返済に全力を注ぐ。２０１３年５月、今後５年間で公的資金を完済する計画を発表した。同年７月にはまず、預金保険機構が保有する普通株約１０００億円を買い取った。さらに、２０１４年２月には預金保険機構が保有する普通株１６２４億円を取得し、優先株の買い入れとあわせて約４１６４億円を返済。同年７月には優先株をさらに１９６０億円買い入れ、残高は１２８０億円まで減った。そして２０１５年６月には残額を返済、２０１３年に打ち出した計画より３年早く完済した。実質国有化から12年、細谷の死去から２年半での目標達成となった。（図表１−６参照）

りそなが公的資金を完済できたのは、細谷が実行したバランスシート改革と資本政策の効果だと言ってよい。初年度に厳しい資産再査定を実行して不良債権の追加損失を防ぐととももに、営業経費を約3割カットして黒字体質に変えたために、公的資金の返済原資となる利益剰余金を積み上げることができた。リーマン・ショック後に収益水準が落ち、剰余金の積み上げが難しくなるとみるや、公募増資で返済原資を調達し、残高を一気に減らした。
細谷はヒト、モノ、カネのあらゆる側面で様々な経営改革を実行し続けたが、公的資金の返済に関する限り、就任直後と、死去する前年に実行した2度の短期決戦での勝利が全体の帰趨を決したといえる。

りそなは公的資金を完済し、国民負担は発生しなかった。だが、12年間の猶予を与えてまで、りそなを救済する意味があったのかどうか。「メガバンクでも地銀でもない」銀行の存在価値はあるのか。「細谷イズム」が浸透している東をはじめとする現首脳陣は、細谷にも見いだせなかった答えを自らみつけなければならない。

13　竹中平蔵『構造改革の真実』（日本経済新聞出版社　2006）：35-36

第2章

消滅した長信銀

第1節 抵抗勢力となった興銀

日本にはかつて長期信用銀行という特別な銀行が存在した。日本興業銀行、日本長期信用銀行、日本債券信用銀行の3行である。興銀、長銀、日債銀と略して呼ばれていた。この3行、とりわけ興銀は都市銀行よりも格上の銀行というイメージが強く、就職の際にも、興銀に入る学生の方が都銀に入る学生よりも優秀とされていた。

だが、今や3行ともに存在していない。興銀は第一勧業銀行、富士銀行と経営統合して、みずほグループとなり、長銀と日債銀は経営破綻して「特別公的管理」という制度のもとで国の管理下に入った後、それぞれ新生銀行、あおぞら銀行として再スタートを切った。

優秀な人材がそろっていたはずの長信銀が消滅してしまったのはなぜだろうか。その理由を探ると、日本の銀行や銀行制度が抱える問題点がみえてくる。

「銀・証戦争」エゴむき出しの壮大な消耗戦

長銀出身で、実質国有化されたりそなホールディングスの社外取締役を務めた箭内昇は興銀の歴史を厳しい眼で振り返っている。[14]

日本の金融界は、スタートした時点から銀行中心の世界だった。政府は明治維新後、殖産興業の基盤として海外の制度を見習い、金融制度を導入した。銀行制度と株式制度が柱だったが、1872年の国立銀行設立、1882年の日銀創設など銀行制度の整備が先行した。株式制度は、企業が発行した株式を銀行が担保にして融資する形でしか浸透しなかった。明治時代が終わるころになっても資本市場は育たず、証券業者は個人営業が中心で開・廃業が多かった。対照的に銀行は発展し、昭和時代にかけて独占資本となる。

日本で株式市場の代役となったのが興銀である。興銀は1902年、特殊銀行として発足し、株式担保金融の担い手となった。当時の普通銀行は長期貸し出しの一形態である株式担保貸し出しを強化していたために企業向けの運転資金融資が滞り始めていた。そこで、政府は株式担保貸し出しを興銀に肩代わりさせようとした。興銀は発足当初から、銀行でありながら資本市場を牛耳る特別な存在だったのである。（図表2−1参照）

日本の株式市場は第1次世界大戦中に活況を呈したが、大戦後に大暴落した。このとき、興銀は証券界に救済融資を実行した。1920年の恐慌の時も、興銀主導で証券界を救済し

図表 2-1　長期信用銀行の沿革

1902 年 3 月	日本興業銀行が法律に基づき発足
1950 年 4 月	日本興業銀行法が廃止、興銀は銀行法に基づく銀行に
1952 年 12 月	長期信用銀行法が施行、興銀は長期信用銀行に。日本長期信用銀行が発足
1957 年 4 月	日本不動産銀行が発足
1977 年 10 月	日本不動産銀行が日本債券信用銀行に改称

以下はみずほフィナンシャルグループのＨＰから転載

日本興業銀行法に基づく「特殊銀行」としての発足（明治 35 年）

日本興業銀行は、我が国の近代工業の勃興期に、産業界の旺盛な資金需要に応える為に、長期資金のみならず、証券・信託機能も備えた特例法に基づく金融機関として設立。事業資金の供給のほか、社債引受業務、外資導入、証券市場の育成等、我が国近代化の為の金融基盤整備に深く係わってきました。

長期信用銀行として再出発（昭和 27 年）

戦後、経済復興と基礎産業強化の為に、「長期信用銀行法」に基づく長期信用銀行として再出発しました。以来、日本興業銀行は高度成長期の担い手となる重化学工業への資金供給をはじめ、日本企業の国際競争力強化に力を尽し、日本経済の発展に貢献してきました。

変革への取り組み

目指す将来像を「従来の長期信用銀行の枠組みを超えた、強力で信頼感に溢れる、新しい事業金融の担い手」と表現し、(1) コマーシャルバンキングとインベストメントバンキングを両輪とした事業金融の展開、(2) 取引先のニーズに的確に対応し、グローバルな市場を通じた高付加価値の金融サービスを提供することを掲げました（1999 年第四次中期経営計画）。
こうした理念を総合化して、「First Call Bank」（取引先の最初の相談相手として選ばれる銀行）となることを目標に、グループ金融機能の拡充（証券・信託等）や業態の垣根を超えた戦略的提携に取り組んでいました。

た。

社債市場を支配したのも興銀だった。1905年、担保付社債信託法が施行され、社債の信用力を高めるために社債に担保を付け、受託会社が担保権を管理する仕組みとした。興銀などが免許を得て受託会社となり、主導権を握る。

当初は新法の施行後も無担保債が主流だったが、昭和初期の大恐慌で社債が相次ぎ償還不能になると、興銀を中心に社債浄化運動を展開し、その後は担保付きが原則となった。受託会社が承認しないと企業は社債を発行できなくなり、興銀や大手銀行の発言力が強まったのである。

第2次世界大戦後、GHQ（連合国軍最高司令官総司令部）が特殊銀行を廃止する方針を打ち出し、興銀は存亡の危機に陥ったが、中山素平の活躍もあって存続が認められた。1952年、長期信用銀行制度が生まれ、興銀、長銀、日本不動産銀行（後の日債銀）が誕生した。産業界に長期資金を供給する役割を果たし、産業界との二人三脚で高度成長を演出したのである。

変化が訪れたのは1970年頃。大手銀行は大企業の銀行離れで貸出金利の引き下げに追い込まれる。大企業は銀行借り入れよりもコストが安い社債発行で資金を調達するようになった。証券会社は社債の引受手数料に加え、大量発行が始まった国債の売買手数料も稼ぐことができた。

80年代初めには「証券会社春の時代」を迎える。厳格な発行基準（適債基準）を満たす優良企業には無担保債が認められ、適債基準も次第に緩和されるとますます大企業は無担保社債の発行を増やし、銀行離れが加速した。

その後、巻き返しを狙う銀行界と、台頭した証券界との間で「銀・証戦争」と呼ばれる争いが続く。銀行界の先頭に立ったのが興銀である。それを象徴するのが１９８０年前後に起きた銀行法改正問題だ。

当時の銀行法は銀行の業務範囲を規定しているものの、証券業務には触れていなかった。一方、証券取引法は銀行の証券業務を禁止しているものの、証券の定義は明確ではなかった。そこで、銀行界は国債など公共債の売買取引と、窓口販売の解禁を要求した。

証券界の抵抗をはねのけ、１９８１年に改正銀行法が成立した。銀行界の要求が通ったが、大蔵省の認可が必要との条件が付く。大蔵省は銀行界と証券界の双方ににらみを利かせ、一段と支配力を強めた。窓口販売は82年にスタートしたものの、大蔵省が銀行界に売買業務を認めたのは84年になってからだった。

銀行界は国債売買で一時、潤ったが、長くは続かない。1987年には国債相場が暴落し、88年以降は国債の売買高は減る一方だった。大手銀行は国債売買を縮小し、貸出業務に力を入れるようになる。おりからのバブル膨張の波に乗り、不動産担保融資に突っ走り、不良債権の山を築いたのである。

箭内は「銀・証戦争」を「金融界全体のビジョンも国民経済上の議論もない、金融村のエゴむき出しの壮大な消耗戦だった」と断じる。さらに、興銀は銀行同士の競争をも阻害していたという。

長い目で企業を育てるのが使命と考えていた興銀

興銀は銀行界の中でも、他業態から「何でも反対長信銀」と揶揄されるほど、戦後の金融制度を崩すことに強く反対してきた。とりわけ、長短金融を分離する原則に抵触する改革には徹底抗戦し、制度改革を遅らせることに精力を注いだ。1970年代に都市銀行が中長期定期預金の新設を要求すると「1年以上の長期金融の分野だから普通銀行の新設は認められない」と主張してつぶしたのである。

都銀の海外案件にも反対した。1970年代末に都銀は海外からの資金調達を狙って外債発行を要望したが、「銀行の社債は金融債であり、長信銀以外の業態には認められない」と唱えて、やはりつぶした。

金融債とは特別な法律に基づいて金融機関が発行する債券。かつては銀行の定期預金の期間に最長3年の制限があり、社債発行も認められていなかった。長期信用銀行債または外国為替銀行債は、銀行が債券市場から長期資金を調達する唯一の手段であった。償還期間が5年程度の利付金融債、1年の割引金融債からなり、例えば割引金融債なら興銀は「ワリコー」、長銀は「ワリチョー」、日債銀は「ワリシン」という商品名で売り出していた。長信銀は普通銀行とは異なって預金集めをしなくても資金調達ができる特権を持っていたのである。だからこそ、長信銀は特別な存在であるとの自負心が芽生えた。

半面、法律や金融制度の庇護がなくなれば、存在意義が直ちに問われるもろい存在だったともいえよう。長信銀が消滅した現在、金融債は基本的に発行が停止されているが、長信銀がなくなったから金融債もなくなったというよりは、金融自由化の流れの中で、1999年10月に普通銀行に社債発行が認められた時点で金融債の希少価値が薄れ、長信銀の特権は剥奪されたとみるべきだろう。

興銀はなぜ、長きにわたって力を持てたのか。それは明治以来、国策銀行として日本経済の発展に貢献した実績があったからであり、資本市場を支配する興銀には大蔵省や自治省も頭が上がらなかったのだ。興銀は政府の別動隊のような存在であり、金融界での発言力も大きかった。

興銀の力を象徴する存在が中山素平だった。中山を巡る逸話は数限りないが、作家の城山三郎は本人にインタビューをしている。一部を紹介しよう。

（第2次大戦後、興銀が解体の危機に陥ったときの対応について）

城山　興銀そのものが非常に難しい時期に入っていくわけですね。たとえば興銀は戦犯銀行だから勧業銀行のほうに吸収してしまえ、とか。

中山　司令部の考え方というのが、つまり、アメリカ式の直接金融方式と申しますか、日本の間接金融方式を否定しようと、特に特殊銀行というのは、いわゆる戦犯銀行であるということで否定してくるわけですね。ぼくらは司令部の連中に「確かにそういう方式が望ましい。だけどそれは五十年かかるでしょう。その間は、やはり、日本の経済風土に馴染んでいる間接金融方式が必要なので」ということで説得するわけですけれども、相手が、金融の専門家が案外少ないんですよ。（筆者注　中山は2年間、毎日のように総司令部に通った。そのうちに米国側は共産主義陣営と対抗するために日本経済を発展させようと考えるようになり、中山の要求を受け入れ、興銀の存続を認めた。間接金融と直接金融の関係など金融の基本的な仕組みについては後に詳しく説

明する）

（長期金融について）

中山　うちの場合には、長い金融をしますから、そうすると、会社が風邪を引いたり、ケガしたりすることがあるんですよ。それを治療しながら大きくしていく。

城山　融資先の会社の事業がうまくいかなくなって……。

中山　それは外部の条件から影響を受けることもありますけれども。ですから、会社の再建だとかなんかに取り組まなきゃならない。夜遅くまでやるわけです。当時、私は、焼けたニュージャパン（筆者注　1982年の火災で廃業したホテルニュージャパン）に、家が逗子だものですから、部屋を持っていたでしょう。遅くなると担当常務が「昨夜も遅いから、きょうはもう帰ったらどうだ」と言うと、ぼくは、そういう時に言うのが、「きみらは、戦争最中、鉄砲を持って家に帰るのか」と言うんですよね。ということは、その会社を生かすか、殺すかということで、企業としての影響だけじゃなくて、社員の生活にも影響するわけなんですよね。だから、「きみ、何ならオレの部屋、隣にベッドがあるから一緒に寝せてやるから」「あ、頭取の隣に寝るんですか？」って。そのくらいとことんやって、二日で調査して、これは助けようと。

いまは常務やっている永田琢美君が若い時、自分の担当の会社が助かったというと、泣いているんですよ。あとで、すっかり済んでから慰労会してやるでしょう。「きみ、鬼の目にも涙だね」って冷やかしたことがあるんですけれども、やはり、普通の短期金融と違いますから、そういう修羅場もやらなきゃならない。そういう時に「お時間です。家へ帰ります」なんてことじゃ済まないんですね。

（富士製鉄と八幡製鉄の合併＝新日鉄の発足について）

城山　戦後、手がけられた大きな仕事の一つとして、新日鉄の合併がありますね。あの時は、極めて難しいということでしたけれども、中山さんは、最後まで大丈夫だということで信念を貫くと同時に、非常にキメ細かくいろいろ指揮されたというんですが、やはり、陣頭指揮もいろいろなさったんですか。

中山　これは信念を貫くというよりは、新日鉄合併というのが、ご承知のように、資本取引の自由化とか、貿易の自由化、ああいう自由化を控えて、日本の産業の国際競争力をつけなきゃならない、というので取り組みましたからね。
それから、この合併についての条件といいますか、どういうところが難しいか、正確に分析しなければいけない。合併すると、シェアが全体の三割何分かになるんですね。当時は、シェアが三割を越すと寡占という判断がある。その時分には、三割より若干越しても、それを認めようということでしたから、全体のシェアは問題にならなかった。ただ、レールとか四つの品目については六割、七割になる。これが問題になる。その四つの品目についての対応策をつくってシェアを下げますと、合併の反対理由はないわけですよね。

当時は、ご承知の近経学者から、マスコミから、公取委員会の役員から、事務局、全部反対ですわね。経済界全体はむしろ賛成なんです。そういう背景の中で日本銀行出身の山田精一郎君という委員長は、対応策をしたら、「ノー」とは言えんし、しかし、そうかと言って、幾ら賛成でも「イエス」とは言えんわけです。それで審判までいったわけですけれども、その過程においては、非常に周到な対応策をつくって、この対応策が合格すれば、反対理由はないはずだ。という意味において私は、これは出来るという判断をしていたんです。

だから、今度の教育臨調でもそうですけれども、大きな仕事をしていくという時に、独り相撲を取らないで、いろいろなそれぞれの部門について協力する方々を味方につけながら、あるいは協力を受けながら進む。そうすれば仕事は出来るわけですね。

これだけを読んでも、中山が「長期金融」を通じて日本の産業界に強い影響力を行使していた様子がよくわかる。

ある企業が生きるか死ぬか、合併できるかどうか、などは銀行が命運を握っていた。そして、都市銀行などの「短期金融」の銀行とは異なり、興銀は長い目でみて企業を育て、危機に陥れば救済するのが使命と考えていたのである。

中山は右記以外にも、昭和40年不況で経営危機に陥った山一証券の救済、日産自動車とプリンス自動車の合併、国鉄の分割・民営化など様々な局面で活躍し、「財界の鞍馬天狗」と呼ばれた。中山は1961年に頭取、68年に会長に就き、70年には会長を退いた。その後も20年以上にわたって影響力を保ち続けたが、産業界の再編を主導した、かつての勢いは徐々に失われていった。

興銀が長信銀のステータスを棄てられるのか

高度成長期が終わるころから、興銀は過去の栄光を振りかざすだけの「抵抗勢力」になってしまったのではないか。

大蔵省との蜜月関係は続いたが、金融界全体の自由化を阻害する負の癒着関係に変質した、と箭内は分析する。長短分離の垣根を死守したい長信銀と、業態間の行司役として影響力を保持したい大蔵省が手を結び、改革を遅らせたのである。

筆者が長信銀の取材を始めたのは1980年代後半からだ。箭内によれば、1970年代にはすでに、産業界に長期資金を供給するという長信銀の使命は終わっていた。にもかかわらず、「長信銀は都銀よりも格上」というイメージは少なくとも90年代までは残っていたし、興銀は銀行界の中で別格扱いをされていた。

使命が終わってから20年経過しても権威を保てたのは、興銀がうまく立ち回った影響もあるが、それだけでは無理だっただろう。大蔵省の側も、興銀をピラミッドの頂点に置く金融秩序を守った方が金融界全体をコントロールしやすいと判断し、興銀をうまく利用したのだ。

大蔵省を巻き込んだ興銀の延命策は、90年代に終わりを迎える。1998年に長銀と日債銀が相次いで経営破綻し、「次は興銀か」との声さえ広がり始めた。興銀は、1999年8月、第一勧業銀行と富士銀行との経営統合を決定し、生き残りを目指したのである。

3行統合を決断したのは、興銀頭取の西村正雄、富士銀行頭取の山本惠朗と第一勧業銀行頭取の杉田力之の3人だ。

3人の中でも、3行統合をリードしたのは西村だとみられている。「長信銀の使命は終わった」と危機感を持つ西村は、3行統合なら興銀が埋没せずに、かつ国際競争力を持つ巨大グループになれると判断した。旧来型の合併に前向きな山本、単純合併の弊害をよく知っている杉田の間を取り持つ形で交渉を進めた。

興銀は長く「大手銀行の雄」であり、なお銀行業界での権威は保たれていた。しかし、都市銀行による社債発行の解禁が1999年10月に迫り、資金調達を金融債に依存してきた興銀の優位性が崩れるとの見方が強まっていた。同じ業態の日本長期信用銀行と日本債券信用銀行は経営破綻して国有化され、「次は興銀か」との声も聞こえ始めていた。興銀が影響力を持っているうちに経営統合を進め、苦境から脱する必要があったのだ。

3頭取は5月に会合を開き、経営統合で合意した。トップ主導で統合交渉が進むのをにらみながら、富士銀行や第一勧業銀行の幹部の一部は「興銀に主導権を握られるのではないか」と警戒した。「興銀にはもはや昔日の力はない」と認識はしていても、優秀な人材や企業金融のノウハウを蓄積してきた「興銀の威光」は都銀2行の幹部をたじろがせたのだ。

「興銀が長信銀のステータスを棄てられるのか」。早くから橋本徹前頭取の後任と目され、メディアへの対応にも長けた山本でさえ、こんな心配をしていたほどだ。筆者は都銀の担当記者の1人として何度も山本に取材する機会に恵まれたが、理論家であり、物腰は柔らかいが、銀行マンとしてのプライドを感じさせる人物であった。山本ですら興銀には一目も二目も置いていたのだ。

一方、金融制度改革に背を向け、抵抗勢力となってきた興銀のトップとして初めて時代の変化に向き合い、3行統合を決断した西村は、名経営者だったのだろう。だが、時代の変化に20年も逆らい続けてきた興銀という組織の罪は消えないのではないか。この当時でも銀行界に「興銀は別格」という意識が残っていたのは、統合に向けての興銀の交渉力を強めたが、「時代に取り残された長信銀の最後の1行を救済するための統合」と言い換えた方が実態には近かった。

1997年に総会屋への不正融資事件が発覚し、東京地検特捜部の強制捜査を受ける事態となった第一勧銀。同じ年に、取引先の山一証券が経営破綻し、「山一を救えなかったメーンバンク」として信用不安が広がった富士銀。ともに、脛に傷を持つ身であり、「興銀ブランド」に頼りたかったのかもしれない。

対する西村は、興銀マンのプライドやステータスなどは生き残りの障害でしかないと感じていた。別の場面で西村は「資金の慢性的な不足、高度成長、規制金利、銀行に超過利潤があって、銀行が常に床の間を背負っていたのは、古き良き時代のおとぎ話で、現在はまったく通用しない。産業金融の雄という言葉も古めかしくなってきている」とも語っている。

ここで少し視野を広げよう。大手銀行の中では興銀がなお特別な位置を占め、畏敬の念を持たれていたが、銀行界全体に視点をずらすと、様相が異なってくる。

興銀に代表される銀行界は、ある時期まで世間の中で特別な位置を占め、畏敬の念とまではいかなくても、敬意を表されていた。日本の産業界が資金不足の時代には、貸し出しの原資を握る銀行には大きな力があり、銀行の支店長ともなれば、地域の名士として遇され、宴席では床の間を背にして座るのが当然だった。やがて資金不足の時代は去り、バブル崩壊後に経営破綻する銀行が相次ぐ中で、世間が銀行界をみる目は厳しくなり、敬意どころか、非難の対象になっていた。

長信銀の仲間だった長銀と日債銀が経営破綻した後でさえ、興銀を特別扱いしていた銀行界は、世間の常識から大きくずれた存在になっていたといえよう。

祝賀ムードの3行統合は主導権争いへ

統合交渉に話を戻そう。

こうして振り返ると、3人の頭取が経営統合に踏み切った事情は理解できるが、経営統合や合併は果たして銀行を再生させる切り札と言えるのだろうか。3行統合を発表する記者会見では西村がプレゼンターを務め、「私どもは、金融業は21世紀の成長産業であると認識しております。わが国においても国際社会で十分通用する強力な担い手の出現が期待されています。わが国の金融システムの安定化、あるいは経済の活性化につながるわけで、今回の再編成は決して守りということではなくて、むしろ攻撃的な再編成であると、このようにぜひともご理解賜りたいと思います」と発言している。

西村の発言からは「銀行が経営統合して大きくなれば、国際競争力の強化になる」という価値観が読み取れる。西村に限らず、3行の当事者や金融当局の間にも、あるいはそれを報じるメディアの間にも、そうした認識は根強くあり、記者会見の基調も「祝賀ムード」だった。

箭内昇はこうした認識は誤りであると、3行統合を批判する。

「みずほグループは日本型合併のマイナス効果を凝縮していた。富士、第一勧銀、興銀の三行の統合は、大手銀行の中でも不良債権の負担がもっとも大きい弱者連合だった。欧米では銀行が合併すれば、不良債権は合併費用の中で即時処理されるのが当然だ。しかし、みずほでは三行が互いに弱みを見せまいと牽制しあい、不良債権の開示と処理を怠った」「三行にとっては人事のバランスが最優先で、そのために持ち株会社、みずほ銀行、みずほコーポレート銀行という三つの受け皿をむりやりつくったとしか思えない。自らの危機感も、国民経済的視点も、顧客重視の姿勢も、まったくうかがえない典型的な天動説に陥っている」「二〇〇二年四月、みずほ銀行とコーポレート銀行が開業した初日に発生した大規模なシステム障害は、起こるべくして起きた事件だったのである」[16]

銀行同士の経営統合や合併には、もちろんプラス効果はあるが、マイナスの効果も大きく、両者を合計するとプラスになるのか、果たしてマイナスなのか、冷静な検証や分析が必要だろう。この問題については後の章で改めて論じることにしたい。

経営統合の発表から1年あまりたった2000年9月、3行は共同持ち株会社「みずほホールディングス（HD）」を設立した。「みずほ」はみずみずしい稲穂を意味する言葉である。日本の国を象徴する名前でもあるが、その後の、みずほの歴史は、日本経済の低迷を映すかのように、苦難の連続だった。駆け足で振り返ってみよう。

最初のつまずきは、箭内も指摘している大規模なシステムトラブルだ。2002年4月、持ち株会社の傘下に、個人・中小取引を担うみずほ銀行、大企業取引を担当するみずほコーポレート銀行が入る新体制が発足した直後にATMの障害が発生。さらに公共料金の自動引き落としなどの口座振替に遅延が生じるトラブルも起きた。口座振替の遅延は4月1日だけで10万件を超え、翌日以降の積み残しとなって大量の未処理が発生した。4月5日には遅延数は250万件に増えた。約3万件の二重引き落としも発覚した。

顧客の混乱は1カ月以上にのぼったのである。

なぜ、システムトラブルが起きたのか。金融庁はシステムトラブル後に実施した、みずほへの立ち入り検査結果で、以下のように列挙している。

基幹システム統合の意思決定の遅れ、旧3行間の主導権争いで調整失敗、負荷テストなどの準備の遅れと不足、システム統合の社会的影響への認識不足、システム統合責任者から経営トップへの報告の不備、システム障害の危険性を伝えず……。

要約すれば、システム統合を巡って3行の間で主導権争いをするうちに、肝心のテストがおろそかになり、担当者から経営首脳への報告も怠ったということだ。

みずほは、その後も、旧3行の主導権争いやグループ内再編、3行がそれぞれ抱え込んでいた「負の遺産」処理に膨大なエネルギーを費やし続ける。

2002年10月、金融担当相の竹中平蔵が金融再生プログラムを提示し、金融機関の不良債権処理が加速する。2003年3月期に約2兆円の最終赤字を余儀なくされたみずほは、「1兆円増資」を発表し、約3500社の取引先の協力を得て何とか難局を乗り切った。同年にはグループ内再編でみずほフィナンシャルグループ（FG）に看板を書き換えた。

不良債権処理にようやくめどがついたことで、業績は回復基調になる。2002年の新体制発足と同時にトップに就いた、みずほFG社長の前田晃伸は2005年のインタビューで、「システム統合も終わり、再編に伴う内向きの仕事はゼロ」と言い切り[17]、2006年7月には公的資金を完済する。

これで負の遺産処理が終わり、みずほは遅まきながら、攻めの経営に転じる。2006年11月にニューヨーク証券取引所に上場。みずほコーポレート銀行は、ニューデリー、無錫、ブリュッセル、ホーチミン、メキシコ、天津など相次ぎ海外拠点を拡充した。西村が主張していた「国際社会で十分通用する強力な担い手」を目指して動き始めたかにみえた。

しかし、目算はまたも狂った。2007年3月期は貸金業法改正に伴う上限金利引き下げで打撃を受けた信販大手、オリエントコーポレーション向け支援、2008年3月期は米国発のサブプライムローン問題に絡む損失が収益の足を引っ張り、減益が続く。世界同時不況に伴う景気悪化の影響を受け、09年3月期は再び赤字に転落。

2010年6月までに、前田とともにトップを務めてきた、みずほコーポレート銀行の斎藤宏、みずほ銀行の杉山清次（3人は前年4月にそろって会長に就任していた）の3トップが退任した。

8年間の在任期間を総括すると、負の作業にエネルギーを費やすばかりで、本業の収益力の強化につながる戦略らしきものは、ほとんど打ち出せなかったといえる。リーマン・ショックという予期せぬ環境変化が起きたとはいえ、8年の間に3行統合の利点や魅力をステークホルダー（利害関係者）にほとんど感じさせることができなかったのは、やはり経営者の責任であろう。

「興銀の威光」という幻想

そして、2011年3月11日の東日本大震災後、再び事件は起きた。3月15日から大規模なシステムトラブルが発生し、窓口やATMなどで振り込みや現金の出し入れなどができなくなり、最大116万件、約8300億円の未処理取引が発生したのである。みずほFG社長の塚本隆史は5月の決算発表の席で「社会の皆様に迷惑をかけた」と謝罪し、合計80億円の費用が発生することも明らかにしたのである。

同年6月にみずほFGの社長となった佐藤康博も、グループ内再編や「不測の事態」への対応に追われる。佐藤は「ワンみずほ」を標ぼうし、同年11月にみずほ銀行とみずほコーポレート銀行の合併を発表。2013年7月に誕生した「みずほ銀行」の頭取も兼務した。

興銀出身の佐藤だからこそ決断できたとの見方もある。1999年に3行トップが経営統合で合意したとき、持ち株会社の傘下に2つの銀行をぶら下げる形態にしたのは、主に興銀への配慮であろう。混乱のもととなった体制を是正するのに14年もかかったのである。それだけ「興銀の呪縛」は強かったともいえよう。

戦後日本の復興を支え、長期資金の提供を通じて高度成長に大きな役割を果たした興銀。その前提となる長信銀制度が消滅したにもかかわらず、「興銀の威光」という幻想に支配されてきたみずほ。日本では、いったん出来上がった制度や仕組みを変えるのが、いかに困難であるかをよく物語っている。

そして今、日本全体を見渡すと、かつての長信銀制度のような時代遅れの制度や仕組みが、なお堂々と鎮座しているのではないだろうか。


みずほには、さらに大きな波が押し寄せていた。信販大手、オリエントコーポレーション（オリコ）を通じて「反社会勢力」に融資していた問題だ。２０１３年9月に金融庁から業務改善命令を受けた。みずほ銀行はオリコ経由の融資約２３０件が反社会勢力向けと判明したにもかかわらず、２０１０年12月以降に放置していたことが、金融庁検査で明らかになった。

金融庁の指摘に対し、みずほは当初、この情報は担当役員レベルにとどまり、経営首脳には伝わっていなかったと釈明した。ところが、２０１３年10月になって「経営首脳も認知していた」と説明を変え、混乱に拍車がかかってしまった。

金融庁の追加処分を受けたみずほは、経営の体制を刷新せざるを得なくなる。金融庁に提出した業務改善計画には、反社会勢力に対する融資の原因となった提携ローン業務の改善策を盛り込んだ。提携ローンに関わる全役職員に外部有識者による研修を実施する。傘下のオリコやみずほ信託銀行の役職員にも研修を義務付ける、といった内容だ。

目玉は経営体制の刷新。２０１４年６月、業務改善計画に基づいて委員会設置会社に移行し、業務の執行と監督を明確に分けた。委員会設置会社とは、社外から招いた人が取締役会で発言力を持ち、ガバナンス（企業統治）の強化を目指す仕組みだ。取締役候補を選ぶ指名委員会、取締役らの報酬を決める報酬委員会、取締役らの職務を監視する監査委員会からなり、それぞれの委員会の過半数を社外取締役で構成する。

みずほの場合、指名委員会と報酬委員会のメンバーはすべて社外取締役。佐藤の次のトップを選ぶのも社外取締役だ。みずほＦＧだけでなく、みずほ銀行、みずほ信託銀行、みずほ証券の役員人事も指名委員会が決めるという。社外取締役は６人。そのうちの１人で、元経済財政担当相の大田弘子は取締役会議長に就任した。取締役会で協議するテーマは従来よりも絞り込み、経営戦略や課題についてじっくり話し合う。社外取締役には事前に、次の議題について事務局が説明している。

金融庁の処分がきっかけになった新体制は、生え抜き役員が密室で物事を決める体制に比べれば確かに透明性が増すし、経営の判断ミスを防ぐ効果も期待できるだろう。佐藤らの経営陣は緊張感をもって経営をかじ取りせざるを得ず、結果として、有効な経営戦略を打ち出す可能性が高まるかもしれない。

しかし、社外取締役はあくまでも経営の監視役であり、経営者そのものではない。第1章では、りそなホールディングスが実質国有化を機に委員会設置会社に移行し、会長の細谷英二が社外取締役の声に耳を傾けながら経営再建に取り組んだ様子を紹介した。そこで明らかになったのは、いかに強力な布陣であっても、そこから「魔法の杖」や「ビジネスモデル」が飛び出してくるわけではないという当たり前の事実である。みずほの新体制は、2000年の誕生以来、何度となく繰り返してきた組織・体制変更の歴史に新たな1ページが加わったにすぎないともいえよう。

佐藤は2015年初めのインタビューでこう発言している。「これまでグループ内の再編やガバナンス強化に力を費やしてきたが、今年は収益に結び付く方向に力を振り向けたい」[18]

14 箭内昇『メガバンクの誤算』(中公新書 2002):150-166 197-200
15 城山三郎『静かなタフネス10の人生』(文春文庫 1990 初出は1986):99-103
16 箭内・前掲書:144-146
17 日本経済新聞(2005・1・17)
18 日本経済新聞(2015・1・5)

第2節

長銀のおくりびと

長期信用銀行の雄、日本興業銀行は第一勧業銀行、富士銀行と経営統合し、みずほフィナンシャルグループ（FG）に衣替えして生き残ったが、他の2行は持ちこたえられなかった。最初に経営破綻したのは、興銀に次ぐ2番手の長信銀だった、日本長期信用銀行である。本節の主人公は安斎隆。長銀が経営破綻し、国の特別管理下に入った後、トップに就き、譲渡先探しに奔走した。安斎は「長銀の処理は、いわば銀行の『おくりびと』」と述懐する。

安斎の足跡を追いながら、長銀がどのような運命をたどったのか、そこから何がみえてくるのかを検証しよう。

アジアの金融市場の不穏な空気

1941年、福島県安達郡上川崎村生まれの安斎は、幼少期から目立ちたがり屋だったと自己分析する。勉強が良くできる生徒だったが、先生を困らせたいという気持ちがどこかにあり、話を聞きながらも、先生が答えられないような質問を考えていた。その癖は社会人になっても変わらず、先輩からは「もっと落ち着いて人の話を聞くように」とたしなめられた。

これだけ書くと人に嫌われる性格のように受け取られそうだが、その逆に、多くの人に好かれるところが安斎の面白さだと筆者は感じている。筆者の取材に対しても、こちらが聞いていないような内容にどんどん話がずれていくが、最後は本筋に戻り、要点ははずさない。常に物事の本質を見極めようとし、全体像を頭に入れながら行動していると本人も語っている。話している内容は切れ味鋭く、ときにマスメディアを厳しく批判するのだが、本人が意識しているかどうかはともかく、東北なまりの語り口は親しみやすさを醸し出し、険悪なムードにはならない。

そんな安斎が選んだ就職先は日銀。司法試験に合格し、官庁からも誘われたが、最も幅広い分野で活躍できると考え、日銀に入行したのである。

香港駐在、新潟支店長などを経て1994年5月、考査局長となった。電算情報局長、経営管理局長に続き、3連続での局長ポスト就任だが、日銀の内部では、考査局長＝ゴルフのバンカー説が流れていた。入ってしまうと上がれない人もいるという意味だ。局長の上のポストは企業の役員に相当する理事。3局長を務めた後、理事になった先輩はほとんどいなかったので、自分も局長で終わるかもしれないが、考査局長をしっかり全うしようと思った。

そのころ、日本ではバブルが崩壊して地価や株価の下落が加速し、不良債権が雪だるま式に膨らんで銀行経営が厳しくなっていた。アジアの金融市場にも不穏な空気が流れ始めていた。

同年12月、突然、理事に任命された。ちょうど同じタイミングでメキシコ通貨危機が発生し、「金融機関の自己資本が薄く、金融システムの基盤が弱いアジアの市場は、ヘッジファンドに狙いうちにされるのではないか」と心配した。

安斎の予感は当たる。1997年、タイの通貨バーツがヘッジファンドの攻撃を受けて暴落した。アジア通貨危機の始まりである。

バーツ危機の背景には、不安定な金融構造があった。1980〜90年代の東南アジアは高い成長率を維持し、海外からの投資を呼び込んでいた。当時のタイはドルと自国通貨のバーツを連動させる固定相場制（ドルペッグ制）を採用していた。おりしも米国の景気が回復基調となり、米国政府が「強いドル」を志向したために、ドルに連動していたバーツも高くなり、タイからの輸出が落ち込み始める。海外から流入した資金は不動産投資などに向かい、投資効率が低下していた。

こうした環境変化を見透かしたヘッジファンドがバーツ売りをしかけたのである。タイ政府はバーツ買い・ドル売りでバーツを防衛しようとしたが、やがてドルの外貨準備が枯渇する。そこで、変動相場制に移行するとバーツは一気に暴落して大混乱となった。

タイの銀行は国内の長期投資に回すための資金を、ドル建ての短期借り入れで調達していたため、バーツ暴落で自国通貨建ての借金が膨らんだ。国内のバブルが崩壊して銀行は不良債権を抱え込んだ上に、短期資金の借り換えもできない。通貨危機と銀行危機が同時に起き、タイ国内は信用収縮に陥り、さらに深刻な不況となる悪循環となった。

安斎は東アジア・オセアニア中央銀行役員会議（EMEAP）の枠組みを使って危機を収束させようとした。EMEAPは1991年、日銀の呼びかけで生まれた組織。安斎はアジア担当理事になってから、中銀総裁クラスの会合を設けて会議を拡充し、影響力を強めようとしてきた。


バーツ危機は、タイ政府が国際通貨基金（IMF）に支援を要請してひとまず収束した。EMEAPでは総裁クラスの会合を開いて危機対策を話し合ったものの、遅きに失した感もある。通貨危機はタイからインドネシア、韓国にも広がった。

韓国の場合、東京やニューヨークの韓国系銀行で資金の引き出しが殺到し、韓国政府と中央銀行は外貨準備を取り崩して銀行に投入したが、ほとんど効果はなかった。そこで、安斎は韓国の中央銀行、韓国銀行総裁の李経植と極秘で対策を話し合うため、日銀総裁の松下康雄を交えた3人の会合を日銀の厚生施設で早朝に開く。

マスメディアの目を避けるためだった。李は日銀に救済資金の融資を求めたが、日銀が極秘で融資をするのは難しいと拒否した。話を聞くうちに、韓国財務相は政権交代を控え、責任逃れのために通貨危機の実態を金泳三大統領に伝えていないことがわかった。そこで、安斎は大統領に電話して実態を説明し、IMFに支援を求めるしかないと説得した。すると李はこの要請を受け入れ、大統領に連絡を取った。

米大統領のクリントンは同盟国の韓国にデフォルトはさせないと宣言し、IMFは韓国への支援を決めた。安斎はアジア通貨危機への対応を通じて、危機対応にはスピードが必要であり、いったん危機に陥ると、途中から歯止めをかけるのは極めて難しいことを思い知らされたのである。

金融当局の言う通りに動いても生き残れる保証はない

アジア通貨危機は対岸の火事ではなかった。

同じころ日本にも金融危機が発生しつつあった。1996年、ノンバンクの住宅金融専門会社に6850億円の公的資金を投入して不良債権を処理したのに続き、1997年には大手銀行の一角にあった北海道拓殖銀行と、4大証券の一社、山一証券が相次いで経営破綻した。
危機が発生した原因はアジア各国とは異なるが、金融機関が機能不全に陥り、経済が深刻な状況に落ち込んだ点は同じだった。地価と株価の下落が加速し、金融機関が抱える不良債権は膨らみ続けた。

安斎は、大蔵省からの独立性を高める日銀法の改正にも取り組んできたが、1998年に改正日銀法が施行され、新体制への移行も決まった。そこで、安斎は学生時代に取った資格を生かして弁護士に転身しようと考えていた。ところが、新総裁に内定していた速水優から突然、電話がかかり、慰留される。
旧体制を知る人間も必要と判断したのだろうと推測し、要請を受け入れた。1998年4月、信用機構担当の理事として留任し、今度は日本の金融危機に立ち向かうことになった。

目前に迫っていたのは長銀の経営危機であった。1998年初めころから長銀の経営危機が話題になり始めていた。そして、同年6月に月刊誌が「『長銀破綻』で戦慄の銀行淘汰が始まる」という記事を掲載すると、長銀の株価は下落し、格付け会社は長銀の劣後債格付けを引き下げた。そして、長銀は切羽詰まった状態から脱出しようと、住友信託銀行に経営統合を打診したのである。

長銀頭取の大野木克信から、住信社長の高橋温への電話から交渉がスタートしたが、最初の段階から、民間銀行同士の純粋な交渉ではなかった。長銀破綻を恐れる金融当局や日銀、さらには首相の小渕恵三までもが身を乗り出し、高橋に受け入れを求めたのだ。

だが、高橋はあくまでも条件次第との姿勢を崩さず、関係者をやきもきさせた。監督官庁、日銀と首相が束になって経営統合せよと要請してきたら、かつての銀行経営者なら、どんな条件でも飲んだ可能性が高い。

しかし、時代は着実に変わりつつあった。金融当局の言う通りに動いたからと言って、生き残れる保証はない。北海道拓殖銀行や山一証券が経営破綻する時代であり、経営者自身が生き残りの道を探さなければならないとの意識が銀行界にも少しずつ広がりつつあった。

かつて日本には大手の信託銀行が7行存在した。三菱信託、住友信託、三井信託、安田信託、東洋信託、中央信託、日本信託である。

信託銀行とは、財産の所有者の委託を受け、その財産を管理・運用する「信託業務」を柱とする銀行だ。預かった資金を貸し出しで運用する「貸付信託」（現在は取り扱いを停止している）、遺言者の遺言通りに財産を管理・処理する「遺言信託」、年金財産を管理・運用する「年金信託」などの商品がある。都市銀行と同様に預金・貸出業務も展開しているが、規模は小さく、専門銀行の色彩が濃い。大手銀行内の序列では、都銀より下位に位置づけられ、監督官庁の大蔵省に対しても決して強く自己主張をしない風土があった。

そんな中にあって、住友信託はやや毛色が異なり、信託業界内では、ときに業界の秩序を乱す異端児とみられていた。もともとこうした経営風土を持つ銀行だからこそ、時代の変化にいち早く敏感に反応したのだろう。

加えて、高橋の図太いキャラクターも、統合交渉を一筋縄ではいかないものにした。高橋は率直に物事を語っているようでいて、腹の中では本当は何を考えているのかよくわからない、取材対象として手ごわい相手であった。取材が終わってから「本音を聞き出せていない」と不満を感じることもある一方で、「あれくらいでないと激動期を生き抜くことはできないのだろう」と納得させられた面もあった。

当時の高橋の振る舞いは、金融当局と銀行界との関係の変化、住友信託の経営風土、高橋の個性が重なり合った結果だと考えると理解しやすい。

高橋は、自分が動けば相手がどう反応するのか、瞬時に見極めながら着々と手を打っていくタイプだ。大蔵省担当を長く務めた経験から、政治や行政の意思決定の仕組みも知り抜いていた。だから、たとえ相手が首相であろうと、自行の不利になるような要請を受け入れるつもりはなかった。

高橋は統合交渉の情報が洩れ、テレビでニュースが流れたあとの緊急会見で、長銀の正常債権のみを引き受ける形での合併を考えており、政治、行政は問題を処理する能力があると考えていると強調した。政府は公的資金を使って長銀の不良債権を処理せよ。そうして身ぎれいになるなら、長銀を救済合併すると条件を突きつけたのだ。この条件を満たせない限り、交渉途上で政治や行政から圧力がかかっても、首を縦には振らない。

高橋は最後まで主張を曲げなかった。結局、政府は公的資金による不良債権処理に踏み切れず、住友信託による長銀の救済は破談となった。

「住友信託は一民間銀行にすぎず、金融システムの安定に責任を持つ立場ではない」と言い切って交渉に臨んだ高橋の姿勢には賛否両論があろう。だが、政治や行政に言われる通りに長銀と統合していたら、住友信託はどうなっていただろうか。

それから時を経て今、銀行界を見渡すと、住友信託を母体とし、中央三井信託銀行（三井信託と中央信託が合併して誕生）を取り込んだ三井住友トラスト・ホールディングスだけが、「独立系」信託銀行グループとして存続しており、それ以外の信託銀行はメガバンクグループの中に吸収されている。日本信託銀行はバブル崩壊後、三菱銀行の子会社になった後、三菱信託銀行（現・三菱ＵＦＪ信託銀行）に吸収合併された。東洋信託は三和銀行の子会社になり、UFJ信託銀行に行名変更した後、メガ再編の中でやはり三菱信託銀行に吸収合併される運命となった。安田信託は富士銀行の子会社となった後、みずほ信託銀行として、みずほフィナンシャルグループの傘下に入っている。

高橋のような豪胆な経営者がこの時期に経営のかじ取りをしていたからこそ、信託業界では住友信託だけが独立を守ったといっても過言ではなかろう。

経営再建は無理なのを自覚しながら「追い貸し」を連発

1998年8月、国会は長銀の経営再建を巡って紛糾した。「長銀国会」と揶揄されるほどだった。長銀の資産内容はどこまで悪くなっているのか。債務超過に陥っているのではないかと野党側は疑いの目を向け、声を上げた。

高橋は政府に長銀の不良債権処理を求めたが、これは債務超過ではないことが前提となる。仮に債務超過なら長銀は経営破綻し、統合交渉どころではなくなるからだ。高橋が8月20日に官邸に呼ばれて小渕から直接、統合を要請されたとき、小渕の頭には「債務超過」の文字はなかった。だからこそ、高橋に経営統合を求めることができたのだが、ちぐはぐな印象はぬぐえない。

このときの状況を当時、金融監督庁検査部長だった五味廣文（後に金融庁長官に就任）はこう回顧している。

実際に検査に入ってみると、貸出資産の劣化ぶりは一目瞭然だった。資産内容の悪化によって、長銀は経営破綻に陥るリスクがある。その懸念は検査の途中経過が現場から上がってくる度に、強まっていった。

ただ、そんな途中経過が表に出ると、長銀の預金は一気に流出し、流動性が持たなくなる。たとえ国会で何を追及されようとも、言えないものは言えない。それが当時の私の心境だった。（中略）

長銀の経営問題は一省庁の枠を超えて、政治問題になっていた。八月には、官邸が長銀と住友信託銀行の経営統合の調整に乗り出すまでになった。

私はこうした政治の動きを眺めながら、検査部長として一つ気がかりな点があった。それは長銀の財務についての正確な情報を、調整作業の当事者たちがどの程度把握しているのかということだった。（中略）

八月の時点で金融監督庁が、長銀は債務超過だとの結論に達していたわけではない。しかし、普通に考えれば、債務超過による経営破綻も想定の範囲内に入ってくる状態だった。この点を長銀が、官邸や交渉相手である住友信託銀行に正直に伝えなければ、後で混乱を招く結果になりかねない。長銀の実態を知りながら、その時点では公にできなかった私には、そ

れが一番の心配の種だった。[19]

債務超過の可能性が高いにもかかわらず、官邸まで巻き込んで統合交渉を続けていた大野木。いかにも不誠実で、もっと厳しい表現をすれば、詐欺まがいの行為だったようにもみえるが、果たしてそう言い切れるだろうか。

銀行の経営者として、ぎりぎりまで生き残りを目指していた、という意味では、ひたすら自行のためを思って行動した高橋と行動原理はさほど変わらない。大手銀行の中では不良債権の処理に早めに取り組み、資産の傷みが少なかった住友信託と、不良債権の処理が遅れていた長銀。両社の資産内容に差ができていたために、大野木と高橋は正反対の立場に立たされたが、交渉中には住友信託の株価も下落した。

金融システム不安のただなかにある銀行界は、一蓮托生の関係だったともいえる。

長銀が債務超過に陥っているかどうかを左右したのが、関連会社のノンバンクの扱いだった。長銀は関連ノンバンクを処理する方針を打ち出していたが、1998年9月中間決算で、ノンバンク処理のために貸倒引当金を計上すると、多額の損失が発生するのは確実だった。

大野木は住友信託と統合交渉をしている時点では、不良債権の処理で7000億円の損失が発生するが、自己資本9000億円の範囲内に収まり、債務超過にはならないと踏んでいたが、あまりにも甘かった。

金融監督庁は長銀以外の大手銀行にも集中検査に入ったが、銀行の関連会社や、その銀行がメーンバンクである大口債務者に対する自己査定の甘さが目立っていた。銀行側の主張はこうだ。関連会社は銀行が支えているのだから、経営破綻はしない。大口の債務者も同様だ。たとえ、関連会社や大口債務者の経営が厳しくなっても、銀行が資金を支援し続ける限り、いつかは立ち直る……。だから、こうした取引先向け債権は「正常債権」であり、「不良債権」ではなく、倒産に備えて貸倒引当金を積み増す必要はない。

銀行側の言い分を全否定はできない。第1章第2節では、銀行による貸出業務が本質的に抱えているリスクについて説明したが、銀行にとって最悪の結末は貸出先が倒産して資金を回収できなくなることだ。

例えば、ある企業に年利1%で1000万円を貸したと仮定しよう。最初のうちは金利をきちんと返済していたが、ある時点で「景気悪化の影響で売り上げが減り、金利分を払えなくなったので少し待ってほしい」と相談してきたとすると、銀行はどう行動したらよいのだろうか。金利が払えなくなった企業は危ないと判断して貸倒引当金を大幅に積み増すのが、「正解」かもしれないが、現実はそう単純ではなかろう。その企業が「店舗を改装すれば売り上げが回復する自信があるので、改装費用を追加で貸してほしい」と要請してきたら、どう対応すればよいのだろう。

取引先がじり貧になるのを見守っていたら、1000万円の回収はおぼつかないが、前向きな投資に協力すれば、その企業が立ち直る可能性があると判断する場合もあり得るだろう。銀行にとっては新規融資だけではなく、追加融資をするかしないかの判断も極めて重要なのだ。

だが、不良債権に押しつぶされそうになっていた当時の銀行界は、取引先の再生を促すために追加融資を実行したというよりも、決算の見栄えをよくするために追加融資を実行し、さらに傷口を広げてしまった。再生する見込みがないのに再生可能とみせかけ、不良債権の総額を減らす目的で関連会社などに追加融資を実行していたのである。

五味は銀行界の動きを次のように批判している。

銀行の融資がどの程度優良なものであるかは、貸付先の企業のキャッシュフロー（資金を稼ぎ出す力）による。融資した資金が何年で戻ってくるかを、キャッシュフローによって割り出す。それが銀行の基本的な審査であるはずで、キャッシュフローからでは回収できないお金を貸せばいずれ問題が顕在化し、不良債権になるのは当たり前の話だった。

ところが、銀行の関連会社や大口債務者については、追い貸しを繰り返して延命させてい

図表 2-2 「追い貸し」のパターン

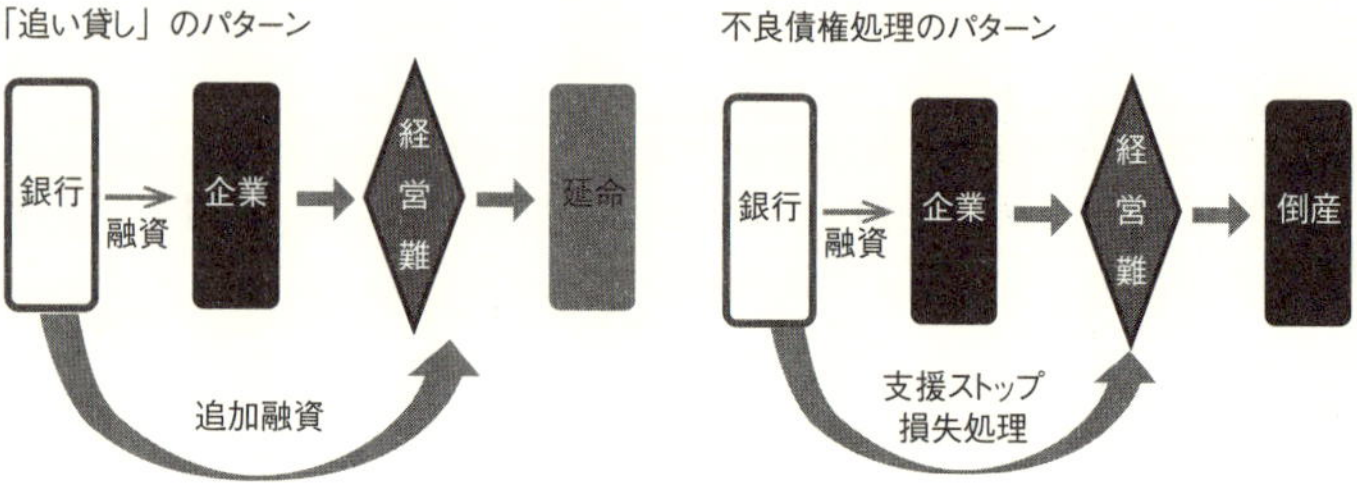

るだけで、キャッシュフローに基づいた計算では返済に何百年もかかるという例が出てきた。これでは点滴によって辛うじて命をつないでいるようなものだ。

「これではゴーイングコンサーン（継続企業の前提）の状態にあるとは言えませんよね」。私たちは一つひとつの事例について理論的に詰め寄り、「関連会社は俺の子供だ」と言い張る銀行の反論を潰していった。[20]

「追い貸し」とは経営再建の見込みが乏しい先に貸し出しを継続または拡大する行為である。銀行側は、金融当局に「この貸し出しは追い貸しだ」と指摘されても、そうではないと反論するしかないが、経営再建など無理なことを自覚しながら貸し出しを継続していたのだ。銀行は追い貸しを連発することで延命を企て、不良債権問題の解決を遅らせてしまったといえる。

銀行はなぜ追い貸しに走るのか。東大教授の福田慎一は追い貸しのメカニズムを解説している。（図表２－２参照）

日本経済は1990年代初めにバブルが崩壊し、長い不況になり、不良債権が大きく増えた。とりわけ97年から98年にかけて金融機関の経営破綻が相次ぎ、深刻な金融危機が発生した。ところが、不良債権はその後も増え続け、2002年3月にピークを迎えた。危機発生後も不良債権が増え続けた背景には、追い貸しによる問題の先送りがあったとみられている。

追い貸しの原因は5つ。1つ目は、将来に対する楽観的な見通しである。バブル崩壊の直後、不況が長期にわたると予測する人は少なかった。特に、貸出先の担保価値を左右する地価が下がり続けるとの見方はあまりなく、やがて反転するとの期待も大きかった。追い貸しによって延命措置を施しているうちに、景気が回復し、地価も上昇に転じれば、貸出金を回収できると読んだのである。ただ、この説明が成り立つのは90年代の前半までと福田はみる。90年代後半にはさすがにこうした楽観論に基づいて追い貸しを実行していたとは考えにくい。

第2の原因は、銀行が不良債権を処理するにあたって、会計上、裁量の余地があったことである。自己資本比率を低下させたくない銀行は、追い貸しによって不良債権の発生を抑えようとしたのだ。もっとも、1990年代後半以降、金融当局による資産査定は厳しくなり、銀行による裁量の余地はなくなっていく。

3つ目はモラル・ハザード（倫理観の欠如）である。1990年代以降、銀行の経営危機がマクロ経済に与える悪影響を防ぐため、政府は様々な優遇措置を講じた。その結果、銀行の側に「そのうち政府が何とかしてくれる」という甘えが生まれ、問題の先送りに走った面がある。ただし、こうした優遇措置も徐々になくなっていった。

4番目は債権者間の利害調整である。経営が不振な企業に対して複数の銀行が資金を貸し出している場合、自行の利益を守ろうとするあまり、会社清算や債権放棄などの外科手術にはなかなか踏み切れない。互いに牽制しあううちに時間が過ぎ、問題が解決しない。

5つ目は「大きすぎてつぶせない」問題だ。この問題は、大手銀行をつぶせない構造問題として注目されるが、実は銀行の取引先にも当てはまる。貸出先の規模があまりにも大きいと、銀行が引き金を引く形で倒産すると経済全体に多大な打撃を与えてしまう可能性があるからだ。建設、不動産、小売業などを営む大企業の影響力の大きさに配慮し、追い貸しが続けられた可能性がある。[21]

やっぱり資本が足りない。早く公的資金の投入を

安斎の足取りに再び話を戻そう。

長銀と住友信託の統合交渉がなかなか進まない現状をにらみ、政府は資本不足の金融機関に公的資金を注入する「金融機能早期健全化法」と経営破綻した金融機関を処理する「金融

再生法」の成立を目指していた。安斎は自民党の加藤紘一や民主党の仙谷由人らのもとを訪れ、法案に対する理解を求めた。従来なら、こうした役回りは大蔵省が担っていたが、接待スキャンダルで処分が続出していた大蔵省や発足したばかりの金融監督庁には適任が見当たらず、安斎が重責を担っていた。

そんなおり、国際通貨基金（ＩＭＦ）総会で訪米中だった日銀総裁の速水優は米財務長官との会談で「日本の銀行は資本不足だ」と語ったとの新聞記事が出た。

大手銀行の頭取たちは安斎が仕掛人だと疑った。ある銀行頭取は「あなたは共産主義者なのか」と詰め寄った。安斎自身は「記事掲載には全く感知していない」と説明するが、銀行頭取にここまで言われて黙っているタイプではない。「私の計算ではやっぱり資本が足りない。早く公的資金を入れて資本を充実させ、アクティブに動いてほしい」と逆提案した。

アジア通貨危機に対峙した安斎は「公的資金の投入は早いほどよい」と考えるようになっていた。１９９８年9月に英首相のトニー・ブレアのもとで蔵相を務めていたゴードン・ブラウンが来日し、安斎に「日本の金融システムにとって何が最も大切なのか」と質問した。「危機が拡大しないうちになるべく早く公的資金を投入すれば、結果として投入額は少なくなる」とアドバイスした安斎だが、これは日本自身に向けた言葉でもあった。

公的資金とはいわば税金で集めたお金である。住宅金融専門会社の不良債権処理に公的資金を投入したときの国民の反応をみてもわかるように、金融機関に公的資金を投入すれば国民の反発は避けられない。経営者の責任問題にも発展する公算が大きい。政府も経営者も二の足を踏み、時間ばかりが過ぎて傷口が膨らんでしまうのだ。

安斎の忠告が効いたのか、後に英首相となったブラウンは2008年のリーマン・ショック後、危機に陥った金融機関に迅速に公的資金を投入し、「欧州の救世主」として評価が上がった。危機に陥ったときの政府の対応は早ければ早いほどよい、という安斎の見方は、今や世界の金融当局の共通認識となった感もある。

住専問題が紛糾した当時に比べると、日本の国民の間でも「金融システム不安に陥ったときは直ちに公的資金を投入して危機を収束させる必要がある」と理解する人が増えているようにみえる。

そもそも、危機に陥ったら多額の公的資金を投入しないと収まらないような「金融システム」を現状のまま放置しておいてもよいのだろうか。あらかじめ危機に陥らないような制度設計にはできないのだろうか。この問題は後に改めて取り上げたい。

安斎の奔走が功を奏し、10月には与野党の折り合いがついて2法案が成立した。これで、長銀の処理が可能になり、住友信託に頼らなくてもよい環境が整ったのである。そして、長銀に対する検査結果は1998年9月末の見込みで3400億円の「債務超過」。金融再生法が施行された10月23日、長銀は特別公的管理を申請した。

政府は長銀の破綻を認定し、一時国有化を決めた。

高橋は長銀との統合交渉の舞台裏を詳細に語っている。その内容も興味深いが、10月8日に長銀との統合交渉から撤退する意向を表明した後の経営方針について語った部分に触れておこう。「銀行業とは何か」という本書の主要テーマに関わる証言だからである。

一〇月一九日、合併交渉の打ち切りを決めた私は、日本経済新聞記者と会見し、「日本版金融ビッグバンに向け、都市銀行など決済業務中心の銀行とは違った、資産運用型金融機関をめざし、体制整備を急ぐ」という構想を明らかにした。九八年度下期中に財務コンサルタントを中心に総合職の社員一〇〇人程度を個人部門にシフトし、三五〇人体制とするほか、資産運用総合口座、ラップ口座も手掛ける。

証券、保険などとリテール（小口金融取引）にかかわる部分で提携を検討。一方で法人取引は、住友グループ内での相互補完を進め、土地信託、コンサルティングなど不動産部門ではリーダーシップをとっていく。

私はかねて「金融機関の業務は三種類に大別できる」と言ってきた。

決済業務、資産運用業務、投資銀行業務の三つだ。だが、これをすべてうまくやっていく

ことはあり得ない。

会社として投資銀行業務に興味を持っていた時期もあり、合併交渉当時、社内では長銀との統合後、この分野へ本格進出するかどうかが議論になっていた。長銀には優秀な人材がいるので、投資銀行分野、証券分野への進出は十分考えられた。

残念ながら統合が不調に終わったことで、当社は投資銀行業務、証券業務からは撤退することになった。

資産運用・管理に特化し、トップ信託銀行をめざす戦略に、経営方針を転換したのである。[22]

この文章には高橋の思いが凝縮されている。ここで、富士銀行や第一勧業銀行の首脳が、日本興業銀行に対して畏敬の念を持ちながら統合交渉に臨んでいた姿を思い出してほしい。高橋が長銀との交渉のテーブルに着いたのは、やはり長銀に対するあこがれのような気持ちが根底にあったからではないだろうか。首相や金融当局を向こうに回し、堂々と自己主張を貫いた高橋ですら、長信銀を特別視する銀行界の空気に飲まれていたともいえる。

そもそも、長銀が経営危機に陥ったのはなぜか。投資銀行業務がそれほど魅力ある業務なら、バブル期に不動産融資にのめり込んで墓穴を掘ることもなかったはずだ。高橋の言う資産運用業務には、銀行の本業である預金・貸出業務も含まれるが、信託銀行にとっては土地信託、遺言信託などの信託業務が主な柱である。

信託業務だけでは成長に限界があり、投資銀行業務に活路を見いだそうとした高橋の意図はわかるが、隣の芝生が青くみえたにすぎないのではないか。投資銀行業務の内容や課題については、次節で改めて説明する。

長銀頭取の使命は「お葬式」

さて、長銀は国有化されたものの、トップを引き受ける人がいない。失敗すれば国民から批判を受ける上に、再び金融システム不安に火をつけかねないとあって、火中の栗を拾う人を探し出すのは至難の業だった。安斎は日銀総裁の速水と、金融再生委員会委員長の柳沢伯夫を訪問し、早期の人選を要請した。

翌日、安斎は速水に呼ばれ、「君も知っているだろう。引き受け手は誰もいない。君が長銀の頭取になるしかないんだ」と告げられた。安斎に拒否権はなかった。

その翌日、首相官邸に呼ばれた安斎は首相の小渕から「しっかりやってほしい」と要請された。「総理、お言葉ですが、私だけが一生懸命やっても金融危機からは脱することはできません。政治にも景気対策をしっかりやってほしいのです」と注文を付けた。金融機関の経営は景気が良くなってこそ改善するというのが安斎の持論だった。すると小渕は立ち上がり、「君の言う通りだ。われわれは景気回復にがんばるから、君も一生懸命がんばってほしいのだ」と握手して励ました。

安斎は11月、日銀理事を退任し、長銀頭取に就任した。常に心がけたのが、自分の考えや行動をオープンにすること。無責任な外部からの圧力に左右されずに本物の解決策を探るとともに、自分自身が抹殺されないためだ。職員に頻繁にメールを送って考えを伝えた。毎月1回の定例会見や記者たちの自宅への直撃取材も拒まなかった。

長銀頭取の使命は、旧経営陣の責任追及、不良債権の分離と経費削減、そして、身ぎれいになった銀行の買い手を探すことだ。他の銀行が引き受けやすいように、給与を48%カットした。安斎はこの仕事を「お葬式」と自認していた。日本の金融システムに対する国民や市場の信頼を取り戻すために避けられない儀式とみていたのだろう。

だが、経営破綻した銀行に対する同業者の視線は冷ややかで、売却先探しは難航した。安斎は旧知の銀行トップに面会を求めたが、会おうとしない。担当常務が出てきて「聞くだけ無駄です」とはねつけられたこともあった。

米国の投資会社、リップルウッド・ホールディングスを核とする投資ファンドに売却できたのは1年4カ月後であった。日本の銀行に軒並み断られる中で、外資に売却するしか選択肢がなかったのだ。

後に問題となったのが、「瑕疵担保契約」。買い取った債権から予期しない損失が出た場合は日本政府が穴埋めするという約束だ。安斎は国が全額を負担するのではなく、買い手と国が3対7で負担を分かち合う仕組みを提案したが、受け入れられなかった。

1999年9月、売却先はリップルウッドに決まった。売却に際し、①譲渡資産の再査定で最大5000億円の引当金を積み増す、②損失穴埋めに充当すべき長銀保有株の含み益2500億円強を資本勘定に組み入れる、③3年で債権の価値が2割以上目減りした場合、預金保険機構が簿価で買い戻す、との条件で決着した。譲渡価格は10億円。破綻処理に伴う国民負担が4兆円を超えたのに比べると、いかにも「外資に安く買いたたかれた」印象が残った。

2000年3月、長銀の処理を終えた安斎は頭取を退任した。リップルウッド会長のティモシー・コリンズは安斎に残留を要請したが、「長銀という国民の資産を売却した先に移るのは、国民が納得しないはずだ」と考えて断った。

安斎は当初、海外への留学を計画していたが、小渕首相が同年5月に死去したこともあって予定を変える。外資への売却に対する批判の声が強まり始め、「安斎の留学資金はリップルウッドが出すらしい」、「最初から外資に売却するシナリオだったらしい」といった憶測が流れた。しかも、売却先が決まったとはいえ、長銀が再生できたわけではない。そんなときに「国外逃亡」と受け取られかねない行動は慎もうと安斎は思った。

安斎の予感は的中した。長銀の不良債権の1つ、そごうの経営問題や、瑕疵担保契約が焦点となり、批判が強まる。安斎は8月に国会に参考人として呼ばれた。外資とのやり取りを説明し、他に選択肢がなかったと主張した。この日を境に騒動はぴたりとやんだのである。

新生銀はどこへ向かうのか、視界は不良

安斎が去った後、長銀は「新生銀行」として再スタートを切る。最高経営責任者（CEO）・会長兼社長にシティバンク元在日代表の八城政基が就いた。八城が目標としたのは「利益の出せるビジネスモデルづくり」。その柱は個人向け金融サービスと投資銀行業務。大企業との取引の比重が大きかった長銀のアンチテーゼともいえる戦略だ。

個人との取引では、顧客目線で商品、店舗、情報システム、事務処理の手順などを根本的に見直し、預金、ローン、カード業務を拡充する。個人から幅広く預金を集めるのはまさに普通銀行の手法。金融債を通じて集めた長期資金を企業に貸し出す長信銀モデルとの決別を意味していた。ATMの24時間無料サービスなど新機軸も打ち出した。投資銀行業務は証券

化やM&A（企業の合併・買収）による手数料収入などが中軸で、再スタート時は利益の15％程度だった手数料収入が4年で5割を上回った。

瑕疵担保契約に基づいて、劣化した資産を国に買い取らせ、取引先からの「貸し剝がし」にも注力したため、長銀の取引先は新銀行とは距離を置くようになったが、八城は意に介さない。２００４年2月、東証１部に再上場を果たし、投資ファンドは保有株の約3分の１を売り出し、手数料を除き約２２００億円の売却益を得た。同年4月には普通銀行への転換を果たし、長信銀から「卒業」した。

勢いに乗る新生銀は、リテール（小口金融）部門の強化に弾みをつけるべく、信販会社のアプラスを買収した。２００5年に八城の後を継いだのはモルガン・スタンレー証券元東京支店長のティエリー・ポルテ。

社長就任が内定したときの記者会見では、八城の改革を「財務や事業戦略、行員教育などで大きく前進した」と評価し、アプラスを「個人向け事業の基盤として活用する」と意気込みを語っていた。買収したアプラス社長を務めていた旧三和銀行出身の杉山淳二が06年6月、会長に就き、八城は退任する。

だが、歯車は少しずつ狂い始める。消費者金融会社による過剰な金利徴収に批判が集まり、

2006年末に改正貸金業法が成立。グレーゾーン金利などに規制の網がかかることになり、消費者金融ビジネスに期待をかけていた新生銀は打撃を受ける。八城は退任から2年後に復帰し、今度は杉山が退任するなど経営は混乱する。

追い打ちをかけたのが2008年のリーマン・ショックだ。投資銀行業務を拡充していた新生銀は、保有する債務担保証券（CLO）や欧州の資産担保証券（ABS）に多額の損失が発生。不動産関連融資でも貸倒引当金の積み増しが必要になり、2009年3月期決算は1430億円の赤字に転落した。新生銀は起死回生の策として、09年7月、あおぞら銀行との合併計画を発表するが、両行が目指す方向はかみあわず、翌年には破談してしまう。「他行にない特徴」を追求し続けてきた八城路線は合併にはなじまなかったのだ。

金融庁検査で不動産や海外関連の投融資で引当金不足を指摘され、2010年3月期も1400億円の赤字に。2期連続の赤字に対して金融庁から業務改善命令を受け、経営陣は交代を余儀なくされた。

同年6月に社長に就いたのは旧第一勧業銀行出身で、いすゞの経営再建に携わった当麻茂樹。「産業金融の円滑化というやり残した仕事があった」ために難題を引き受けたと語り、次世代を担う起業家や中小企業の経営を支援する意向を示した。リテールと投資銀行業務の2本柱で突っ走ってきた新生銀にとっては大きな路線転換となった。

ヘルスケア関連などの新分野を開拓し、経営は落ち着きを取り戻したが、なお2000億円あまりが残る公的資金返済のめどは立っていない。2015年6月、当麻は体調不良を理由に、旧第一勧銀の後輩である新生銀常務執行役員の工藤英之にバトンタッチした。工藤は社長交代の記者会見で「メガバンクとも地銀とも違う顧客に必要とされる銀行になれば収益もついてくる」と語り、リテール部門を軸にする方針を表明したが、新生銀はどこへ向かうのか、視界は不良だ。

大企業向け融資に背を向け、新たなビジネスモデルづくりを標ぼうして、ある時点までは成功しているかにみえた八城路線。勢いがあった2003年ころには「日本の金融界の指導者の知的荒廃はすさまじい」とまで言い切っていたが、あおぞら銀との合併を発表した2009年の記者会見では、「お客様のために使うべき資産を使って、海外へ無謀な投資をしたのが失敗だった」と反省の弁を述べた。

八城が結果責任を問われるのは当然だが、閉塞感の漂っていた日本の銀行界に風穴を開けるべく新ビジネスに積極的に挑戦した姿勢は非難されるべきではなかろう。新生銀の失敗は、銀行界で新しいビジネスモデルを確立することが、どれほど難しいのかを如実に物語っている。

19 五味廣文『金融動乱　金融庁長官の独白』（日本経済新聞出版社　2012）：31-33
20 前掲書：36-37
21 福田慎一『金融論』（有斐閣　2013）：155-161
22 高橋温『金融再編の深層』（朝日新聞出版　2013）：131-132

第3節 日債銀の長い夜

長期信用銀行3行の中では最も力が弱く、大手銀行での序列も必ずしも「格上」とはいえなかった銀行が日本債券信用銀行である。

1998年10月、日債銀より上位の銀行と位置づけられていた日本長期信用銀行が経営破綻し、国が経営を管理する「特別公的管理」の第1号となった。政治の世界では、日債銀が生き残れるはずがないとの見方が強まり、日債銀に対する風圧が強まる。日債銀は必死に抵抗したが、最後は押し切られる形で経営破綻への道をたどらざるを得なかった。本節では、日銀出身で、経営破綻まで頭取を務めた東郷重興にスポットを当てる。

「強くなる日本」とともに歩んだ男

東郷は1943年生まれ。長身で健康に恵まれ、常にニコニコしている印象を周囲に与える温厚な人物である。父は北海道拓殖銀行に勤務。転勤のために何度か転校を経験し、環境が大きく変わっても周囲の人たちと仲良くするコツを覚える。行く先々で楽しく暮らせばよいという楽観的な人生観を持つようになった。銀行員の父の影響を受け、「銀行の銀行」と呼ばれる日銀を志望し、希望がかなって１９６６年、日銀に入行した。

日銀では主に国際部門を歩んだ。東郷の足跡を追うと、世界経済の中で日本がどのような位置を占めていたかが、よくわかる。

１９７６年にニューヨーク勤務の為替担当となり、日銀として海外市場で初の為替介入を実行した。日本からの輸出が増えていた時期で、為替市場では円高が進行しやすくなっていた。そこで、ニューヨーク連邦準備銀行との間で委託介入の契約を結び、78年はじめから連日、円売り・ドル買いの介入を実施し、円高の進行を阻止しようとした。だが、日銀の単独介入には限界があり、３カ月後には市場の圧力に屈してしまう。

１９８２年からはロンドンに勤務した。日本の金融機関の指導と現地の中央銀行との連絡調整が主な仕事で、国際金融市場で存在感を増す日本の金融機関に対し、警戒感が強まっていると肌で感じたという。やがて、国際決済銀行（ＢＩＳ）は金融機関に自己資本比率規制を課すが、自己資本が総じて薄い日本の金融機関を狙い撃ちにした、ともいわれた。

本店勤務などを経て１９９１年、香港駐在参事に就いた。中国への返還が決まった香港は東アジア経済の隆盛もあり、国際金融市場としての注目度が高まっていた。日銀は本店調査局の出先の位置づけだった香港事務所にニューヨーク、ロンドン並みのステータスを与える目的で初めて駐在参事を置いたのだ。

東郷は2年半の駐在期間中に300日出張した。インド、オーストラリア、東南アジア、中国が管轄であり、域内の中央銀行とのパイプを強化した。この努力が、後に東アジア・太平洋中央銀行役員会議（EMEAP）発足へとつながっていく。日銀が音頭を取る形で中央銀行のネットワークができたのである。

政策委員会室長を経て1995年4月、国際局長に就任。大蔵省と協力して円高阻止に力を注いだ。自動車部品を巡る日米貿易摩擦が背景にあり、カンター米通商代表部代表と橋本龍太郎通産相は激しくやり合った。6月のジュネーブの会合で両者はやっと折り合い、日本単独で為替市場に介入した。4、9月と2度にわたる公定歩合引き下げの効果もあって、4月に1ドル＝79円台だった円相場は9月に100円台に戻った。日米合意と金融政策の相乗効果で円高阻止に成功した。

こうして振り返ると、東郷は、日本の企業や金融機関が勢いづき、海外での存在感が増すにつれて摩擦が激しくなる現場に長く身を置いてきたといえる。欧米との摩擦回避は骨の折れる仕事であり、東郷は国際部門をけん引する幹部として難しい仕事を任されてきた。

とはいえ、どうすれば日本の国益を守れるのか、仕事の方向は明確だった。「強い日本」

の土台の上に乗った東郷は、持ち前の楽天的な性格もあり、攻めの姿勢で精力的に仕事をこなせたのである。

1996年春、東郷は突然、日債銀への転出を勧奨された。

日債銀の経営難はすでに広く知られており、驚きを隠せなかったが、日銀という公的な機関に長く勤務した人間への「召集令状」のようなものと受け止め、直ちに受け入れた。

楽観的な性格がこのときも頭をもたげ、「何とかなるさ」と開き直った気分が支配していた。30年の日銀勤務のうち10年間を海外で過ごした東郷は日本の金融機関との接点はほとんどなかった。転出の話を聞いた秘書の女性が「日債銀へ行って大丈夫ですか」と心配したが、東郷は動じなかった。

同年5月に顧問となり、最初の1カ月間は終日、各部門の担当者から業務内容について説明を受けた。日債銀は都市銀行などに比べると店舗数が少なく、「投資銀行」としての生き残りを目指していた。外国人の採用も多く、東郷は「先進的な銀行」との印象を持つ。

その一方で、バブル期に注力した不動産担保融資が焦げ付き、不良債権が膨れ上がっていた。日債銀は1990年代前半までは剰余金が多かったが、次第に剰余金だけでは不良債権を処理できない状態に陥っていた。

法被を着たインベストメントバンクになろう

東郷が転出した時点で、すでに日債銀が厳しい状況に追い込まれていたのは金融関係者にとって周知の事実だった。前節の主役、安斎隆と東郷はともに日銀出身で安斎が3年先輩である。安斎がアジア担当理事となったとき、東郷は国際局長で直属の部下だった。2人は協力し合いながらアジア通貨危機の火消しに努めたのである。

先輩に対しても遠慮なく厳しい言葉を吐く安斎と、ソフトな語り口の東郷は一見すると全く異なるタイプのようにもみえるが、何事も前向きにとらえ、陽気なところは似ている面がある。

安斎は日銀の考査局長を務めていたとき、日債銀の財務内容を調べる立場にあり、厳しさを良く知っていた。「バブルが崩壊する間際にあわてて不動産担保融資を増やした日債銀は他行よりも傷が大きかった。彼が日債銀に転出する話を聞いたとき、断ればよかったのにと思った。この時期から日債銀に行ったら苦労するのが目に見えていた」と安斎は率直に語る。

東郷が1996年6月、常務に就任すると金融債を売って資金を集める仕事を任される。日債銀は信用不安から資金流出が続き、資金を調達する必要に迫られていた。従来、5年物の金融債を金融機関に売ってきたが、信用力に疑問符が付く日債銀からは簡単には買ってくれなくなっていた。
東郷は全国の地方銀行、第2地方銀行、信用金庫などを訪問してセールスに精を出す。東郷の丁寧な態度が好感を持たれたのに加え、日銀出身の看板は信用補完にもなったのだろう。数十億円単位で購入してくれる金融機関が相次いだ。

同年7月、窪田弘頭取のもとで不良債権処理の方針を協議する1回目の役員会議が開かれたが、東郷は参加を求められず、金融債のセールスを続けていた。ところが、同年11月、全国紙の報道を機に暗雲が広がる。系列ノンバンクが経営難に陥った場合、日債銀は母体行として責任を持つと約束した「念書」を農林系統金融機関との間で交わしているという内容で、信用不安が一気に拡大した。

母体行とは、系列ノンバンクに出資したり役員を送ったりして経営権を支配している銀行を指す。「責任を持つ」とは、損失を負担するという意味だ。（図表2－3参照）

例えば、あるノンバンクが3000億円の借金を抱え、そのうちの1000億円が母体行からの借り入れで、残りは他行からの借り入れだとしよう。ノンバンクの経営が悪化し、3000億円の返済ができなくなる場合、母体行は自行の1000億円だけでなく、他行の2000億円についても肩代わりをするなどの方法で損失を負担するのが「母体行責任」の考

図表2-3 「母体行責任」のイメージ

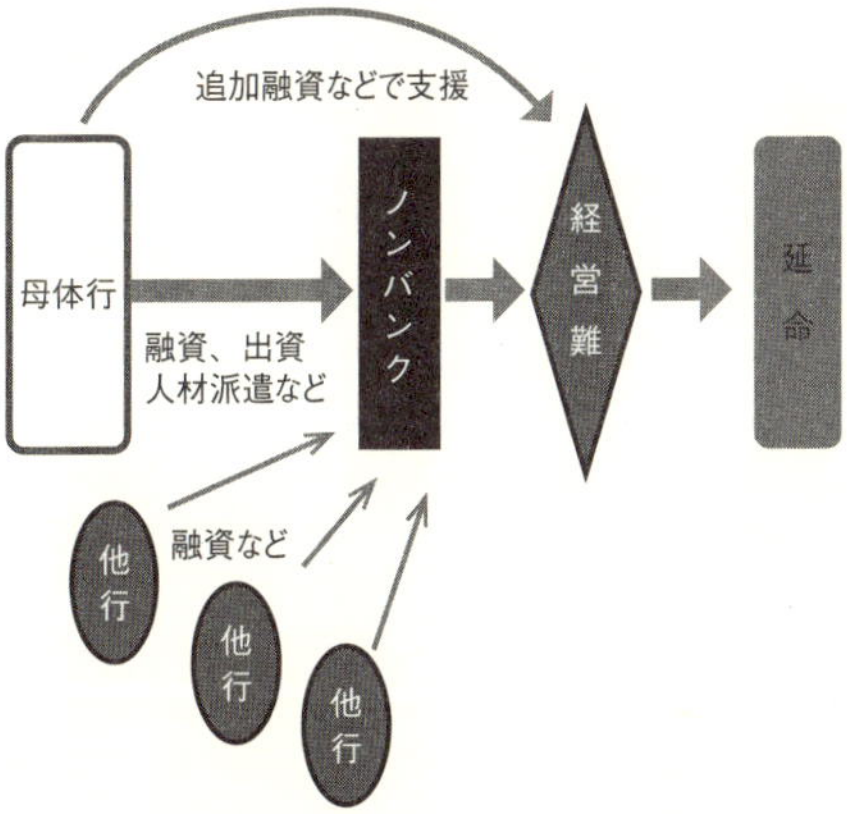

え方である。

体力が弱まっている日債銀が母体行責任を全うすれば、ますます体力が弱まり、やがては経営破綻に至るとの見方が広がったのだ。

東郷の仕事ぶりや人柄にほれ込んだ窪田は、この時期から資金調達だけでなく、資産売却や合併交渉なども相談するようになる。

1996年末、窪田はあさひ銀行（現・りそな銀行）首脳を訪問し、合併を申し入れた。報道の影響もあり、単独での生き残りは難しいと判断したためだ。窪田から合併交渉を引き継いだ東郷のもとに1カ月足らずで返ってきた答えは「ノー」だった。

1997年1月、米国の格付け会社は日債銀など邦銀4行の格付け見通しを「ネガティブ」に変更した。日債銀の株価は暴落し、いよいよ危機が迫ってきた。同年2月、東郷はトップと旧知の間柄である外銀に出資を求めて交渉するが拒否された。同じころ、トヨタ自動車には経済研究所の共同設立を呼び掛けた。研究所の設立を呼び水にトヨタとの資本・業務提携が実現すれば強力な信用補完になると計算し、「日債銀に100億円でも200億円でも出資してほしい」と訴えたが、無理だった。

同年春から今度は横浜銀行と合併交渉を重ね、相互に資産評価を実施したが、結局、実を結ばなかった。同時並行で全国信用金庫連合会（全信連＝現・信金中央金庫）と業務提携の交渉をしたが、うまくいかない。

全信連は信用金庫のいわば中央銀行である。信用金庫には預金を通じて資金を集める力があるが、その資金をマーケットでうまく運用するノウハウがなく、全信連に資金を預けていた。地方銀行も資金の運用力に難があり、東郷は「日債銀は地銀の中央銀行になるべきだ」と考え、「法被を着たインベストメントバンク（投資銀行）になろう」と行内に呼びかけていた。「法被を着た」とは、親しみやすさを指しており、地方銀行にとって親しみやすい存在であると同時に、投資銀行としての運用力を備えた銀行を目標にしたのだ。全信連と日債銀は目指すべき方向が似ているので提携する意義があると強調したが、こちらも破談となった。

投資銀行という存在の魔力

先に進む前に、ここで、前節でも顔を出している「投資銀行」について説明しておこう。投資銀行業務とはどんな業務なのか。東郷はなぜ投資銀行を目指したのか。日債銀に限らず、銀行の将来像を描くとき、投資銀行業務をどう位置づけるのかを、まず考える銀行経営者は多い。投資銀行業務に期待をかけ、経営資源を投入しながら、一敗地にまみれる事例は国内外ともに後を絶たない。それにもかかわらず、投資銀行業務には銀行の経営者を引き付ける魔力があるのかもしれない。

みずほ総合研究所の解説に拠りながら簡単に整理しよう[23]。投資銀行という言葉は日本では一般にはあまり使われていない。投資銀行業務は、日本では証券会社が主な担い手であり、銀行の関与は一部にとどまっているからだ。したがって、投資銀行という看板を掲げて営業をしている銀行はみられない。それでも銀行が投資銀行業務に注目するのは、預金・貸出業務という本業だけでは利益を確保できず、証券会社が担う投資銀行業務に魅力を感じるからだ。

ただし、日本では規制緩和が進んだ結果、現在は大手銀行を中心とするグループの傘下に証券会社が入っており、銀行と証券の垣根は事実上、なくなっている。この点については第

3章で改めて説明する。

投資銀行業務は、①顧客が資金調達をするときに発行市場（プライマリー市場）で債券の引き受けや株式の引き受けをするプライマリー業務、②顧客が資金を運用するときに、流通市場（セカンダリー市場）で証券などの売買を仲介するトレーディング業務からなる。

プライマリー業務にはM&A（企業の合併・買収）の仲介業務も含まれる。トレーディング業務はさらに、顧客の証券売買を取り次ぐブローカレッジ業務、仲介業者が自らポジション（証券在庫）を保有し、顧客の取引相手になるマーケットメイク業務、顧客とは関係なく自らのポジションを使って能動的に証券を売買し、投資収益を追求する自己勘定取引に分類できる。

欧米で普及した投資銀行業務は、1990年代までは、企業が資本市場から資金を調達するのを支援するプライマリー業務が中心だった。ところが、2000年代になると、プライマリー業務における競争の激化、証券流通市場の発達、機関投資家の存在感の高まりなどを背景に、トレーディング業務の比重が高まっていく。プライマリー業務の競争が激しくなったのは、預金・貸出業務が中心の商業銀行が投資銀行業務に相次ぎ参入したためである。

企業が銀行からの借り入れではなく、資本市場からの調達に頼るようになると、証券の流通市場は厚みを増す。プライマリー業務は新規発行ごとの1回限りの仕事だが、証券売買は無限に続くので収益を拡大しやすい。欧米では家計の金融資産の構成が預金から保険・年金や投資信託などにシフトする傾向も強まった。

つまり、欧米では企業も家計も資本市場に目を向けるようになったため、商業銀行は雪崩を打って投資銀行業務、とりわけトレーディング業務に参入した。米国のシティグループ、JPモルガン・チェース、英国のロイヤル・バンク・オブ・スコットランド（RBS）、ドイツ銀行、スイスのUBS、クレディ・スイスなど、合併や買収を経て商業銀行と投資銀行業務を兼務する「グローバル・ユニバーサルバンク」が誕生したのである。

だが、こうした路線による栄華は長続きしなかった。証券売買は相場の流れに乗って大きな利益をもたらすこともあるが、反対に大きな損失をもたらす可能性もある。ここで、本書の第1章で取り上げた、大和銀行ニューヨーク支店の巨額損失事件を思い起こしてほしい。トレーダーの井口俊英は米国債売買での損失を糊塗するために不正取引に手を染めていった。不正行為の部分を除いて証券売買だけに焦点を絞ってみると、証券業務で利益を上げ続けるのが極めて難しいのは、井口であろうが、グローバル・ユニバーサルバンクであろうが基本的には同じだといえる。

井口が米国債売買で大穴を開けたように、グローバル・ユニバーサルバンクは投資銀行業

図表 2-4　サブプライムローン問題の背景

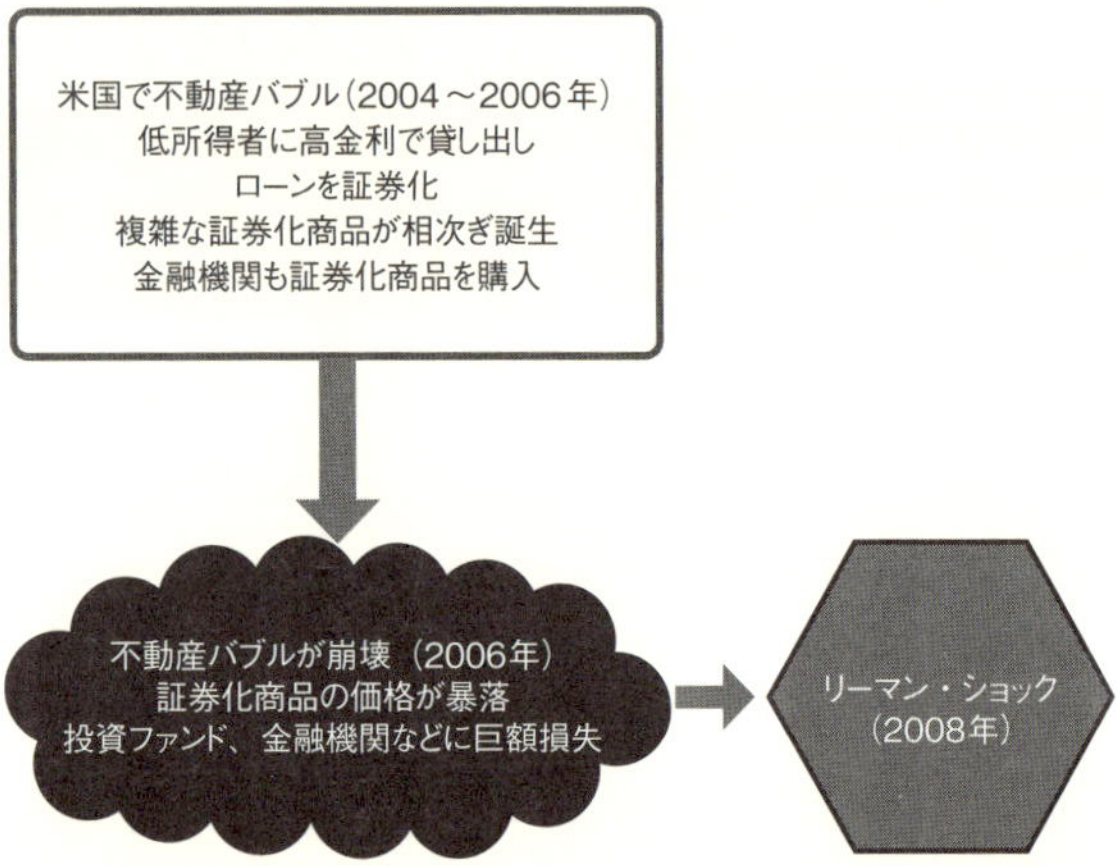

務を通じて、後にサブプライムローン危機、さらにはリーマン・ショックを引き起こし、世界経済を大混乱に陥れた。

グローバル・ユニバーサルバンクが金融危機を引き起こした過程を振り返ってみよう。（図表２－４参照）ユニバーサルバンクはトレーディング業務に依存する経営にかじを切ったものの、そこで売買される証券はプライマリー業務で組成される、という弱みを抱えていた。

例えば満期のある債券を活発に売買するのはよいが、やがては償還される。プライマリー業務はトレーディング業務へのプロダクツの供給源として欠かせない。こうした構造のもとで２０００年代初頭に機関投資家向けの新商品として登場したのが、不動産ブームを背景に膨張していたサブプライム住宅ローン担保証券（ＲＭ

BS）などを集めた債務担保証券（CDO）や再証券化商品であるCDOスクエアードだ。

欧米のユニバーサルバンクはプライマリー業務を通じてCDOを大量に組成し、機関投資家に販売した。流通市場でも機関投資家を相手にCDOを積極的に売買してトレーディング収益を伸ばしたのである。CDOの組成を増やすために、米国の住宅ローン会社を買収する動きも広がった。資金調達の面でも、マネー・マーケット・ファンド（MMF）などが提供する短期資金に頼る傾向が強まっていた。資金調達と運用の両面で短期志向を強めていたといえるだろう。

サブプライムローンとは、信用力が低い人向けの住宅ローンだ。米国が不動産ブームに沸いていた2000年代半ばまでは、仮に返済能力に疑問符が付くような人でも、購入した不動産価値が上がる可能性が高いので、金融機関は積極的に住宅ローンを貸した。値上がりした不動産を売れば住宅ローンを返済できるからだ。しかし、2006年初めをピークに米国の住宅価格が下落すると、ユニバーサルバンクが作り上げたビジネスモデルは崩壊した。CDOのもとになっているサブプライムローンの価値が急落し、ユニバーサルバンクは莫大な損失を被った。

井口とグローバル・ユニバーサルバンクは「投機」に走っていた点では同じだが、大きな違いがある。アナト・アドマティらはリーマン・ショックと他の金融危機との違いを明快に説明している。要約してみよう。

リーマン・ショック後の世界同時不況を表すキーワードは伝播（コンテージョン）。例えば、日本のバブル崩壊に伴う金融危機の場合、日本の銀行は主に国内で資金を借り入れていたため、日本以外の金融機関はそれほど影響を受けなかった。対照的に、サブプライムローン証券は世界中の金融機関が保有し、しかも金融機関の多くは多額の借り入れを投資の資金源にしていた。そして、金融機関同士の相互依存度の高さ、金融機関の負債比率の高さ、金融機関の間で損失を拡散させた伝播のメカニズムが、米国の住宅ローン不動産危機が世界中に影響を及ぼす悲劇をもたらしたのだ。

伝播のメカニズムのエンジンとなったのが、CDS（クレジット・デフォルト・スワップ）である。CDSの売り手は保険会社で、デリバティブ（金融派生商品）と呼ばれる契約の一種だ。CDS契約の買い手は、売り手に定期的に保険料を支払う。その見返りに、売り手はCDSの保証する融資などから約束通りの金利が支払われなかった場合に損失を埋め合わせることを約束する。

デリバティブを活用すると、複数の当事者間でリスクを取引したり、再配分したりできるという触れ込みを信じ、2007年以前はCDOなどを購入した金融機関の多くが、その保険としてCDSも購入していた。

デリバティブはシステム全体のリスクを減らすどころか、高めるような形で使われることもある。金融市場に投機や博打はつきものだが、デリバティブの場合、博打の規模はそれ以前よりはるかに大きくなり、また管理するのははるかに難しくなった。契約や戦略の複雑さは個別のトレーダーや個別の銀行が適切な監督や管理を受けず、きわめて大きなリスクを短期間で積み上げることを可能にしたのだ。[24]

リーマン・ショックが世界経済に大打撃を与えたのはなぜか。

多くの金融機関が組織ぐるみでデリバティブを使った投機にのめり込み、そして失敗し、伝播のメカニズムが作動したからである。金融機関にとって投資銀行業務は、使いこなすのが難しい危険な武器だといえよう。

最も弱い日債銀が生き残るのはおかしい

日債銀に話を戻そう。

東郷が「法被を着たインベストメントバンクになろう」と口にしていたのは、こうした事態が起きる前であり、欧米では徐々に大手金融機関がグローバル・ユニバーサルバンクに変身する動きが広がり始めていたころだ。

欧米と日本では銀行が手掛けられる業務範囲に大きな違いがあった上に、バブル期の不動産担保融資で経営難に陥った日債銀がグローバル・ユニバーサルバンクに脱皮できるはずもなかったが、投資銀行は光輝く存在のようにみえたのだろう。

東郷が四方八方に手を尽くしても統合交渉が失敗に終わったのは、日債銀の経営状態の悪さに加え、日債銀が過去から引きずっていたイメージの悪さも響いていた。「東北の政商」と呼ばれた小針暦二が率いた福島交通グループへの乱脈融資、元自民党副総裁の金丸信の所得隠しに割引金融債「ワリシン」が使われていた事件、「政治家の貯金箱」というニックネーム、右翼総帥や大物総会屋とのつながりなど、日債銀はダーティなイメージが強く、他の金融機関が警戒するのも無理はなかった。

日債銀は1957年、「日本不動産銀行」として発足した。「興銀と長銀があるのになぜ3行目の長信銀を作る必要があるのか」との声は当時からあったが、清算した朝鮮銀行の有志が残った財産を元手に「不動産を担保に中小企業に長期資金を提供する」という大義名分を掲げ、設立が認められた。

政治的な判断も働いたとみられている。設立に関与したのが、第4代頭取となった勝田龍夫だ。戦前に蔵相を務めた父の人脈もあり、福田赳夫元首相らと親しく、大蔵官僚や政治家とも親交があった。1969年に頭取に就任。会長・名誉会長時代を含めて20年以上にわたって君臨し、経営を私物化した。勝田の側近として頭角を現し、闇世界との付き合いを深めたのが第7代頭取の頴川史郎である。元国税庁長官の窪田弘は勝田の死去後、1993年に経営再建を託され、第9代頭取に就いたが、打てる手は限られていた。

1997年4月、日債銀は2900億円の増資や海外拠点からの撤退、系列ノンバンク3社の処理などを柱とする経営再建計画をまとめた。行員は月給を2割カット、役員報酬は5割カットの人件費削減も盛り込んでいた。この計画には大蔵省も深く関与していた。

大蔵省幹部が34の大手金融機関を集め、増資引き受けを要請した。生命保険会社などが強く反発したが、東郷の説得もあり、6月にはすべての金融機関から合意を取り付けた。系列ノンバンクの清算で農林系統金融機関などに損失負担を強いたため、謝罪して回るのも東郷の役目であった。

大蔵省が日債銀の再建に手を貸したのは、OBの窪田に協力するためだが、そもそもなぜ、窪田を送り込んでまで日債銀を救おうとしたのだろうか。大蔵省の元証券局長で、金融機関からの過剰接待問題で1998年4月に辞任した長野厖士はこう説明している。

証券局長だった長野は1996年、自民党の梶山静六を訪問した。債券市場について説明するという名目だった。梶山は経営が傾いた金融機関は経営破綻するのが当然と唱え、「ハードランディング」論者として知られていた。

日債銀が発行している金融債は預金保険の対象外であり、仮に日債銀が経営破綻すれば全額保護されない可能性がある。金融債が償還されない場合は、債務不履行（デフォルト）となり、債券市場が混乱する。日本国債の信用力にも影響が出かねない。梶山は長野の説明に納得し、日債銀の経営不安につながるような発言はしないと約束した。日債銀発の信用システム不安、日本国債への不安を防ぐのが大蔵省の狙いだった。

金融機関の反発を承知で日債銀の再建計画を後押ししたのも、こうした流れの一環だ。だが、長野は「長信銀3行がそれぞれ業務を縮小するなり、1つにまとめていくなり、もっと早く手を打つべきだった。3行がそれぞれ単独で生き残れるように業務を拡大し、融資を増やしたのは、マクロ的に見ればどうやっても無理だった」と日債銀の救済策が結局は無駄になったことを認める。

銀行はつぶれたりはしないという「銀行不倒神話」が根強かった日本では、銀行の経営破綻を前提にした法律や制度が未整備だった。大蔵省は問題銀行が発生するたびに汗をかき、救済してくれる銀行を探すなどの救済シナリオを描いて実行した。問題銀行の発生がごく限られ、かつ大蔵省が金融界全体をコントロールできていたからこそ成り立つ離れ業だった。

日債銀の経営再建計画は従来の路線の中で完成したが、金融機関の一部が合意を渋るなど、ほころびが見え始めていた。「どうやっても無理」な状況に追い込まれていた日債銀に送り込まれた窪田と東郷は必死になって経営を立て直そうとしたが、明らかに限界があったのだ。

東郷は1997年6月に、副頭取に就任した直後に、窪田から後継指名を受け、8月に頭取に就任した。第三者割当増資が完了し、経営はやや落ち着きを取り戻していた。東郷は全国行脚を始め、取引先には「経営が改善してきている。これで大丈夫」と説明し、行員たちを鼓舞して回った。

だが、秋になると経営環境は再び急に厳しくなった。11月に三洋証券、北海道拓殖銀行、山一証券が相次ぎ経営破綻し、日本全体に金融危機が広がる。信用収縮が起き、金融機関は資金調達に苦心するようになった。

公社、公団、電力会社向け貸付債権を他行に売却したり、頭取就任のご祝儀預金を集めたりするなど、早くから資金調達に注力していた日債銀は何とか難を逃れた。金融危機を収束させたい政府は金融機能安定化法を成立させ、1998年3月、大手銀行などに公的資金を一斉に注入した。日債銀は3000億円の資本注入を申請したものの、600億円の注入にとどまった。

公的資金の一斉注入で危機が収束したかにみえたが、6月に月刊誌が長銀の経営問題を取り上げると再び暗雲が広がった。同月に大蔵省から金融検査・監督部門が分離して金融監督庁（現・金融庁）が発足し、大手銀行の資産内容について一斉検査に乗り出した。

検査の対象は98年3月末時点。日債銀は前年の大蔵省による検査を踏まえて貸倒引当金を積み、決算発表も終わっていた。だが、東郷が検査官とのやり取りを担当者から聞くと、前回とは様子が変わり、貸出金の回収見込みについて厳しく指摘されていた。

長銀は10月、臨時国会で成立した金融再生法に基づき、国が経営に関与する「特別公的管理」の第1号になっていた。長信銀の中で最も弱い日債銀が生き残るのはおかしい、という見方が政界に広がり、日債銀も破綻処理すべきだとの流れができていく。

このときの検査について、金融監督庁検査部長だった五味廣文は次のように振り返っている。

日債銀の検査で非常に神経を使ったのは、一年前に当時の大蔵省の検査部が検査に入っていた点だった。その後に早期是正措置制度が導入されるなど金融行政をめぐる状況は変わっていたが、大蔵省検査の時代も当然、日債銀の貸出債権の分類はしており、当時の検査結果との整合性をきちんと説明する必要があった。（中略）

結局、過去の経緯に引きずられることはなかった。検査の結果は明確に債務超過で、その結果が出た以上、自力で健全性を回復できないのであれば、破綻処理をする以外の選択肢はなかった。[25]

「やまない雨はない。明けない夜はない」

金融監督庁は11月、日債銀は負債が資産を上回る債務超過であるとの検査結果を伝え、年内にも自己資本を調達して債務超過を解消するよう求めた。この時点から日債銀が自己資本を調達できる可能性はゼロに等しく、事実上の破綻宣告だった。

東郷は12月8日、先に国有化された長銀の頭取に就任していた安斎隆のもとを訪ねている。債務超過の検査結果に憤り、「昨年と同じ検査官が来て、昨年は正常債権と認めていたのに今年は認められないという。それを指摘しても『知りません』と答える。こんなことが許されるんでしょうか」と愚痴をこぼしたが、安斎は「金融行政は変わったんだ。それを言ったらだめだ」となだめるのがやっとだった。

窪田と五味は大蔵省、安斎と東郷は日銀の出身である。自分の意志ではなく、組織の意向に従ってそれぞれの立場に就いただけなのだが、４人の立ち位置は大きく異なっていた。

ただ、１つ言えるのは、大蔵省、日銀と銀行界とは切っても切れない関係にあり、かつては共存共栄の関係を謳歌していたが、バブル崩壊を機にその関係が崩れてしまったということとだ。銀行の経営が安定していたころ、大蔵省や日銀から銀行に天下った人間は第2の人生を楽しみ、大蔵省や日銀とも良好な関係を続けていた。時代が大きく転換する過渡期に日債銀に転出した窪田と東郷には、この後にも長い苦汁の日々が待っていた。

東郷は検査結果に対して反論を重ね、水面下では金融再編に向けての交渉を続けていた。相手は中央信託銀行である。中央信託と合併すれば、金融債発行、信託、普通銀行の機能を備えた、個性ある銀行になれると考えたのだ。中央信託は1997年に経営破綻した北海道拓殖銀行の本州店舗の受け皿にもなっていて、都市部に店舗を持つ銀行に変身できると期待していた。

中央信託側も前向きな姿勢をみせていたが、発表直前に態度を翻し、12月9日、両行は業務提携を発表するにとどまった。中央信託が翻意した理由は明らかではないが、金融当局の働きかけがあったとみる金融関係者は多い。中央信託は1999年1月、三井信託銀行との合併を発表する。この当時、三井信託銀行の経営不安説が浮上していたが、仮に三井信託が経営破綻する事態になると、長信銀ばかりか信託業界にも信用不安が広がり、さらには信託銀行と親密な関係にある都市銀行にも影響が及ぶ恐れがあった。日本の金融界がドミノ倒しになる事態が想定されたのである。

そこで、日債銀は破綻処理し、打ち止め感を出して金融システム不安を解消しようと計算した、というのだ。

政府は1998年12月13日、日債銀の一時国有化を決定した。国有化の通告に対し、東郷は異議を申し立てたが、却下された。

同日、東郷は臨時の部店長会議を開いた。資金繰りには余裕があったため、「明日からの窓口業務をしっかりやってほしい」と号令をかける。夕刻には記者会見を開いて「今回の措置は極めて唐突であり、残念」と不満を表明した。そして、行員たちには「やまない雨はない。明けない夜はない」と言い残して銀行を去ったのである。

東郷にはさらに過酷な運命が待ち受けていた。特別公的管理（一時国有化）という新たな破綻処理を可能にした金融再生法には、経営責任を追及するという項目が含まれていた。住宅金融専門会社への公的資金の注入は国民の怒りに火をつけた。長銀や日債銀の破綻処理に公的資金を使う以上は経営者の刑事責任を追及するくらいでないと国民は納得しない。金融再生法はこうした見方を後押しする構成になっていた。

法律でいう経営責任の追及とは、刑事責任の追及を意味していた。都立西高校の同級生で弁護士の小沢優一はこの点を見抜き、東郷の身の上を心配していた。東郷自身は楽観的に考えていたが、小沢の予感は的中する。

検察側のストーリーは「粉飾決算」

１９９９年6月、東郷は東京地検から参考人としての事情聴取を求められる。待ち合わせ場所から東京・霞が関の検察庁に連れて行かれ、それから40日間、同じパターンで取り調べが続いた。「九段開発グループにはどんな経緯で資金を貸したのか」、「クラウン・リーシングという会社とはどんな関係なのか」……。担当検事は銀行と関連会社との不透明な関係を暴き出そうと執拗に取り調べを続けるが、思うような結果が出ない。

日銀から日債銀に転出し、2年半で退任した東郷はそもそも個別案件について詳しく知っているわけではないし、不透明な関係もなかったのだから、結果が出るはずもない。

そこで、検察が絞り出したストーリーは「粉飾決算」だった。不良債権の受け皿会社、ＴＨＣグループ向け貸出金に対し、１９９８年3月期決算で貸倒引当金が足りないとわかっていながら過小な引当金にとどめたのではないか、と指摘したのだ。東郷、窪田と副頭取の岩城忠男は98年3月期決算で、２２０５億７０００万円の未処理損失があったのに、回収が見込めない貸出金１５９２億３３００万円の償却または引き当てをせず、未処理損失を６１２億７４００万円に圧縮した。これが有価証券報告書の虚偽記載（粉飾決算）に当たり、証券取引法違反だとされたのだ。

1999年7月、東京地検特捜部と警視庁捜査2課は窪田、東郷らを逮捕し、8月に証取法違反容疑で起訴した。

だが、検察の描いたストーリーにはそもそも無理があった。粉飾決算の根拠とされたのは、大蔵省が1997年3月に出した通達。バブル崩壊で不良債権が膨らんだ金融機関に処理を促すため、金融機関が貸出金に対して適正に引当金を積む目安となる「資産査定通達」である。貸出先の経営状態に応じて「正常先」、「要注意先」、「破綻懸念先」、「実質破綻先および破綻先」に区分し、区分に応じて一定の引当金を積む新しいルールだ。

銀行は従来、大蔵省銀行局長の通達である「決算経理基準」に従って決算を組んでいた。銀行が貸し倒れを予想して引当金を積む場合、大蔵省検査官の償却証明があれば無税で損金処理ができるが、そうでないときは金融機関による自主判断に基づき有税で処理する慣行があった。損金処理を安易に認めると、引当金を積む名目で税負担を節約する恐れがあったからだ。新ルールは従来の慣行を大転換し、金融機関に不良債権の処理を迫る内容だった。

日債銀は98年3月期決算を従来のルールに従って処理したのだが、検察側は新ルールに従わなかったのは損失隠しだと主張したのだ。しかし、98年3月期決算の時点では新ルールは銀行界では定着していなかった。大蔵省としても、98年4月から導入する「早期是正措置」

への地ならしが目的であり、99年3月期決算から反映させる意向だった。

早期是正措置とは、金融機関が経営難に陥らぬように金融機関に警告を発する制度。まさに時代の転換を象徴する制度であった。ちなみに当時の大手18行のうち、98年3月期決算を新ルールに従って処理したのは、東京三菱、三菱信託、第一勧業、富士の4行だけだった。


2000年1月、東京地裁で初公判。公判は東京地裁で67回、東京高裁で35回にのぼった。裁判の流れはなかなか変わらず、初公判から4年以上たった2004年5月、地裁は3被告に有罪判決を下し、2007年3月、高裁は控訴を棄却した。

光明が見え始めたのは、日債銀と同様に旧経営陣の責任が問われていた長銀の民事訴訟。整理回収機構（RCC）から違法配当による損害賠償を求められていたが、1審、2審、最高裁ともに旧経営陣が勝訴した。東京地裁では、三井住友フィナンシャルグループ会長（当時）の岡田明重が98年3月期決算の実態を3時間かけて克明に証言した。銀行界は新ルールの適用を義務付けられていなかったと明言したのだ。これが長銀の刑事裁判にも影響を及ぼし、2008年に逆転無罪となった。日債銀の裁判も雲行きが変わり始める。最高裁は2009年12月、2審判決を棄却し、審理を東京高裁に差し戻した。2011年8月、東京高裁は地裁判決を破棄し、逆転無罪となった。

経営の迷走とめまぐるしく交代するトップ

東郷が裁判で苦闘しているとき、日債銀も再生を目指して苦しんでいた。日債銀の前に一時国有化された長銀が投資会社のリップルウッドに買収されると、外資批判が強まったが、国内勢は日債銀の引き受けにも消極的だった。ソフトバンク、東京海上火災保険、オリックスの3社でつくるグループが手を挙げると、関係者はほっと胸をなでおろした。

2001年1月、日債銀はあおぞら銀行に行名を変更して再スタートを切った。伝統的な銀行業務への回帰を訴え、国内営業に重点を置く。初代社長はオリックス・クレジット会長だった丸山博。中堅・中小企業向け融資を増やす方針を示し、残高を積み上げていった。

ところが、IT（情報技術）バブル崩壊の直撃を受けたソフトバンクは2003年9月、米国の投資会社、サーベラスグループにあおぞら銀行を売却する。社長の孫正義が経済界の批判を承知の上で持ち株を売却したのは、ブロードバンド事業に向けた資金を確保するためだった。

外資による買収を機に、経営方針はがらりと変わる。米銀出身のエドワード・ハーシュフィールドが会長、住友信託銀行出身の水上博和が社長に就任。同年春にまとめたばかりの中期経営計画を早速、修正した。当初の計画では、中堅企業向け貸し出しや企業再生ビジネス、金融商品の開発力の強化を目標としていたが、国際部門や個人向け事業を強化する方針に転換。「リレーション（関係）金融からトランザクション（取引）金融へ」を新たなキャッチフレーズとして掲げた。海外市場で利益率が高い大口案件を狙う作戦だった。

景気回復の追い風もあり、2006年4月に普通銀行に転換した後、同年11月に東証に再上場を果たすが、サブプライムローン危機とリーマン・ショックが、あおぞら銀にも影を落とす。2009年3月期には2000億円弱の最終赤字に転落した。貸出先の業績悪化に伴う貸倒引当金の積み増しや、米国の金融会社への投資損失が膨らんだためで、同行は再び国内営業を重視する方針を打ち出す。

単独での生き残りは難しいと判断し、2009年7月、新生銀行との合併を発表するが、経営方針の違いなどから2010年5月、破談する。

経営の迷走を映すかのように、あおぞら銀のトップは目まぐるしく交代してきた。社長は丸山博、水上博和、フェデリコ・サカサ、会長はエドワード・ハーシュフィールド、マイケル・ロッシ、能見公一といった具合だ。サーベラスの意向を反映した結果だとみられている。2009年2月、フェデリコ・サカサ社長が辞任して社長不在に。副社長のブライアン・プリンスが代表権もなく取締役でもない状態で社長代行に就任し、同年6月、社長に昇格した。2012年9月、プリンスが一身上の都合を理由に代表権のある会長となり、後継には旧日債銀出身の副社長だった馬場信輔が就いた。

リーマン・ショックによる痛手が収まり、アベノミクス効果もあって収益が回復したタイミングを見計らい、２０１３年、５割超の株式を保有していたサーベラスは、あおぞら銀株を売却した。２０１５年６月には公的資金を完済し、あおぞら銀行はようやく民間銀行に戻った。あおぞら銀が２０１５年３月に金融庁に提出した「経営健全化のための計画」には収益の４本柱として、シニア層の顧客に特化した個人向け事業、中堅・中小企業向け事業、地域金融機関との協調、不動産や事業再生関連などのファイナンス事業を挙げている。その一方で２０１５年３月期決算が増益となった要因の１つは北米向け融資の伸びだと説明している。あおぞら銀行はどこへ向かうのか。揺れ動く経営方針に顧客がついてきているようにはみえない。

日本の銀行界は、１９９２年度から２００４年度までに累計で約１００兆円にのぼる不良債権の処理損失を計上した。（図表２－５参照）資本不足に陥った金融機関を救うべく、資本注入された公的資金は累計約13兆円、経営破綻した金融機関が発生させた損失を穴埋めするために国が資金援助した額は、累計約19兆円にのぼっている。（２０１５年３月末時点）
こうした時代のはざまにあって刑事被告人となり、無罪を勝ち取るまでに12年間を要した

図表 2-5　全国銀行の不良債権の処理額（兆円）

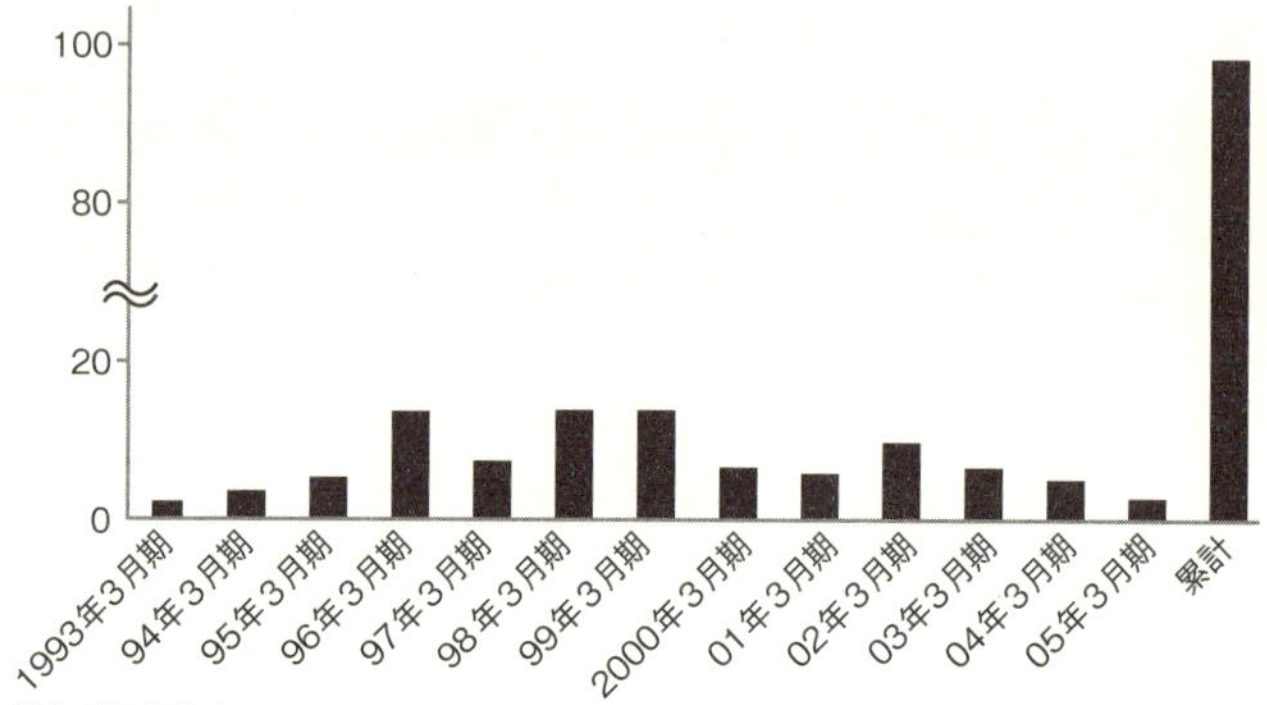

（注）金融庁調べ

東郷。それまで蜜月関係にあった大蔵省・日銀と銀行界の関係は壊れ、新たな関係を模索し続けている。その過程で、蜜月関係の土台となっていた銀行ビジネスのどこに問題があったのかは明らかになったもののの、銀行ビジネスそのものをどのように立て直せばよいのか、銀行界は今なお、もがき苦しんでいる。

23　みずほ総合研究所編著『ポスト金融危機の銀行経営』（金融財政事情研究会　2014）：88-108

24　アナト・アドマティ、マルティン・ヘルビッヒ・前掲書：81-98

25　五味廣文・前掲書：46-48

第3章

メガバンクは変身したか

第1節

ＵＦＪ争奪戦の真相

三菱東京ＵＦＪ銀行を中核とする三菱ＵＦＪフィナンシャル・グループ（ＭＵＦＧ）は２００５年10月、三菱東京フィナンシャル・グループと、三和銀行と東海銀行を母体とするＵＦＪホールディングスが経営統合して誕生した。資産規模は約１９０兆円に達し、世界で最大規模。筆者の独自取材と関連著書を基に、現在の金融勢力図を決定づけた経営統合の舞台裏を検証し、経営統合の持つ意味を探ってみよう。[26]

「金融再生プログラム」が大手銀行を追い詰める

２００４年3月、三菱東京フィナンシャル・グループは、消費者金融会社のアコムへの資本参加を発表した。その直前の2月、同グループは3年以内の到達目標として、世界の金融機関の中で20位前後だった時価総額でベスト10入りを目指す方針を表明していた。不良債権の処理、経営の重荷となっていた保有株式の処分が進み、折からの景気回復も追い風となって強気な姿勢を示していた。３年間でリテール（小口金融）部門で２倍以上、法人部門で１・５倍程度、資産運用や信託部門で４倍以上の利益を目指す意欲的な計画だった。

時価総額を上げるためには、単独で収益を積み上げるだけでは限界がある。アコムへの資本参加は、同グループが再編戦略をテコに目標を達成する腹積もりであることを如実に示していた。


ＵＦＪホールディングスの赤字決算と金融庁検査の妨害問題が表に出たのはこのころである。他の大手銀行グループが息を吹き返していた時期だけに、ＵＦＪの特異性が大きくクローズアップされ、信用不安に拍車がかかる悪循環が始まっていた。ＵＦＪがメーンバンクとなっている取引先の中には、ダイエー、大京、ミサワホーム、日商岩井やニチメン（いずれも当時）など経営不振の企業が目立ち、銀行経営の不安材料となっていた。他の大手銀行が不良債権の最終処理にめどをつけている傍らで、ＵＦＪは不良債権の処理を先送りしていた。

伏線がある。竹中平蔵金融担当相が２００２年10月に打ち出した「金融再生プログラム」で不良債権比率の半減を求められた大手銀行は追い詰められていた。財務体質が良好な三菱東京グループ以外のみずほ、三井住友、ＵＦＪの各グループは債務超過の状態との見方もあった。

みずほグループは2003年3月、取引先に頭を下げて1兆円規模の増資を実行し、不良債権処理の原資を何とか確保した。少し技術的な話になるが、みずほがひねり出したスキームを説明しよう。

まず、みずほコーポレート、みずほ、みずほ信託の3銀行から計約5兆円の不良債権を再生子会社に分離し、約2兆円の追加引き当てを実施した。次に、持ち株会社が抱える子銀行株式の含み損を損失処理した。このままだと持ち株会社が欠損に陥り、国が保有する優先株への配当ができなくなる。そこで、03年1月、新しい持ち株会社を設立して旧持ち株会社を中間持ち株会社に衣替えし、損失のクッションとして活用した。不良債権に対する引当金不足を解消するとともに、優先株への配当を維持する苦肉の策だった。

三井住友グループも必死だった。2003年3月、子会社のわかしお銀行を存続会社とする「逆さ合併」に踏み切った。合併時に発生する会計上の差益を使って株式の含み損を解消するためだ。資本対策のために、自己資本が厚い、あおぞら銀行の買収に名乗りを上げるがかなわず、米ゴールドマン・サックスや国内外の機関投資家を対象に計約5000億円の優先株を発行した。

この時期にUFJは、不良債権の一部を分離・移管して作った子会社が発行した優先株1200億円を米メリル・リンチに引き受けてもらっただけで、本体での増資を見送り、明らかに資本不足に陥っていた。他グループの巨額増資を知りながら、小規模な増資にとどめたのは、経営判断のミスであり、２００４年の時点では、ＵＦＪは大口取引先の処理を進めたくても、できない状態だったのだ。

金融庁は２００４年１月、ＵＦＪへの特別検査に着手した。前年秋に金融庁が実施した「特別検査フォローアップ」では、ＵＦＪがメーンバンクのダイエーの評価を巡って意見が対立したものの、時間切れとなって金融庁がいったん矛を収める形になっていた。だが、検査に必要な資料を隠すなど、ＵＦＪ側の対応に問題があり、金融庁は不信感を強めていた。04年の検査でも両者は激しく対立した。検査は長引き、金融庁検査局長がＵＦＪ銀行頭取の寺西正司に検査結果を通知したのは４月23日だった。不良債権額はＵＦＪの算定より１兆円以上多く、貸倒引当金は７０００億円近く足りないという驚くべき結果だった。

さて、ここから先はできる限り日付入りで当事者の動きを追うことにしよう。このあとの数カ月で銀行界の勢力図が決まる凝縮した期間だからである。

残された道は国有化か、大手の看板を外すか、統合か

ＵＦＪは５日後の28日、２００４年３月期の決算を発表する。不良債権の処理額を４００

0億円上積みし、連結最終利益を当初見込みの2100億円から780億円に下方修正する内容で、金融庁検査の結果を十分には反映していないのは明らかだった。

金融庁は5月上旬、UFJに「銀行法24条報告」を求めた。銀行には検査結果を決算にきちんと反映させているのかどうか、書面で報告する義務がある。UFJは検査で指摘を受けた案件には、ある程度、結果を反映させていたが、それ以外の案件で逆に貸出債権の評価を引き上げるなどで全体の赤字額を圧縮したことが明らかになった。

監査を担当する中央青山監査法人からも厳しい見方を突きつけられたUFJは赤字転落と経営陣の退陣を決め、5月21日に傘下のUFJ信託銀行を住友信託銀行に売却すると発表。24日には04年3月期決算が4000億円を超す赤字となり、寺西頭取が辞任すると発表した。UFJ信託の住友信託への売却は、監査法人に決算を承認してもらうための措置。頭取の辞任は、公的資金を注入された銀行が、金融庁に提出した「経営健全化計画」で示した最終利益の目標を2期連続で3割以上、下回ったときのルールに従った決定であった。

UFJの経営陣は最後まで抵抗し続けたが、最後は金融庁に屈したのである。UFJホールディングス社長に玉越良介、UFJ銀行頭取に沖原隆宗が就いた。

玉越はこの人事を事前の新聞報道で初めて知る。国際部門を中心に歩み、直前は大阪駐在。金融庁との交渉などには一切、関わっておらず、旧経営陣とも距離があった。三菱東京との統合交渉の中身などについては、今も黙して語らないが、「戦後生まれで、平凡なサラリーマン人生を歩んできた。自分は安全パイとして選ばれただけ」と淡々と振り返る。トップに就任後、窮地から脱出するために、三菱東京との統合交渉に乗り出すが、「個人としては振る舞えない状況であり、自分はファンクション（機能）を果たしただけだ」と説明する。自分の意志や感情などを優先する余裕はなく、客観情勢から判断して進むべき道を選んだという意味だろう。

トップ交代で一件落着とはいかなかった。金融庁が04年度に入ってから大手行に対して実施した「大口与信管理体制検査」でもＵＦＪは大口取引先への引当金不足を厳しく指摘される。２００４年9月中間決算も赤字になる可能性が出てきた。ＵＦＪは当初、ＵＦＪ信託の売却益３０００億円で自己資本比率が約１％上昇し、さらに市場から３０００億～５０００億円の資本を調達すれば自己資本比率は10％程度となり、自力で再建できるとのシナリオを描いていた。

しかし、このシナリオはもろくも崩れる。金融庁は6月18日、ＵＦＪに対して検査対応、2期連続の業績不振、中小企業向け融資の水増し申告、業績修正と本決算の大幅なかい離の４項目に対して業務改善命令を発動した。

金融庁が特に悪質だと考えたのは、検査の際に貸出先の資料を隠すなど検査忌避と呼ばれる違法行為を組織ぐるみで実行していた点である。金融担当相の竹中平蔵は刑事告発に踏み切る可能性を否定しなかった。金融庁が検査忌避の事例として挙げたのは以下の通りである。

貸出先の評価を左右する重要な書類を本来あるべき執務室以外の場所に移動して隠蔽した／電子データなどを廃止された部署のコンピューターに移した／検査に先立ち、幹部らが銀行内の会議や電子メールで隠蔽行為を指示した／検査官が重要な書類を隠した場所を問いただしたが、これを否定するウソの回答をした／検査官が作業をしている傍らで資料を破り捨てる行為があった／経営陣が大口融資先の企業を審査したときに作成した議事録の多くを改ざんした／融資先の資料も、債務者区分の判定に関わる記述を削除して提出し、正式な資料だと偽った／資料やデータの隠蔽を前提に債務者の財務状況などについて虚偽の説明をした

違法行為は決して許されないが、ＵＦＪがこうした行為に手を染めなければならないほど追い詰められていたことを物語っている。銀行業はお金の流れの中で成り立っているビジネスである。うまく流れているときは驚くほど利益が出るが、ひとたび逆流を始めるともとの流れに戻すのは非常に難しい。ＵＦＪはどんどん深みにはまり、奈落の底へ落ちかねない状況に陥った。

刑事告発される恐れがあるＵＦＪには、資本調達の道が閉ざされてしまう。同社に資本調

達を提案していた証券会社は6月下旬、公募増資は無理だと通告してきた。しかも、金融庁はさらなる不良債権の処理を求めてきていた。金融庁の指摘通りにすると、2004年9月中間決算で自己資本比率が国際基準の8％以上をクリアできるかどうかわからなくなっていた。UFJ信託を住友信託に3000億円で売却してひとまず資本不足を解消する手はずだったが、3000億円では全く足りない状況になったのだ。

UFJの選択肢は3つ。①不良債権を追加処理した上で、政府に公的資金の注入を申請する、②国際業務から撤退し、国内基準の4％銀行として再スタートする、③他のメガバンクグループとの再編で再生を目指す、のいずれかである。①は国有化、②は大手銀行の看板をはずすことを意味しており、沖原らは③しかないと徐々に腹を固めていった。

三菱東京か三井住友か、水面下の統合交渉

迷走するUFJに早くから触手を伸ばしていたのが三菱東京だった。5月下旬、前頭取の寺西と沖原が頭取交代のあいさつに訪れたとき、東京三菱銀行頭取の三木繁光は経営統合の誘い水をかけたが、沖原は慎重だった。6月下旬、今度は、会長に就任した三木が、新頭取の畔柳信雄を伴ってUFJをあいさつに訪れ、ここでも経営統合の意思を伝えたと、三木が後に記者会見で明かしている。

沖原と玉越が再編しか道はないと判断したのは、6月18日に金融庁から行政処分を受けた直後だろう。実は、経営統合の第1候補は三菱東京ではなく、三井住友だったと、ある関係者は証言する。UFJの母体行である三和銀行と、三井住友の母体行である住友銀行はともに大阪発祥の銀行。三和銀行は常に住友銀行を追いかけるライバル同士ではあるが、ともに認め合う関係でもあり、UFJ幹部の間でも「一緒になるなら三井住友」との声は多かった。

自力増資を断念し、再編に打って出ようと考えた2人はまず、三井住友社長の西川善文にアポイントを申し込んだものの、なかなかアポイントが入らない。行政処分を受けたUFJは業務改善計画を7月26日には金融庁に提出するよう求められていた。時間との勝負となっていた沖原は7月初め、「何かあったらいつでも相談を」と声をかけてくれていた三木にアポイントを入れると5日に会談が実現した。

翌6日、三木はUFJとの統合に向けての作業を銀行内部で指示。7日には両グループの役員クラスで経営統合について非公式の協議が始まった。

三菱東京とUFJが経営統合を発表した後、UFJとの統合に執念を燃やして三菱東京と争った西川の性格からすると、このときの反応の鈍さは理解しがたいが、その関係者の解釈は明快だ。「UFJは必ず自分のところに来る」と踏んでいた西川は、ぎりぎりまでアポイントを引き延ばし、ＵＦＪを焦らせた方が有利な条件で統合できると考えていた。三菱東京が水面下で素早く動いていることを察知できていなかったのだ。

西川はこの前後のいきさつを振り返っている。内容を要約しよう。

６月頃、沖原と玉越の誘いを受け、東京・南麻布の料亭で４時間ほど懇談した。２人とはそれまで一面識もなかった。先方からの誘いだったので、合併含みの話だろうと察したが、四方山話をしただけで終わった。その翌日、企画部の部長と次長にＵＦＪ首脳との懇談について話したが、ＵＦＪとの統合には慎重な考えだった。自分は翌年引退しようと決めていたので、それ以上は何も言わず、しばらく様子をみることにした。

すると７月14日、ＵＦＪはＵＦＪ信託の住友信託への売却を白紙撤回、16日、三菱東京との経営統合を発表した。

以下は西川の述懐の骨子である。

さすがに驚いたが、ＵＦＪ信託の売却を一方的に破棄して三菱東京と統合するのはあまりにも身勝手ではないか。自分が南麻布での懇談で、話を一歩進めていればこんな面倒なことにならなかったかもしれない。

しかし、統合の意思が本当にあったならなぜもっとはっきり「統合しましょう」と言ってくれなかったのか。自らの尻に火が付いているときに4時間かけて前向きな話を何も口にしないのは、トップとして許される態度だったのか。あっさりと結論を出した自分にも忸怩たる思いがわだかまっていた。

後から考えると、UFJの沖原らがサインを送ってきたのは、本音では東京三菱と組みたくはなかったのではないかと思う。それを機敏に感じ取り、もっと早く住友信託とUFJ信託の統合を固めておけば、UFJ本体も我々の仲間となっただろう。正直に言えば大魚を逃したということだ。[27]

西川が後悔している南麻布での懇談だが、先の関係者によると、ようやく西川とのアポイントが入ったときにはすでに三菱東京との統合に傾いており、2人は何も話せない状態だったという。この証言をもとに、この間の流れを推測すると以下のようになる。
6月18日に金融庁がUFJに行政処分→沖原と玉越は西川に面談を求める→アポイントがなかなか入らない→6月下旬に三木と畔柳がUFJを訪問して経営統合の意思を伝える→沖原と玉越が西川と南麻布で懇談→7月5日に沖原と三木が会談して経営統合で合意
公開されている情報をつなぎ合わせると、こうなるが、不可解な点は残る。
2人が三井住友との統合を望んでいたのなら、南麻布での懇談の時点では三菱東京との話は固まっていなかったのだから、西川に希望を伝えられたはずだ。やはり、懇談の時点で三菱東京との話が出来上がっていたと考えるのが自然だ。先ほど紹介した関係者は「西川さんとのアポイントが入らないので痺れを切らした2人が三木さんにアポイントを入れるとすぐに入った。西川さんとの会合はそのあと入ったが、1カ月近く待たされた」とも語っている。この証言が正しいとすると、南麻布での懇談は6月ではなく、三木と沖原が会談した7月5日と、UFJが住友信託にUFJ信託売却の白紙撤回を伝えた13日の間のどこかであった可能性もある。

ただ、三菱東京との統合交渉が本格化する厳しい日程の中で、2人には西川と懇談をしている余裕があったのだろうか。仮に南麻布での懇談が西川の言うように6月だったとすると、実はUFJと三菱東京の間には、公開されている以外にも接点があり、南麻布での懇談前に内々に統合の話が固まっていたとの推測も成り立つ。

西川が残念がる気持ちはよく理解できるが、南麻布での懇談がいつだったにせよ、沖原と玉越は、西川と会ったときにはすでに、先に手を挙げてくれた三菱東京を選ぶ腹を固めていた。勝負はついていたのだ。

南麻布での懇談は西川にとってだけでなく、住友信託社長の高橋にとっても大きな意味を持っていた。高橋はこの懇談を以下のように評価している。

六月時点で合併の打診を求めて会食を行ったとすれば、それはＵＦＪ側にとっては、企業の存続を懸けた場のはずである。遠慮して本題を言い出せなかったとは、考えにくい。また、西川社長が経営幹部二人の指摘を受けて話を止めてしまったというのも、奇妙に感じられる。この件は、そういう立ち話のレベルで判断すべき問題ではない。日本のメガバンクの序列を変える唯一のチャンスだったのである。（中略）

しかし、三井住友フィナンシャルグループは動かなかった。それは西川社長の判断ではなかったはずである。もし六月の時点で、西川社長が自らの判断でＵＦＪ側の合併の打診を見送ったのであれば、裁判が始まった七月になって、三井住友側からＵＦＪに、合併を求める文書を送ったりするはずがない。著書で「大魚を逃した」と残念がっておられる点から見ても、西川社長自身はＵＦＪとの経営統合を熱望されていたと思う。

西川社長は著書で明らかにした六月のＵＦＪ経営陣との会談について、私に話してくれたことはなかった。合併の話が出てこなかったこともあり、新経営陣となったばかりの沖原頭取や玉越社長が、それほど真剣に合併相手を探しているとは、考えておられなかったのだろう。それに気がつかなかったのは、私と同じように、「ＵＦＪは信託を手放せば生き残れる」と読んでおられたからではないか。

総合するとＵＦＪ側は三井住友側から否定的なメッセージを受け取っていたように感じら

れる。ＵＦＪとしては、三井住友がダメだとすると、ほかに候補となるのは、三菱東京フィナンシャル・グループか、みずほフィナンシャルグループしかない。そのうち、みずほはシステムトラブルの余波や内紛があって、とても合併相手にはならない。結局、三井住友の反応に絶望した末に、消去法で三菱東京を頼ったということだろう。[28]

南麻布での懇談が6月という前提での推理だが、ＵＦＪが三菱東京を選んだ動機を的確に見抜いている。

「私の推測では相手は三菱でしょう」

三菱東京とＵＦＪの交渉に話を戻そう。

次に問題になったのがＵＦＪ信託銀行の扱いだ。住友信託銀行に売却する基本契約を結ぶ期限が7月22日に迫っていた。三菱東京側は当初、信託抜きの統合でも構わない意向を示していたが、これに三菱信託銀行が反発し、ＵＦＪ信託も含めて統合するよう強く求めたのである。長く信託業界のトップに君臨してきた三菱信託は、住友信託がＵＦＪ信託を手に入れ、トップの座を奪われるのを嫌がったのだ。

7月9日、東京三菱は信託銀行も含めた統合を求める方針を固め、ＵＦＪにその意向を伝えた。11日、両グループ首脳は都内で会談し、信託も含めた経営統合の方針を確認した。

そして、玉越は13日、「財務の状況が思ったより悪く、グループごとなんとかしなくてはいけなくなったのです」と説明し、住友信託社長の高橋温にＵＦＪ信託売却の白紙撤回を伝えた。突然の白紙撤回に高橋は驚き、「全く理解できない。容認できない話だ」と反発した。玉越は14日午前にも再度、高橋を訪ねるが、「申し入れを受ける余地はない。強行するなら法的措置も辞さない」と態度を硬化させた。

ＵＦＪの争奪戦について、高橋も自著で詳しく回顧している。西川の自著と併せて読むと、銀行の経営者が合併を考える動機や狙いが浮き彫りになる。高橋はＵＦＪ信託銀行の買収に同意した理由を以下のように説明している。

> **住友信託がＵＦＪ信託と統合すれば、受託財産残高は約八八兆円となり、三菱信託銀行を抜いてトップとなる。規模拡大で資産運用管理の効率も高まる。合併で支店は約一〇〇にまで増え、市場での存在感も増す。お互いに信託業務をやってきた者同士なので、一緒になることに対する居心地の良さもあった。業態も互いに補完的だった。ＵＦＪ信託は証券代行、投資信託で業界トップ。住友信託が指定単（単独運用指定金銭信託）、不動産などでトップと、互いに得意分野が異なっている。**[29]

キーワードは「規模の拡大」と「業務の補完」。とりわけ「規模」の魅力が高橋を突き動かしている。「銀行の歴史は合併の歴史」と言われるように、世界各地で銀行は合併を繰り返してきた。銀行は基本的にはどこも同じ業務を手掛けているので、そもそも合併がしやすく、かつ規模が大きくなるほど利益を出しやすい収益構造だからだ。

信託銀行は普通銀行に比べるとやや特殊な業務を手掛けているが、「大きくなるほど利益を出しやすい」点では同じだ。

筆者がかつて信託業界を取材していたとき、個社による社風の違いを肌で感じていた。信託専業7行のうち、トップの三菱信託は三菱グループらしくオーソドックスな立ち居振る舞いをする。それに比べると業界2位の住友信託はやや行儀が悪く、業界下位の信託をいじめるような所作も目立つ。三井信託、安田信託に続く業界5位の東洋信託（ＵＦＪ信託の前身）と6位の中央信託の2行は地味だが誠実なイメージで、取材対象としても信頼のおける存在であった。だから、高橋が「互いに信託業務をやってきた者同士なので、一緒になることに対する居心地の良さもあった」と語るのには少し違和感がある。そもそもＵＦＪ信託の売却交渉は、住友信託とＵＦＪがＵＦＪ信託の頭越しで進めており、旧東洋信託の従業員の間には不満の声も多かったようだ。

とはいえ、事業の内容に関していえば、住友信託と東洋信託の間に決定的な違いはない。合併後に旧住友信託と旧東洋信託の出身者の間で摩擦が起きる可能性はあるが、それはあくまでも内部の問題に過ぎない。規模の拡大はその銀行の利益と地位を着実に押し上げるのだから、銀行の経営者が合併に目の色を変えるのは当然だろう。

13日にＵＦＪから白紙撤回を伝えられた高橋はＵＦＪとの統合プロジェクトのメンバーと夜間に緊急会合を開いた後、部下の進言を受けて三井住友社長の西川の自宅に電話をした。玉越からは、まるごと面倒をみてもらう救世主となる銀行名は出なかったが、「私の推測では相手は三菱でしょう」と高橋は伝える。あえて高橋が西川に電話をしたのは親切心からではないだろう。法廷闘争に打って出る気でいた高橋は、西川を味方につけ、共同戦線を張るための下地を作ったのだ。

事態を容認すれば自由主義経済の法的土台が崩れる

三菱東京とＵＦＪは16日、経営統合で合意したとの記者会見を開いた。

畔柳は「ＵＦＪとの経営統合によって、我々のポテンシャルを飛躍的に引き上げることができるようになる。統合はグループ総合力の拡大や、高い競争力を維持する総合金融グループを創造できる絶好の機会と思った」、玉越は「三菱東京との統合が実現すれば、ＵＦＪは個人と中小企業に強く、三菱東京は大企業や国際業務に強い補完関係にあり、互いの強みを生かせる。地域展開も同様だ。他グループが不良債権処理にメドをつけ攻めに走る中、不退転の決意で不良債権処理をして取り組んでも遅い。三菱東京と統合すれば、一気に次のステージに移行することができる」と力を込めた。

同日夜、住友信託は両グループの経営統合交渉を禁止する仮処分を東京地裁に申し立てた。高橋は「日本を代表する金融機関が正式な手続きを経て合意した契約を一方的に破棄した。かかる事態を容認すれば自由主義経済を支える法的土台が崩れる」とのコメントを発表した。もともとＵＦＪの側から持ちかけてきた交渉を一方的に打ち切ったのだから、高橋が怒るのも無理はなかった。訴訟の争点はＵＦＪと住友信託が5月21日付で交わした基本合意書の法的な拘束力。「あくまでも中間的な合意であり、法的拘束力はない」と主張するＵＦＪに対し、住信側は「基本合意書は独占交渉権を保障する法的拘束力がある」と反論した。

7月27日、東京地裁は「ＵＦＪ側は住友信託以外の第三者と、ＵＦＪ信託の営業譲渡や合併などの協議や情報提供を行ってはならない」と命じた。基本合意書の法的拘束力を認めたのである。住友信託は直ちにＵＦＪ信託の売却交渉再開を申し入れた。だが、ＵＦＪ側は東京地裁に異議を申し立て、住友信託の要請を拒否した。

三菱東京とUFJは、双方の持ち株会社と、傘下の東京三菱銀行とUFJ銀行の統合を先行させ、住友信託の独占交渉権が失効するのを待って信託部門を統合する2段階統合まで考えていた。

東京地裁の決定は新たな展開をもたらした。西川は30日、記者団に、UFJに対して経営統合を申し入れる方針を表明した。（図表3－1参照）

高橋は「この件で西川社長に共闘を申し入れたことはない」とするが、西川は「『どうだろう、一つ西川さんのところもUFJ救済に乗り出すというセットプランで、共同歩調で行けないだろうか』と高橋から誘いを受け、『共同歩調ならやりましょう。協力します』と即答した」と説明している。西川が単独で動いたとは考えづらく、これは西川の説明の方が正しいだろう。

UFJは7月31日と8月1日、部店長会議を開き、沖原は「三菱東京との統合方針は変わらない。三井住友とは交渉しない」と説明した。沖原は2日、面会を申し込んできていた西川に断りの電話を入れた。西川は株主を味方につける作戦に切り替える。8月6日、三井住友は臨時取締役会を開き、UFJへの経営統合申し入れを機関決定し、統合の提案書をUFJに郵便で送った。9月末までに5000億円以上の資本支援が可能、公正・公平な人事運営、統合比率は株価をベースに決定、首都圏、東海、関西の3極体制などの文言が並んでい

図表3-1　UFJグループを巡る動き

2004年 5月21日	UFJホールディングス（HD）と住友信託、UFJ信託の全業務（事業法人向け貸出業務などを除く）を住友信託に統合させる基本合意書を締結
6月18日	金融庁、UFJHDとUFJ銀行に業務改善命令
7月14日	UFJグループが住友信託に信託業務の共同事業の白紙撤回を、三菱東京フィナンシャル・グループ（MTFG）に経営統合を申し入れ
7月16日	UFJHDとMTFG、経営統合に向けた協議開始で合意し、基本合意に関する覚書を締結。住友信託、UFJ信託に係わる交渉差し止めの仮処分命令を申し立て
7月27日	東京地裁、UFJ信託に係わる統合交渉中止を命じる仮処分決定
7月30日	三井住友フィナンシャルグループ（SMFG）、UFJHDに経営統合の申し入れ検討を表明
8月2日	UFJ、SMFGからの経営統合申し入れ拒否を表明
8月6日	SMFG、UFJに「経営統合に関するご提案」を送付
8月11日	東京高裁、東京地裁の差し止めの仮処分決定を取り消し。MTFG、東京三菱銀行、UFJHD、UFJがMTFGまたは東京三菱銀行が、UFJの資本増強に協力すると発表
8月12日	MTFGとUFJ、経営統合に関する基本合意を発表
8月24日	SMFG、UFJに「統合比率等に関するご提案」を送付
8月30日	最高裁、住友信託の抗告を棄却。SMFG、UFJに「UFJグループへの資本提供に関するご提案」を送付
9月17日	MTFGによるUFJに対する7000億円の資本増強払い込み完了を発表
9月24日	SMFG、UFJに「統合比率の有効期限の延長についてのご提案」を送付
2005年 2月18日	MTFGグループとUFJグループが「統合契約書」を締結し、合併比率などを公表
2月25日	SMFG、UFJに対する経営統合の提案を取り下げ

た。ＵＦＪは８日、「外部の専門家を交えて慎重に検討する」とのコメントを発表した。

転機が訪れたのは８月11日。東京高裁は「住友信託銀行とＵＦＪグループとの間の信頼関係が破壊され、協議継続が不可能となっているため、独占交渉義務は効力を失った」として統合交渉差し止めを認めた地裁の決定を取り消したのである。住友信託は同日、「直ちに最高裁判所への不服申し立てを行う」と発表し、東京高裁への抗告に踏み切った。

対する三菱東京とＵＦＪは高裁の決定を受けて統合交渉を再開し、12日、基本合意書を締結し、２００５年10月１日までに「三菱ＵＦＪグループ」を設立すると発表した。東京高裁は17日、住友信託による最高裁への抗告を認める決定を下した。三井住友は24日、ＵＦＪに「１対１」の統合比率、必要に応じて７０００億円まで資本支援をするという内容の提案書を送る。

８月30日、最高裁は仮処分申請を退けた東京高裁の決定を維持し、住友信託の特別抗告と許可抗告を棄却した。ＵＦＪと住友信託が結んだ独占交渉権は「最終的な合意を成立させるための手段として定めたもので、合意成立の可能性がなくなれば条項に基づく債務も消滅する」とした。現状では「合意成立の可能性がなくなったとまでは言えず、条項に基づく債務はいまだ消滅していない」としながらも、条項違反による住友信託の損害は事後の損害賠償で償えないほどではない、今後、最終合意が成立する可能性は相当低い、差止めを認めた場合のUFJ側の損害は相当大きいと指摘した。

同日夜、高橋は記者会見を開き、「申し立てが却下されたのは誠に残念。だが最高裁まで係争したことには特段、後悔はしていない」と語った。それでも西川はあきらめず、同日、資本支援の具体的な内容を記した提案書を再び送った。

最高裁の決定を受け、三菱東京とUFJは統合へのスピードを上げる。9月10日、UFJは臨時取締役会を開き、三菱東京から7000億円の資本支援を受けるための協定書を採択。三菱東京は17日、UFJ銀行に対する7000億円の資本増強の払い込みが完了したと発表した。また、三井住友が敵対的な株式公開買い付け（TOB）に打って出る事態を想定し、防御策を講じた。UFJに対して買収を仕掛ける者が現れ、株の買い占めに成功するなど、一定の条件を満たすと三菱東京が引き受けたUFJ銀行の優先株に議決権が発生し、買収をブロックできる。「疑似ポイズンピル（毒薬）」とも呼ばれた防御策だった。

2005年2月18日、三菱東京とUFJは統合契約書を締結し、「1対0・62」の統合比率を決定した。

メガバンクグループ1位の座が決まる

2月25日、三井住友はＵＦＪへの統合提案を取り下げた。その理由は①市場・投資家の大半はＵＦＪと三菱東京の統合を容認している、②統合作業の進展などを勘案すると、三井住友が統合提案を継続することが、必ずしもＵＦＪおよび三井住友の株主利益に資するものではなくなった、の2点である。

南麻布での懇談に端を発した西川の戦いはようやく終わった。

一方、住友信託は、基本合意を履行しなかったＵＦＪに損害賠償を求める訴訟を起こした。差し止めが認められなかった場合の損害額を約２３００億円と算定し、このうち１０００億円の賠償を求めた。統合すれば得られたはずの利益（逸失利益）を含めて算出した。東京地裁は、基本合意に基づく独占交渉義務と誠実協議義務違反を認めたものの、損害との因果関係を否定し、請求を棄却した。２００６年11月21日、東京高裁の和解勧告を受け入れ、裁判は終わった。和解金は25億円だった。

西川と高橋の奮闘は実を結ばず、三菱東京とＵＦＪの経営統合が実現し、メガバンクグループ1位の座が固まった。

三菱ＵＦＪに対して共同歩調を取った三井住友と住友信託が経営統合する選択肢はなかっ

たのだろうか、という疑問がわく読者もいるかもしれない。しかし、両行の間には微妙な距離があり、金融を取材する記者の間でも、その選択はないとの見方が大勢で、実際に統合はしなかった。住友信託は信託業界の中で異端児扱いをされていた、と先に説明したが、三井住友銀行に対する態度にも同じようなところがあり、持ち株会社の傘下に入る気はなかった。

ＵＦＪ信託の買収を巡って高橋は西川と共闘したが、さらに踏み込んだ関係を築くつもりはなかった。高橋のもとには、日本長期信用銀行との合併、ＵＦＪ信託銀行の買収と大型案件が舞い込んだが、結局、モノにはならなかった。高橋は民事訴訟が続いていた２００５年7月、会長となり、社長には森田豊が就任した。ところが、森田は1年後に発病し、08年１月に退任し、常陰均にバトンタッチした。

ＵＦＪ信託の争奪戦に敗れた住友信託に残された相手は、２０００年4月に中央信託銀行が三井信託銀行を吸収合併して誕生した中央三井信託銀行だけであった。２００４年の夏頃に住友信託との間で合併構想が浮上したが、05年初めに動きがいったん止まる。統合交渉を積極的に進めたのは常陰と、中央三井信託社長の田辺和夫である。中央三井の側にも三井住友グループに合流する選択肢はあったが、選んだのは信託同士の統合だった。

２００９年11月、両グループは経営統合での大筋合意を発表した。２０１２年4月、持ち株会社の三井住友トラスト・ホールディングスの傘下で、住友信託、中央三井信託、中央三井アセット信託が合併した三井住友信託銀行が誕生した。連結総資産は計36兆円で国内5位とメガバンクグループには及ぶべくもないが、信託財産は計118兆円となり、三菱東京グループの三菱UFJ信託（101兆円）を抜いて国内トップとなった。高橋は新銀行の発足を待たず、2011年4月、相談役に退いた。

26 日本経済新聞社編『UFJ三菱東京統合』（日本経済新聞社 2004）、笹島勝人『日本の銀行』（日経文庫 2005）、三井住友銀行編『三井住友銀行十年史』（2013）
27 西川善文『ザ・ラストバンカー』（講談社 2011）：197-199 202
28 高橋温・前掲書：215-220
29 前掲書：193

第2節
銀行合併の功罪

前節では、三菱東京フィナンシャル・グループと三井住友フィナンシャルグループの動きを中心に、金融再編のダイナミズムに触れた。本節では銀行同士の合併がもたらす影響を功罪の両面から考えてみたい。

銀行の歴史は合併の歴史

「合併について考えない銀行の経営者はいない」と言われるほど、銀行同士の合併は日常茶飯事だ。「銀行の歴史は合併の歴史」との言葉もある。日本には1901年（明治34年）のピーク時に2358の銀行（普通銀行と貯蓄銀行の合計）が存在したが、恐慌が起こるたびに減少し、昭和初期の1930年代には約1500になっていた。

当時の日本の銀行は少数の都市銀行と、多数の小規模な銀行に分かれていた。中小銀行の取引先は小作人や中小企業などで、経営は極めて不安定だった。大蔵省は1924年、「地

図表 3-2　銀行数の変化

1989 年末			2015 年 3 月末	
〈全国銀行〉			〈全国銀行〉	
都市銀行	13		都市銀行	4
信託銀行	7		信託銀行	3
長期信用銀行	3	→	旧長期信用銀行	2
〈地域銀行〉			〈地域銀行〉	
地方銀行	64		地方銀行	64
第 2 地方銀行など	68		第 2 地方銀行	41
			埼玉りそな銀行	

方の銀行を相互に合同させる」方針を打ち出し、1936年には蔵相が「地方では1県1行あるいは2行が理想」と発言している。経営が不安定な中小銀行が乱立する状態を解消するために銀行の合併を促したのだ。

　戦時体制への移行もあり、大蔵省の方針に沿って銀行合同が進み、1945年時点では地方銀行数は53行、戦後に新設された12行を加え、都銀に転換した1行を除いて64行となった。ちなみにその後、1増1減があっただけで、現在も地銀は64行のままである。これに対し、旧相互銀行から業態転換した第2地方銀行は1989年末時点で68行（相互銀行2行を含む）あったが、バブル崩壊後、経営破綻が相次ぎ、現在は41行まで減っている。地銀・第2地銀の構造問題は第4章で改めて取り上げる。（図表3－2参照）

　一方、都市銀行は1971年に第一銀行と日本勧業銀行が合併して第一勧業銀行、1973年に太陽銀行と神戸銀

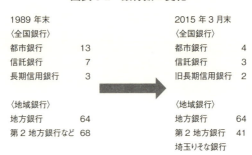

行が合併して太陽神戸銀行が誕生した後は13行体制が長く続いた。全国規模で展開する大手銀行という場合、これに長期信用銀行3行、信託銀行7行を加えた23行を指していた。1990年代以降、大手銀行の再編が加速し、現在は、三菱UFJグループ（傘下に、三菱東京UFJ銀行、三菱UFJ信託銀行）、みずほグループ（傘下に、みずほ銀行、みずほ信託銀行）、三井住友グループ（傘下に、三井住友銀行）の3メガバンクグループと、りそなグループ（傘下に、りそな銀行、埼玉りそな銀行）、三井住友信託銀行グループを5大金融グループと呼んでいる。（図表3－3参照）

戦前・戦後の混乱期とは異なり、現在は、監督官庁が表だって合併を促すことはないが、銀行経営を革新する近道として合併が有力な選択肢であることに変わりはない。銀行の経営者はどんなときに合併を決断するのだろうか。銀行アナリストの笹島勝人は、興味深い仮説を披露している。[30]

1980年代以降の銀行再編の歴史を検証すると、その多くは経済と銀行の体力が回復した時期に起こっているというのだ。三菱東京フィナンシャル・グループとUFJホールディングスが経営統合に向けての協議を進めると発表したのは2004年7月だ。2003年に入り、大手銀行グループは資本調達に何とか成功し、2003年5月には、りそなホールディングスに公的資金の注入が決まり、銀行株をはじめ日本の株価が上昇に転じた。米国や中

図表 3-3　銀行再編の流れ

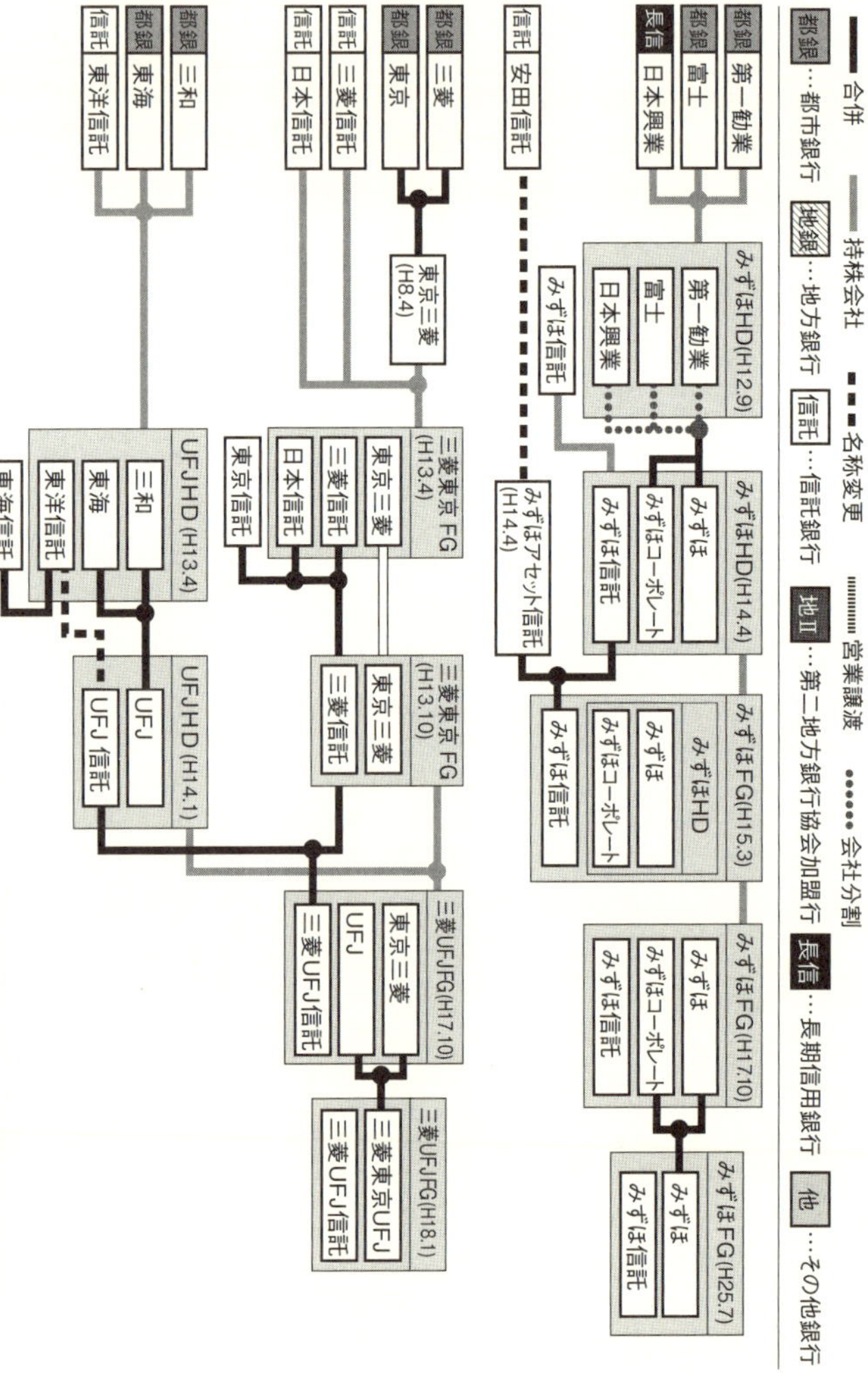

【注1】東洋信託と東海信託は、平成13年7月に合併（存続銀行は東洋信託）

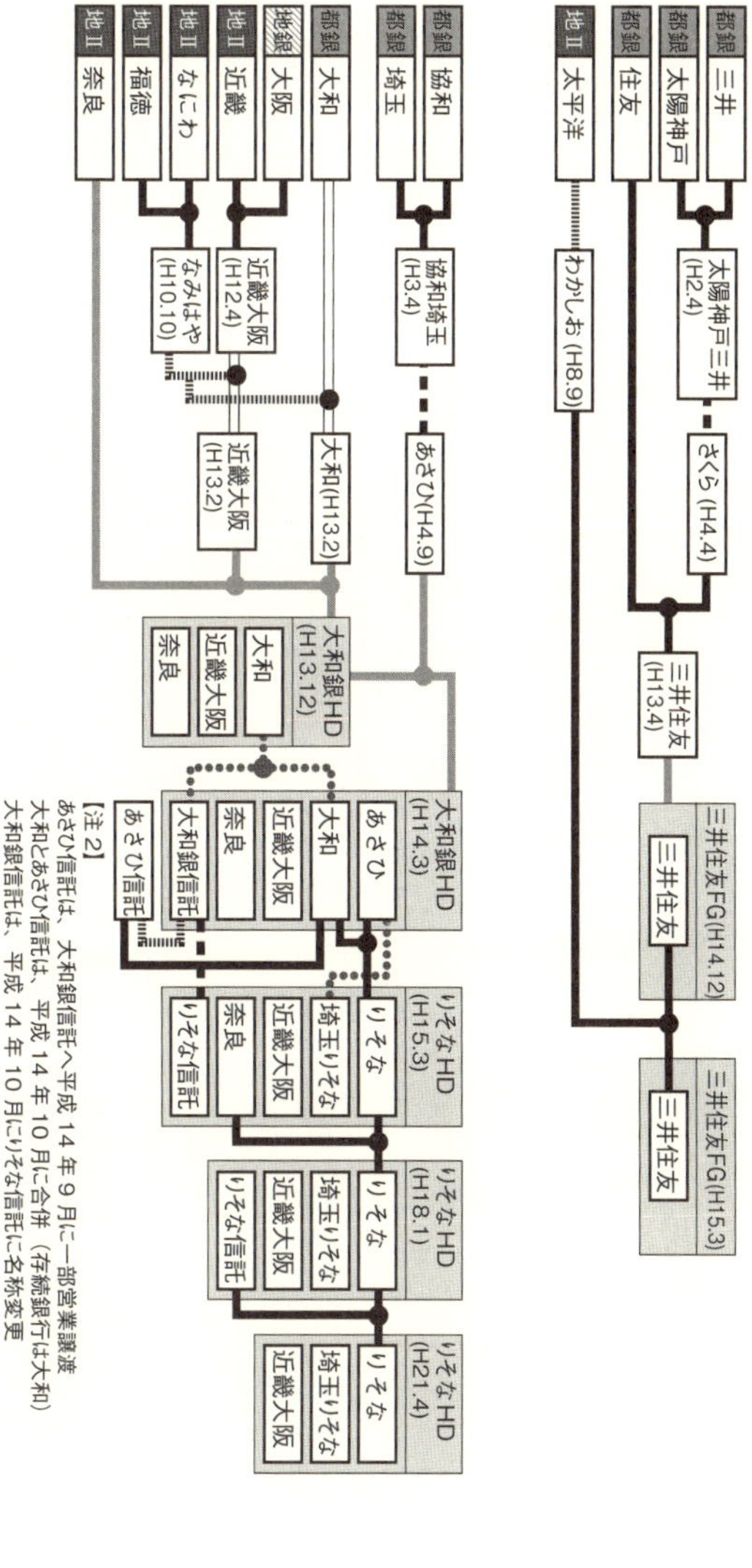
都銀 三井
都銀 太陽神戸
都銀 住友
地II 太平洋
太陽神戸三井 (H2.4)
さくら (H4.4)
わかしお (H8.9)
三井住友 (H13.4)
三井住友FG(H14.12)
三井住友
三井住友FG(H15.3)
三井住友
都銀 協和
都銀 埼玉
協和埼玉 (H3.4)
あさひ(H4.9)
都銀 大和
地銀 大阪
地II 近畿
地II なにわ
地II 福徳
地II 奈良
近畿大阪 (H12.4)
なみはや (H10.10)
大和(H13.2)
近畿大阪 (H13.2)
大和銀HD (H13.12)
大和
近畿大阪
奈良
大和銀HD (H14.3)
あさひ
大和
近畿大阪
奈良
大和銀信託
あさひ信託
りそなHD (H15.3)
りそな
埼玉りそな
近畿大阪
奈良
りそな信託
りそなHD (H18.1)
りそな
埼玉りそな
近畿大阪
りそな信託
りそなHD (H21.4)
りそな
埼玉りそな
近畿大阪
【注2】
あさひ信託は、大和銀信託へ平成14年9月に一部営業譲渡
大和とあさひ信託は、平成14年10月に合併（存続銀行は大和）
大和銀信託は、平成14年10月にりそな信託に名称変更

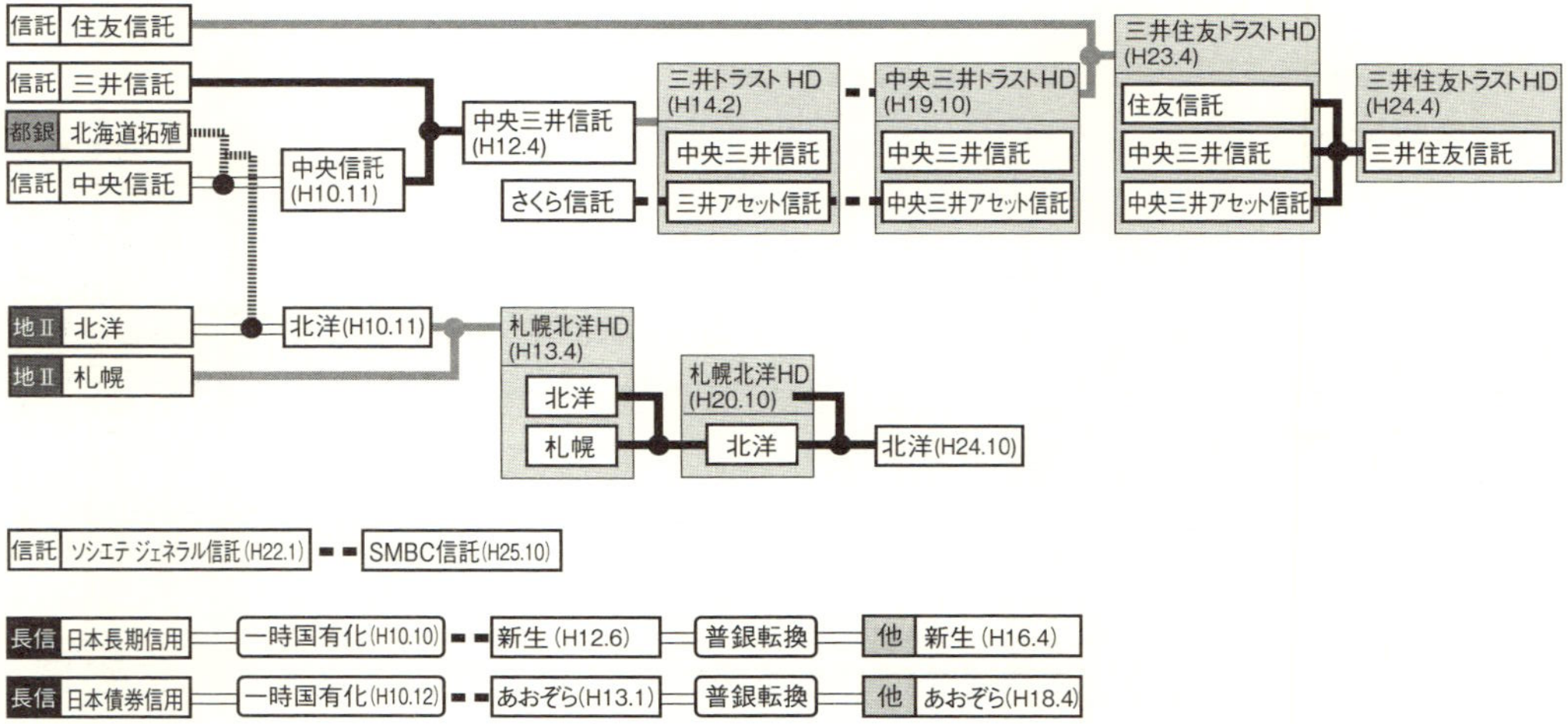

（注）全国銀行協会の HP から抜粋（2015 年 6 月現在）

国向け輸出の拡大などで企業の収益も拡大し始め、景気は回復基調を強めた。銀行経営が縮小均衡から拡大路線へと転換できる環境が整ったという。

メガ再編が起きた1999〜2000年も同じような環境にあった。1997年、都市銀行の一角を占めていた北海道拓殖銀行が経営破綻。98年、日本長期信用銀行と日本債券信用銀行が国有化された。さらに政府は99年3月、すべての大手銀行に公的資金を資本注入し、資本不足を補った。政府は中小企業の資金調達を支援するため、信用保証協会の保証枠を20兆円、拡充した。仮に銀行の中小企業向け融資が貸し倒れになっても、保証協会が代位弁済する仕組みで、貸し渋りを防ぐ効果があった。

地域振興券などの景気対策の効果に加え、世界全体にIT（情報技術）ブームが広がり、日本でもIT関連株やハイテク株を中心に株価が上昇したのである。すると、1999年8月、日本興業銀行、第一勧業銀行、富士銀行が経営統合を発表。同年10月、住友銀行とさくら銀行が合併、2000年3月、三和銀行、東海銀行とあさひ銀行が経営統合（後にあさひ銀行が離脱し、東洋信託銀行が加わる）、同年4月、東京三菱銀行と三菱信託銀行が経営統合をそれぞれ発表した。わずか9カ月のうちに大手銀行の大枠が固まったのである。

さらにさかのぼると、1989年8月、三井銀行と太陽神戸銀行が合併を発表（後にさくら銀行に行名変更）、1990年11月、協和銀行と埼玉銀行が合併を発表（後にあさひ銀行に行名変更）したが、バブル経済がピークあるいはその余韻を残していた時期だった。

笹島は、銀行再編が起きる、もう1つの条件として「追い詰められている銀行」の存在を挙げる。

筆者は、ある銀行の頭取から「権力は魔物だ」という言葉を聞いたことがある。銀行のトップに上り詰めるまでの苦労は並大抵ではないのだろうが、いったんトップに就くと、権力の魔力に取りつかれてしまう経営者は少なくない。他の銀行と合併すると、必ずしも自分が主導権を握れる保証はない。合併する銀行同士が完全に対等な関係だとすればなおさら不透明になる。景気が拡大するなど外部環境が良い時期にあっても、弱みを抱えている銀行は必ず存在する。そんなとき、「自分の方が優位に立てる」と考える経営者が拡大志向を強め、合併や経営統合をしかける傾向があると指摘する。


この観点から最近のメガ再編を見直してみよう。第一勧銀は総会屋への利益供与事件で信用力が低下し、富士銀行は山一証券を守れなかった銀行としてやはり信用不安に陥り、まだ余裕があるとみられていた興銀のもとに集まった。すると、銀行界は「いす取りゲーム」の様相を呈し、他の大手銀行は「乗り遅れたらまずい」と焦りながら相手を探した。

先陣を切った3行に続いて誕生したグループをみると、「追い詰められている銀行」が含まれている事例が多いことがわかる。三菱ＵＦＪグループが誕生したのは、ＵＦＪグループが窮地に陥ったからである。

激しい逆風が吹き付ける中の船出

笹島の仮説を検証するため、ここで三井住友グループの社史を紐解いてみよう。本書では5大グループのうち、これまでに4グループの再編を検証してきた。三井住友グループはラストバッターとなる。[31]

１９９０年４月、三井銀行と太陽神戸銀行が合併して太陽神戸三井銀行が発足。92年４月、さくら銀行に行名を変更した。

１９８７年6月、太陽神戸銀行では元大蔵事務次官の松下康雄が頭取に就任。88年6月、三井銀行では副社長の末松謙一が社長に昇格した。２人は１９２６年（大正15年）生まれの同い年で、20年来の付き合いがあった。

三井銀行と太陽神戸銀行はともに都市銀行の中位行。三井銀は戦前から多くの有力企業との取引がある半面、国内店舗数は１９４（１９９０年3月末）と少なかった。戦後、企業の旺盛な資金需要に応えるために預金を増やそうとしたが、競合する金融機関が多く、なかなか増やせなかった。
１９８０年代になると金融に関する規制が徐々に自由化に向かい、証券関連業務や国際業務に強みがあった三井銀にとってのチャンスが広がるが、依然、店舗網を通じて得る預金と貸し出しの「量」の制約は大きかった。

一方、太陽神戸銀行は１９７３年の合併で、都市銀行の中では国内店舗数（90年3月末で３１９）が多い方であった。安定成長の時代となり、大企業は銀行借り入れへの依存度を弱めたが、中小企業ではなお銀行借り入れへの需要は大きかった。個人の間でも住宅ローンに加え、住宅のリフォームやアパート建設のためのローンなどが普及し始めていた。
神戸銀行の発祥の地である兵庫県に多くの店舗を持ち、兵庫県や神戸市などの指定金融機関として地方自治体との取引に厚みがあるのも太陽神戸銀の特徴だった。半面、大企業との取引や国際業務には弱みがあった。海外に進出する中堅・中小企業が増える中で、十分に対応できない悩みがあった。

そして、両行ともに新しい業務への投資を増やすための基礎として規模の拡大が必要だと考えていた。１９８９年3月、末松は松下に会談を呼びかけ、合併を提案した。5月には一部役員を交えて合併について協議した。両行から１人ずつが交渉の窓口に指名され、10数回にわたって話し合いを続ける。

同年8月、両行は合併の基本事項について合意し、発表した。三井銀行を存続銀行とし、合併比率は三井と太陽神戸で1対0・8、会長に松下、頭取に末松が就任する、合併後3年以内に新しい名称に変更する、といった内容だった。記者会見で末松は「ある程度の量がないと質もついていかない時代になった」との認識を示した。合併で国内店舗数は500を超え、都市銀行トップとなる大型合併であった。

1990年4月、太陽神戸三井銀行が発足した。総貸出残高は都銀トップ、総預金は2位に躍り出たものの、当期純利益は6位にとどまっていた。合併後に経営の効率を上げない限り、量と質を兼ね備えた銀行に変身できないのは明らかだった。

自己資本比率の引き上げも急務だった。三井銀と太陽神戸銀は1987年度と88年度にそれぞれ増資に踏み切り、計約3200億円を調達していた。両行は合併後の増資に期待していたが、株式市場の様相は一変した。日経平均株価は1989年12月29日に3万8915円（終値）の史上最高値をつけたあと急落する。株式の発行市場は機能を停止し、新銀行は公募増資ができなかった。劣後ローンや優先株などで資本を増強したが、普通株発行による資本調達ができず、後々響くことになった。

末松と松下はバブル経済がピークを迎えつつある時期に合併を決断した。ところが、合併になった。

直前にバブルは崩壊へと向かい、新銀行は「質の向上」にかじを切りたくても切れない環境

２００１年４月、住友銀行とさくら銀行が合併し、三井住友銀行が発足。

１９９９年8月19日、第一勧業銀行、富士銀行、日本興業銀行による3行統合の動きが新聞で報じられた。たまたま同日夜に設定していた夕食懇親会の席で、住友銀行常務企画部長の奥正之と、さくら銀行執行役員総合企画部長の北山禎介は3行統合の話題とともに、住友とさくら両行の将来について踏み込んだ話をした。その内容は住友銀頭取の西川善文と、さくら銀頭取の岡田明重に伝えられた。

西川と岡田は8月23日、東京臨海副都心の商業施設のプレオープンで偶然、顔を合わせた。3行統合が話題になった。岡田は「私たちも何か考えなければなりませんね」と西川に語りかけた。どちらからともなく再び会う約束をし、翌24日に会合を開く。２人は両行の課題や目指す将来像などを率直に話し合った。２人は両行の経営企画部門の部長、役員として公式、非公式の場で交流する機会が多く、信頼関係があった。

岡田は3行統合が明るみに出る前から、銀行同士の提携や合併の可能性を探るべきだと考えていた。公的資金による資本注入を受けた後、１９９９年４月の支店長会議で岡田は「最

もインパクトが大きく、徹底して合理化すれば効果が大きいのは、同業の大手都市銀行など大手行との統合戦略」と語っている。

一方、西川も3行統合の発表前から、大手銀行の間に大きな動きがあることを察知していた。8月上旬には「独自路線を貫徹するか、または提携や統合の選択か」を経営会議に参加する役員の間で検討する必要があると判断し、資料の作成を指示した。

住友銀行は8月30日、経営会議役員の間で、他行との提携や統合を議題に議論した。独自路線より提携や統合の可能性を模索すべきだという西川の提案に大多数の役員が賛成した。西川と岡田は9月8日に2回目の会合を開いた。将来の統合を視野に入れた全面提携を前提に、両行が統合前に片付けるべき課題をあぶりだした。公的資金の注入を受けるにあたって策定した経営健全化計画の前倒し達成、不良債権処理の完了、取引先との持ち合い株式の見直しなどを進めることで意見が一致した。

9月10日には両行の企画部門が協議を始める。その後、奥と北山が交渉を重ねた。10月上旬には全面提携の目的や内容、統合への道筋などが固まった。10月14日、「全面提携及び統合に関する基本合意書」に調印し、西川と岡田は共同記者会見を開いた。

両行が持つ顧客基盤、ソリューション（問題解決）力を統合するだけでなく、それぞれの強みを生かしてより付加価値の高い商品・サービスを提供し、株主の期待に応えるのが基本合意の趣旨。統合については２００２年４月までに「合併を基本とし、対等の精神で完全統合する予定」と説明した。

西川は10月15日に開いた住友銀行の全国部店長会議で「さくら銀行との全面提携・統合は何のために行うのか。より付加価値の高い商品・サービスをお客様に提供するためであります」と「質」を重視する考えを強調する一方で、「かつて住友本社の総理事であった伊庭貞剛は『真に社会のためになる事業であって、しかもそれが住友の資本だけでは成し遂げられないような大事業である場合には、住友は小さな自尊心にはとらわれず、日本中の大資本家と合同して敢然とこれをやり遂げるという気迫をたくわえていかなければならない』と語っております」と「量」の大切さも唱えている。

岡田も15日に開いた臨時支店長会議で「今回の統合は、住友銀行という非常に強力なパートナーを得て、21世紀に日本を代表する金融機関になること。今回の再編は、決して再編のための再編ではなく、お客様を支え、そのお役に立ち、グローバル水準でのトップクラスの金融サービスを提供できるようになるのだ、という極めて強固な意志からスタートしている」と力を込めた。

両行が統合の期日を当初、２００２年４月までとしたのは、それまでに両行がリストラを敢行し、コンピューターシステムの統合などのインフラを整備しようとしたからである。しかし、実際に統合交渉を始めると、部門によっては両行の調整がうまくいかない事例が出てきた。統合までの2年半の間で実務レベルの集中力や緊張感が保たれるのか。西川と岡田は懸念を強め、2000年2月下旬、合併の1年前倒しを決める。同年4月、2001年4月に合併すると発表した。

住友銀行を存続銀行、銀行名は三井住友銀行、英文名称はSumitomo Mitsui Banking Corporation（SMBC）とする。合併比率は、住友対さくらで1対0・6、登記上の本店をさくら銀行営業部がある東京都千代田区有楽町に置くことなどを決定した。

両行が経営統合を発表した1999年10月から実際に合併する2001年4月までの間に経済環境は大きく変わる。

99年10月時点では国内景気は回復していた。政府が98年、大型の経済対策を2回、実行した効果が表れていた。米国ではIT産業をけん引役とするIT景気が拡大していた。しかし、2000年にはITバブルが崩壊し、日本からの輸出も減速した。両行は合併前に不良債権処理を終了させる腹積もりだったが、想定以上に不良債権が膨らんだ。

三井住友銀行も、前身のさくら銀行が苦労したのと同じように、景気の拡大期に統合を決断したものの、発足するまでの間に景気が悪化し、激しい逆風が吹き付ける中での船出となった。

金融再編に取り組まないと生き残れない

もう1度、笹島の仮説に立ち戻ってみよう。

三井銀行と太陽神戸銀行が合併を発表したのは1989年8月、住友銀行とさくら銀行が統合を発表したのは1999年10月と、いずれも景気の回復期である。「追い詰められた銀行」の有無を尋ねれば、経営者は「対等の精神で合併するのだから、追い詰められた銀行など存在しない」と抗弁するだろう。三井銀行と太陽神戸銀行の合併に関していえば、三井銀主導で交渉が始まったものの、どちらか一方が追い詰められていたとは言えない。

住友銀行とさくら銀行の場合はどうか。住友銀とさくら銀が合併を発表した記者会見でも「さくら銀行を救済するのはなぜか」という質問が出たが、西川は「救済ではない」と強く否定した。西川が怒ったのは、それだけ核心をつく質問だったからであろう。

メガ再編が加速した1999~2000年に限れば、銀行経営を取り巻く外部環境が大きく変化した影響も大きい。経営者たちが経営統合を決断できたのは、業務規制の緩和、金融持ち株会社の解禁など法律や制度の整備が進んだためでもある。

1997年、独占禁止法の改正で持ち株会社の設立が解禁され、98年3月には金融持ち株会社の設立が認められた。金融機関は豊富な資金力をもとに産業界を支配する恐れがあるとされ、一般事業会社の総株主の議決権の（原則）5％までしか保有できないとする規制に縛られてきた。金融持ち株会社の解禁で、持ち株会社の傘下に銀行、証券会社などが入る金融グループを形成できるようになった。（ただし、この法律では金融持ち株会社の傘下に入る子会社の業務範囲には制限がある。銀行、証券、保険業務を営む金融会社、金融会社の従属業務を営む会社、金融関連業務を営む会社などに限定されており、製造業や不動産業などの一般事業会社を子会社にはできない。）

持ち株会社を活用した大手銀行同士の経営統合のほか、銀行が証券会社を買収した上で持ち株会社の傘下に入れたり、信託銀行を子会社として傘下に入れたりする動きも広がった。銀行同士の再編では、まず共同で金融持ち株会社を設立して傘下にそれぞれの銀行がぶら下がり、一定の期間を置いてから合併する方法が目立つようになった。

金融当局による圧力も作用した。1999年3月、2度目の公的資金の注入を受けた大手銀行に対し、金融再生委員会の幹部は「日本の銀行の数は多すぎる」との見方を示す。経営者たちの間で、金融再編に取り組まないと生き残れないとの意識が高まった。

日本より一足早く、欧米で大型の金融再編が進行していたことも、経営者たちを刺激した。

米国では、大恐慌後の1933年にグラス・スティーガル法（GS）が成立し、銀行と証券の兼業が禁じられた。しかし、1980年代に入ると、米連邦準備理事会（FRB）による弾力的な解釈に基づき、銀行による証券業務への参入が徐々に認められ、1999年にはグラム・リーチ・ブライリー法（GLB）が成立し、銀行と証券の業際規制は撤廃される。

1998年、世界有数の銀行であるシティバンクの持ち株会社であるシティコープと、大手投資銀行のソロモン・ブラザーズや大手証券会社のスミス・バーニーなど多彩な金融機関を傘下に持つ米国の金融サービス持ち株会社であるトラベラーズ・グループが合併。同年、ネーションズバンクとバンク・オブ・アメリカ、バンク・ワンとファースト・シカゴも合併し、大型再編が加速した。

欧州でも、ドイツ銀行が1989年、英国のマーチャントバンクであるモルガン・グレンフェル、98年には米国のバンカース・トラストをそれぞれ買収。スイスのUBSの前身であるスイス銀行は1995年、英国のマーチャントバンクであるSGウォーバーグ、97年に米国の投資銀行であるディロン・リードを買収。クレディ・スイスは1988年、米国の投資銀行であるファースト・ボストンを買収してクレディ・スイス・ファースト・ボストンを設立し、2000年には米国の投資銀行であるドナルドソン・ラフキン・アンド・ジェンレットを買収した。欧米の「グローバル・ユニバーサルバンク」が世界を席巻する構図ができつつあり、日本の経営者たちにとって「よき手本」のようにみえたのだ。

こうして日本では5大金融グループが誕生した。合併・統合を決めた経営者たちは、合併・統合による様々な利点を強調するが、実際にはどんな結果をもたらしているのだろうか。以下では、川本裕子の解説などを参考に銀行合併の持つ意味や効果を整理してみよう。[32]

合併・統合がもたらす利点とは

そもそも銀行が手掛ける業務の基本はどこの銀行でも同じだ。独自の金融商品といっても、たいていの場合、他の金融機関も類似の商品を取り扱っている。業務の内容にも大差はない。海外業務など、大手銀行の間では活発になっているものの、地域銀行の間ではあまり普及が進まない業務もあるが、大手銀行同士を比べると、事業の内容にはそれほど決定的な違いはない。だからこそ、大手銀行は相次ぎ合併・統合に走り、収益力を強化しようとするのである。

合併・統合の利点としてまず挙がるのが「規模の経済」である。企業は規模が大きくなると、固定費などの単位当たりのコストを減らしやすくなる。例えば、金融商品を開発するためにはコンピューターシステムへの投資が必要だが、金融機関の規模が大きい方が投資負担を吸収しやすい。

1つの金融商品を開発するのに100億円のシステム投資が必要だとすると、その商品を、50店舗を通じて販売するよりも、100店舗を通じて売る方が販売量は増える。開発にかかるコストは同じであり、規模が大きい金融機関の方が収益の面で有利になる。

リストラ効果も期待できる。店舗統廃合や人件費の抑制が代表例だ。合併した銀行の店舗が近隣にある場合、一方を廃店すればその地域に配置する総人員を減らし、運営コストを削減できる。実際に、合併後に店舗の統廃合を進めた銀行は多い。

現在は低金利のもとで貸し出しによる利ざやを確保するのは容易ではないが、貸し出しによる利ざやが1%と仮定しよう。総貸出残高が5000億円の銀行が得られる金利収入は50億円であり、そこから固定費（1億円と仮定）を差し引いた49億円が利益となる。この銀行が、総貸出残高と固定費が同じ別の銀行と合併すると貸出残高は1兆円に増え、金利収入も100億円に増える。ここで、店舗削減などによって固定費が2倍にならないようにすれば、利益の水準、利益率ともに上昇する。

ただ、廃店された側の銀行との取引がある企業や個人がそのまま相手側の店舗に取引を移すとは限らない。場合によっては取引を停止し、他の金融機関に逃げる可能性も否定できない。また、人員についても、日本では店舗を廃止したからといって、その店で働く従業員を解雇できるわけではないので、必ずしも人員削減にはつながらない。

各銀行には必ず企画、人事などの本部組織がある。本部組織は１つが基本なので、合併すれば重複を減らし、本部組織をスリム化できる。本部をスリム化し、総人員に余裕が生まれれば、営業などに回して戦略部門を強化できる可能性がある。ただし、こうした理想的な流れになる事例は少ない。明らかな救済合併ではない限り、本部組織では旧銀行の出身者のバランスを取らざるを得ず、それほどスリム化は進まない。また、一方の銀行が経営全般の主導権を握って本部組織を独占するような状態なら、もう一方の銀行出身者を排除する形でスリム化は進むが、主導権を握れない側の反発が強まり、組織運営に支障をきたすリスクが高まる。

本章第１節でＵＦＪ銀行の動きを紹介したが、旧三和銀行の出身者が経営を牛耳った結果、旧東海銀行の出身者の反発を招いて求心力が失われ、経営が迷走する一因になったとみられている。

現実に「規模の経済」効果は生まれているのだろうか。川本は米国での研究事例をいくつか紹介している。Ｂｅｒｇｅｒ ａｎｄ Ｍｅｓｔｅｒ（１９９７）は１９９０～95年のデータを使い、米国では１００億～２５０億ドルが銀行の平均可変費用を最小にする資産規模であり、90年代に入るとその規模が拡大していることを示唆[33]。さらに、内田真人らによると、米国の80年代後半から90年代初めの研究では、銀行の総資産に対する平均可変費用関数は緩やかなU字型となり、平均可変費用が最小となる規模は、総資産が1億～100億ドルの銀行。それを上回ると平均可変費用が上昇し、逆に「規模の不経済」が作用することを示しているという。[34]

次に、経営統合する経営者たちが必ず口にするのが「業務の補完」である。A銀行とB銀行が合併する場合、A銀行しか取り扱っていない金融商品Cと、B銀行しか取り扱っていない金融商品Dを新銀行はともに取り扱うことになり、新銀行の顧客は金融商品CとDをともに利用できる。これを合併の「クロスセル効果」と呼ぶ。

しかし、日本の銀行はほぼ横並びの金融商品を取り扱っており、該当する商品はそれほどない。業態別に金融商品の取り扱いに厳しい規制がかけられていた時代とは異なり、現在は金融商品を開発する自由度が増している。無理に合併しなくても、独自商品を開発しようと思えばできる時代であり、クロスセル効果はそれほど大きくないといえよう。

取り扱う金融商品にはそれほど差がなくても、合併する銀行同士の得意分野と不得意分野が異なる場合、合併後にうまく協力できればシナジー効果（相乗効果）が生まれる可能性はあるだろう。本節で、三井銀行と太陽神戸銀行の合併交渉を紹介したが、合併の大きな狙いはシナジー効果であった。三井銀は証券や国際業務に強い半面、国内店舗数が少なく、太陽神戸銀はその逆に国内店舗数が多い代わりに国際業務は不得意だった。

市場シェアの向上も見込める。合併して銀行の規模が大きくなれば市場でのシェアが高まり、影響力が強まる。ある地域で貸し出し競争をしていた銀行が合併し、競合する銀行が存在しない独占状態となった場合、貸出先に対する銀行の発言力が強まる。銀行がそれまで取引先に供給していた貸出金の金利を引き上げられるかもしれない。ただし、日本では金融機関の競争が激しい「オーバーバンキング」と呼ばれる状態であり、独占状態が生まれる可能性は低い。（オーバーバンキングの問題は第４章で改めて取り上げたい。）

しかも、日銀による超低金利政策が続く中で、貸出金利だけを引き上げるのは現実には難しい。銀行の規模が大きくなれば存在感が高まるのは確かであるが、それが直接、取引先との交渉力につながるかどうかは不明である。実際に、日本では数多くの銀行合併が実現したが、合併後に貸出金利が引き上げられたという話はほとんど聞こえてこない。

合併効果に話を戻すと、「大きすぎてつぶせない」（Ｔｏｏ Ｂｉｇ Ｔｏ Ｆａｉｌ）存在になれる利点もある。仮にある規模が大きな銀行が経営危機に陥った場合、国民の生活や経済に多大な悪影響を及ぼしかねない。政府は救済策を打ち出さざるを得ず、結果としてその銀行は経営破綻を免れる。

これは１９９０年代後半に日本に金融危機が発生したとき、実際に起きたことである。大手銀行では97年に北海道拓殖銀行が経営破綻し、98年には日本長期信用銀行と日本債券信用銀行は一時国有化されたが、他の大手銀行には公的資金が資本注入され、いずれも生き延びることができた。大手銀行がバタバタと経営破綻するような事態に陥ると日本の金融システムが瓦解し、ひいては日本経済が崩壊するリスクがあったためである。

政府による金融機関の救済活動は日本に限った話ではない。２００８年秋にリーマン・ショックが発生し、世界全体に金融危機が広がると各国の政府と中央銀行は公的資金を大量に投入して金融機関を救ったのは記憶に新しい。

「大きすぎてつぶせない」銀行になるために合併すると明言する経営者はいないだろうが、「大きくなればなるほど無視できない存在になり、有事には政府が何らかの手を打つ」と期待する経営者がいてもおかしくない。そして、こうした期待を持つのは経営者に限らない。従業員、株主、取引先など金融機関のステークホルダー（利害関係者）も、そうした期待を織り込んだ上で規模が大きな金融機関と付き合っている可能性がある。ステークホルダーにもモラルハザード（倫理観の欠如）がみられるのだ。

日本の銀行が経営破綻すると、預金は「資金援助方式」か「ペイオフ（預金の払い戻し）

図表3-4　預金保険制度の仕組み

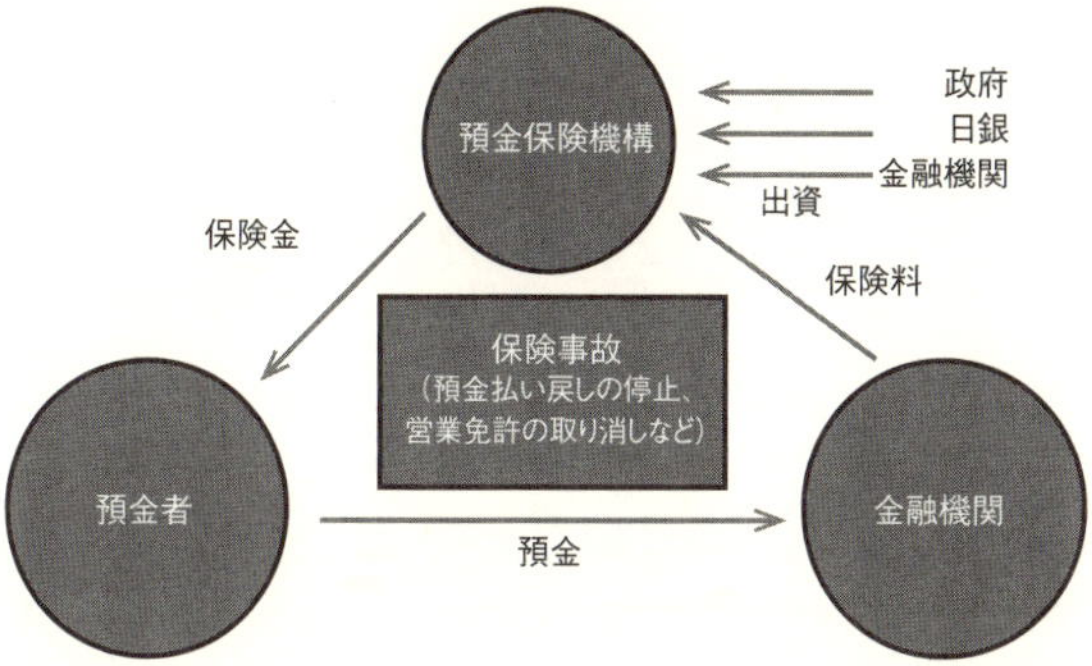

方式」で保護される仕組みとなっている。（図表3－4参照）

ペイオフとは、金融機関が経営破綻したときに、預金保険機構という組織が、預金者に預金を払い戻す措置を指す。預金保険法で定められている保護の上限は1金融機関につき元本1000万円とその利息だったが、政府は1996年、全額保護の方針を打ち出し、ペイオフを凍結した。金融危機が広がる中で、預金者の動揺を抑えるためだ。2002年4月、保護の対象を元本1000万円とその利息までとする措置を復活させたが、普通預金は全額保護の対象としていた。2005年4月、「無利息、要求払い、決済サービスを提供できる」という条件を満たす「決済用預金」を除き、普通預金も含めてペイオフの対象にし、ペイオフを解禁したのである。

ペイオフ方式が適用される場合は預金保険機構が預金者に直接、預金を払い戻すが、保護の対象は金融機関の預金者1人当たり元本1000万円とその利息など。保護の基準を超える部分は破綻した金融機関の財産の状況に応じて支払われる。1金融機関に1000万円超の預金がある人はカットされる公算が大きい。

それでは、例えばこれまでに登場した5大金融グループに預金口座を持つ人は、ペイオフが発動されて預金をカットされる可能性があると考えているだろうか。仮に5グループのうちのどこかが経営危機に陥ったら、国民経済に多大な影響を与えるのは確実なので、政府が手を打ち、少なくとも預金は全額保護されると予想している人が多いのではないだろうか。全額保護の原資は基本的には税金だ。結局は国民が負担するわけだから、自分に返ってくるのだが、とりあえず目にみえる形では負担は増えない。「大規模な金融機関に頼っていれば、いざとなれば政府が救ってくれる」という考え方は根雪のように地表を覆っている。

メガ再編をどう評価すべきか

本節の最後に再び、元住友信託銀行社長の高橋温に登場してもらおう。高橋は前節でも紹介した著書で金融再編についての持論を展開している。日本で進んだメガ再編をどう評価すればよいのか、参考になる論点が多く含まれているので、一部を抜粋して紹介する。

・国際化時代に際して、国際業務を続けていくためのミニマムラインはあるとしても、銀行が一定ラインを超えて規模を拡大するメリットはそれほどない。
・巨大な組織が、それほど効率がいいかどうか、疑わしい。問題は規模よりも中身である。
・日本のメガバンクは、一時期盛んだったユニバーサルバンク、金融のワンストップサービスの提供という発想から抜けきらず、業務の専門性に対する敬意が薄いままに規模を拡大してきたのではないか。投資銀行とリテール金融を同じ組織でやるというモデルに問題はないのか。欧米の投資銀行は、日本の銀行が模範とすべき相手ではない。
・銀行の本質は金融仲介業であり、仲介業務には巨額な利益は必要ない。銀行がやみくもに利益を追求すれば必ず、本来の金融仲介業務とは異なる方面に進出することになり、いびつな姿になっていく。
・「できることなら単独でやっていきたい」と思うのが経営者の考え方だ。
・経営に不安を感じている銀行経営者ほど「潰せないほど大きくなれば、いざというとき政府が助けてくれる」と考えがちである。
・私が社長に就任した1998年ごろは、日本の金融界に日本版金融ビッグバンという自由化の波とグローバリゼーションという国際化の波が同時に押し寄せ、「これからプレーヤーとしてやっていくには、ある程度の規模が必須となる。生き残りのために必ず再編を迫られるだろう」という状況認識があった。

・いくら信託銀行の専門性を生かしていくといっても、ほどよい湯加減で小粒なままでいつまでもやっていけるとは思っていなかった。長銀との合併話、ＵＦＪ信託買収の話も、いろいろな事情があり、それなりの動機があって着手したものだ。[35]

30　笹島勝人・前掲書：22-26　30-32
31　三井住友銀行編『三井住友銀行十年史』
32　川本裕子『金融機関マネジメント』（東洋経済新報社　2015）：203-224
33　Berger,A.,and Mester,L.(1997)"Inside the Black Box:What Explains Differences in the Efficiencies of Financial Institutions?"　(Journal of Banking & Finance21)
34　内田真人・大谷聡・川本卓司　(2000)「情報技術革新と銀行業」(Discussion Paper No.2000-J-16)
35　高橋温・前掲書：222-238

第3節 3メガバンクの実力は

金融再編の嵐が吹き荒れる中で誕生した3メガバンクグループ。前節までにみてきたように、当時の経営者たちの様々な思惑が入り乱れる中で、大手銀行同士の組み合わせは決まった。最後の組み合わせ（になるであろう）三菱ＵＦＪフィナンシャル・グループが２００５年10月に誕生してから２０１５年秋で10年。この10年を3メガバンクグループはどう過ごし、これからどこへ向かおうとしているのか。

金融コングロマリットの誕生

3メガバンクグループを分析するにあたって注意したいのは、「銀行グループ」の実態が過去とは大きく変わっている点である。現在の3グループはいずれも、銀行を中心としながら、証券会社、信託銀行、ノンバンクなどを持ち株会社の傘下に入れ、多様な金融機能を備える総合金融機関として収益の拡大を目指している。リーマン・ショックが起きる前に欧米で相次ぎ誕生したユニバーサルバンクに似た姿だといえる。

こうした流れを支えたのが政府による制度改革だ。日本での金融制度改革の歴史については最終章で詳しく説明する。前節と少し重なる部分があるが、同志社大学教授の鹿野嘉昭のガイドに従って、本節では金融持ち株会社制度に絞って概略を解説する。[36]

１９９０年代後半には、日本だけでなく欧米を中心に世界全体で金融機関の合併や経営統合が活発になった。同じ業態に属する金融機関だけではなく、銀行、証券の枠を超えた合併が多かったのが特徴である。米シティグループやオランダのＩＮＧなど銀行、証券、保険の3業態にまたがる金融グループも登場した。幅広い金融機能を備える巨大な金融グループを「金融コングロマリット（複合体）」と呼ぶ。

日本ではまず、銀行や証券会社が子会社を作る形で相互に参入できる「業態別子会社」が１９９３年4月、解禁された。当初は子会社の業務範囲に制限があったが、１９９９年10月に完全に撤廃され、銀行、信託、証券の垣根は事実上、なくなった。銀行は証券子会社を作れば自由に証券業務を営めるようになった。ただ、解禁直後は銀行と証券会社の相互参入が活発になったものの、バブル崩壊後の不良債権処理に追われ、業態別子会社の活動は全般に停滞したままだった。

風穴を開けたのが、前節でも触れた金融持ち株会社である。ただ、98年3月に解禁された金融持ち株会社は、既存の銀行などを完全子会社とする必要があり、子会社の株主を金融持ち株会社の株主にしなければならない。その方法は「三角合併方式」に限られていた。グループの中核となる銀行がペーパーカンパニーを作り、そのペーパーカンパニーが子会社として新銀行を作る。もとの銀行と新銀行は、新銀行を存続銀行として合併し、ペーパーカンパニーを持ち株会社とするグループが誕生する仕組みだ。しかし、この方式だと、もとの銀行が法人格を失うほか、法人格の変更に伴う手続きが煩雑な上に費用が多額になる難点があった。そこで、1999年の商法改正で株式交換や株式移転という新たな方式が加わり、2000年5月、施行された。

株式交換方式とは、もとの銀行の株式と、新設した持ち株会社の株式を交換し、持ち株会社が、もとの銀行を完全子会社にする方式。株式移転方式とは、もとの銀行が持ち株会社になろうとする会社を子会社として設立し、もとの銀行の株主が株式を持ち株会社に提出する。持ち株会社はその代わりに新株を発行してもとの銀行の株主に割り当て、もとの銀行の親会社となる。

さらに、産業界では、企業が最適な経営形態を選べるように、持ち株会社に加え、事業部門別に採算を考えながら各部門を子会社として独立させる企業分割法の整備を求める声が強くなった。2000年の商法改正で、企業が事業部門を子会社として分割し、親子会社となるための手続きや、それに伴う親会社の株主の権利保護が定められた。

産業界の要望を受けて始まった制度改革の動きは金融界にとっても恵みの雨であり、メガ再編が加速する土台が整ったといえる。

大手銀行がその後、相次ぎ、金融持ち株会社を設立したのは、本業の国内での貸出業務だけでは利益を確保しづらいからにほかならない。持ち株会社を活用して証券会社などを傘下に入れ、業務の幅を広げながら貸出業務の低迷を補おうとする経営手法が定着していったのである。

鹿野は「金融制度とは、各種の金融取引の円滑な実行を支えるために、その具体的なあり方あるいは取引ルールを定めた法律、規制、慣行からなる制度的な枠組み」と定義している。そして、金融制度のあり方はその国の経済構造や科学技術の水準などにも依存しており、そうした環境が変化すれば金融制度も変わらざるをえないと指摘している。

金融制度を変える大きな潮流は情報化とグローバル化、さらに「金融サービスの分解と再構成」だと鹿野はみる。日本の銀行を取り巻く環境がどのように変化しているのかは、最終章で改めて吟味することにし、ここでは金融サービスの分解と再構成についてのみ説明する。

金融技術が発達し、業務の専門化が進むにつれ、従来は特定の金融機関が一括して提供していた金融機能が分解され、要素ごとに、あるいはこれまでとは異なる組み合わせで再構成された金融商品を提供できるようになる現象を指す。例えば、証券業では、資産運用のアドバイス、ポートフォリオの管理、売買注文の執行などの業務分野別に専門会社を作ることも可能になる。銀行業では、貸し出しや債券発行を通じて創造されるキャッシュフローやリスクをデリバティブなどの技術を活用して再配分するサービスが重要になる。

新時代の金融制度のあり方は、こうした変化を踏まえて議論する必要があると鹿野は強調する。そうすれば自ずと、証券業や銀行業といった従来の垣根は低くなり、分解された金融機能のどの部分を選ぶのか、あるいは新しい組み合わせを創り出すのかを金融業者が自由に選べるようになる。さらに、銀行と他の金融業者との競争という観点からだけでなく、他産業から金融業への参入という視点からも制度改革の方向を考えざるを得ない。

日本では鹿野が提案するような制度改革はなかなか進まなかったが、金融持ち株会社の設立が解禁になると、メガ再編が進む結果となった。本来なら経営形態の選択肢は色々とあるはずだが、日本のメガバンクは多様な金融機能をできる限りグループ内に取り込む方向にそろってかじを切り、それ以外のグループでも、第4章で紹介するセブン銀行などごく一部を除き、金融機能を分解する動きはほとんどみられない。日本の銀行界には「選択と集中」という考え方はなじまないのだろうか。

コングロ化・国際化で金融サービスの多様化に拍車がかかる

日本で金融コングロマリットの存在を多くの人が意識するようになったきっかけは、やはり三菱ＵＦＪグループの誕生である。２００３年、りそなグループへの約2兆円の公的資金の注入で日本の金融危機はひとまず出口に向かったとみられ、銀行界はバブル崩壊以来の「有事」から「平時」に戻りつつあった。その後、ＵＦＪグループが窮地に陥ったが、経営破綻が取りざたされたわけではない。

世界で最大規模の金融グループの誕生はＵＦＪグループを救済する側面はあったものの、欧米のユニバーサルバンクに対抗できる日本代表の誕生という極めて前向きな評価を受けたのである。欧米のユニバーサルバンクがサブプライムローン問題やリーマン・ショックで痛手を負い、厳しい批判を受けるのは、その2～3年後である。

日本の金融行政も転機を迎えていた。竹中平蔵金融担当相のもとで策定した「金融再生プログラム」は大手銀行に不良債権の処理を迫り、りそな銀行を実質国有化に追い込んだ。さらに自己資本の増強が不十分だったＵＦＪグループに自力再生を断念させ、三菱東京に吸収される結果となった。

これで大手銀行の不良債権問題は決着し、銀行界は「平時」に戻った。２００４年12月、金融庁は「金融改革プログラム」を発表する。

金融システムの安定を重視し、不良債権問題への緊急対応を優先する金融行政を、金融システムの活力を重視し、「望ましい金融システム」を目指す行政に転換する――。こうした目標を掲げたプログラム全体を貫くのは「民主導」という考え方。望ましい金融システムとは「いつでも、どこでも、誰でも、適正な価格で、良質で多様な商品にアクセスできる金融システム」。魅力ある市場の創設を通じて「貯蓄から投資へ」の流れを加速させ、「金融サービス立国」を実現するのが究極の狙いだ。

具体的には、銀行や証券会社などの経営の自由度を高めるべく金融規制をさらに緩和する一方で、利用者を保護する法律（当時は投資サービス法と呼んでいた）を整備する方針を明記した。「貯蓄から投資へ」のキャッチフレーズの持つ意味については最終章で改めて考えてみたい。

不良債権問題や金融システム不安、金融機関の経営破綻などへの対応に追われてきた金融庁にしてみれば、180度の方針転換だ。もっとも、ここで列挙されている項目は、実は1996年11月、橋本龍太郎内閣が、金融に関する大規模な規制緩和（金融ビッグバンと呼ばれた）を打ち出した際に示した項目とかなり重なっている。

大蔵省は新時代の金融行政に転換しようとビッグバン路線を打ち出したものの、変化に対応しきれていない銀行や証券会社が、変化を先取りした市場からのアタックを受け、大混乱に陥ったのが1997年の金融危機である。それから長く続いた「有事」がようやく終わり、金融行政は再びビッグバン路線に軌道修正を始めたといえる。

金融改革プログラムを作成するにあたって、金融庁が強く意識したのが「国際化」だ。世界で金融の規制緩和が進むにつれて金融機関の諸機能の分化・専門化やコングロマリット化・国際化が加速し、新たな取引形態・商品の登場で、金融サービスの多様化にも拍車がかかる可能性が高い。そこで、こうした構造変化に対応した制度の整備、金融行政の態勢整備を進めると明言した。

とりわけ金融のコングロマリット化への対応を強く意識している。そして、金融庁は2005年6月、金融コングロマリット監督指針を公表する。三菱UFJグループの誕生が金融庁の背中を強く押したのである。金融庁が公表した「金融コングロマリット監督に関する考え方」には、本節でこれから分析する3メガバンクグループが抱える問題が凝縮されているので、一部を要約して紹介したい。

複数の業態の金融機関を含む複合体を形成したとしても、グループ内の金融機関はそれぞれ独立した法人であり、自己責任原則と市場規律に基づき、自ら財務の健全性の確保、利用者の保護・利用者利便の向上に努めるべきだ。金融行政が金融機関を監督する目的は、グループ内の金融機関の財務の健全性や業務の適切さの確保であり、それを通じた金融システム全体の健全性や金融の円滑さの確保である。

従って、個々の金融機関や金融システム全体の健全性に問題が生じる状況にない限り、各金融機関がその業務を展開していく上でどのような経営形態を採用するかは、金融機関の自己責任に基づく経営判断の問題であって、金融当局としては、基本的にコングロマリット化を促すこと、あるいは反対にコングロマリット化の動きを抑制することはない。金融当局としては、金融機関の健全性確保の観点から、金融コングロマリット化に伴って発生する特有のリスクを認識し、それに適切に対応していくことが重要であると考えている。

金融のコングロマリット化は一方で金融機関の経営体質の強化やサービスの向上に寄与する可能性があるが、他方でグループ化に伴う新たなリスクが顕在化する恐れもある。例えば、金融コングロマリットのリスクとして、組織の複雑化に伴う経営の非効率化、利益相反行為の発生、抱き合わせ販売行為の誘因の増大、グループ内のリスクの伝播、リスクの集中などが指摘されている。

金融庁は巨大グループが抱えるリスクの存在を指摘し、「どのような経営形態を採用するかは、金融機関の自己責任」と突き放している。だが、日本に金融コングロマリットが誕生するきっかけを作ったのは金融当局であることを忘れてはならない。すでに説明したように日本の大手銀行がメガバンクグループに集約されたのは、1999年3月に大手銀行に一斉に公的資金が注入された後からである。金融当局から「銀行の数が多すぎる」とのメッセージが伝わり、経営者たちは背中を押されながら再編を決断したのだ。仮に今後、メガバンクグループの経営に何らかの問題が発生すると、日本経済あるいは世界経済への悪影響が果てしなく広がる公算が大きい。金融当局は「メガ再編を決めたのは銀行自身であり、自己責任だ」と抗弁するのは間違いないが、結局は緊急対応を迫られるだろう。メガバンクは「日本を背負って立つ存在」である半面、仮に経営難に陥っても「自己責任だ」と突き放すわけにはいかない「日本と一蓮托生の存在」にもなっているのだ。

証券会社・生保会社の再編成

メガバンクの再編は他業態にも様々な影響を及ぼした。[37]

最も大きな影響を受けたのが証券業界である。1997年、4大証券の一角である山一証券が経営破綻すると、残る3社は生き残りへの道を探った。まず最大手の野村証券は1998年、日本興業銀行との業務提携を発表した。当初は「日本連合」との呼び声も高かったが、めぼしい成果が得られないまま、自然解消してしまう。興銀は1999年、3行統合に向けて走り出す。野村証券はその後、独立路線を貫いている。

日興証券は1998年、米トラベラーズ・グループ（後に米シティグループと合併）との提携を発表した。日興証券はその後、リテール取引を担う日興コーディアル証券と、ホールセール取引を担う日興シティグループ証券をそれぞれ子会社として分離した上で、日興証券本体は米シティグループから出資を受けて日興コーディアルグループと名称を変え、持ち株会社となった。

この動きに反発したのが、もともと日興証券と親密だった東京三菱銀行だ。日興証券のシティグループ入りの発表後、東京三菱銀はグループ入りしていた菱光証券と大七証券の合併、証券子会社の東京三菱証券の合流を発表した。三菱東京フィナンシャル・グループが発足した2001年、買収した国際証券、東京三菱パーソナル証券（旧菱光証券・大七証券）、東京三菱証券、三菱信託銀行と親密だった一成証券などの経営統合を発表。2002年、三菱証券が発足し、日興証券に代わるグループの中核会社となった。

三菱UFJはグループの誕生後、証券戦略を加速する。UFJ系の証券会社と合併して三菱UFJ証券を発足。同グループはリーマン・ショック後、経営危機に陥った投資銀行、米モルガン・スタンレーに90億ドル（約9000億円）を出資して連結対象とした。2009

年、モルガン・スタンレーの日本法人であるモルガン・スタンレー証券と三菱ＵＦＪ証券との合併を発表したが、その後、モルガン・スタンレーの投資銀行部門だけを三菱ＵＦＪ証券に統合し、モルガン・スタンレーの他部門は別会社として併存させる2社体制に変更した。２０１０年、三菱ＵＦＪ証券にモルガン・スタンレーの投資銀行部門が合流して三菱ＵＦＪモルガン・スタンレー証券が発足し、それ以外の部門はモルガン・スタンレーＭＵＦＧ証券となって再スタートを切った。

大和証券は99年、住友銀行との提携を発表する。大和証券はリテール取引の大和証券と、ホールセール取引の大和証券ＳＢキャピタル・マーケッツ（後に大和証券ＳＭＢＣに名称変更）をそれぞれ子会社として分離し、本体は大和証券グループ本社という名称の持ち株会社に転換した。大和証券ＳＭＢＣには住友銀行から出資を受け入れ、合弁会社とした。ところが、次第に大和証券は住友銀行の色が強くなるのを嫌がり、摩擦が強まる。２００９年、三井住友グループは大和証券グループ本社との提携を解消したのである。

こうして山一証券以外の3大証券会社の方向が定まったようにみえたが、リーマン・ショックが再び波乱を呼び起こす。経営難となった米シティグループは日興コーディアルグループの売却を余儀なくされた。入札の結果、同社を手中におさめたのは、三井住友グループだった。２０１１年、同社を完全子会社とし、ＳＭＢＣ日興証券に社名を変更した。

こうした経緯を経て日本の証券業界は、野村、大和、三井住友グループの日興、三菱UFJグループの三菱UFJモルガン・スタンレー、みずほグループのみずほ証券が5大証券と呼ばれるようになっている。

少し横道にそれるが、保険会社の動向にも触れておこう。損害保険業界ではかつて保険料のダンピング競争が過熱して経営が不安定になった反省から、業界団体が一律の保険料率（算定会料率）を決める方式が長く続いていた。ところが、対日貿易赤字を問題視した米政府が主導した日米構造協議で議題となり、1998年、算定会料率が撤廃された。

業界内で共存共栄してきた損保各社は生き残りを目指して再編に乗り出すしかないと考えた。損保会社は親密な銀行とのグループ取引に依存する傾向が強かったため、メガバンクの再編をにらみながらの展開となる。2000年以降、住友海上火災保険と三井海上火災保険が合併して「三井住友海上火災保険」、安田火災海上保険など3社が統合した「損害保険ジャパン」、大東京火災海上保険と千代田火災海上保険が合併した「あいおい損害保険」、日本火災海上保険と興亜火災海上保険が合併した「日本興亜損害保険」、東京海上火災保険と日動火災海上保険が合併した「東京海上日動火災保険」の大手5大グループに集約された。

大型再編はさらに進んだ。三井住友海上、あいおい損害保険、ニッセイ同和損害保険は経営統合し、2010年4月、金融持ち株会社「MS&ADインシュアランスグループホールディングス」を設立し、傘下に入った。５大グループで最小規模の日本興亜損害保険は同年４月、損保ジャパンと統合し、金融持ち株会社「ＮＫＳＪホールディングス」（現・損保ジャパン日本興亜ホールディングス）を設立して傘下に。この結果、損保業界はメガバンクと同様に３大グループに集約されたのである。

生命保険業界は、メガバンク再編の影響をあまり受けなかった業界である。業界首位の日本生命保険をはじめ、財閥との関係が薄く、独立を貫く会社が多いためだ。

逆風が吹かなかったわけではない。バブル期に高利回りを約束した長期契約が、金利低下に伴う運用益の減少で生保各社の経営を揺るがした。いわゆる「逆ざや」問題である。耐えられなくなった中小生保は相次ぎ経営破綻した。１９９７年、日産生命保険が業務停止命令を受けて以来、累計５社が破綻したが、いずれも外資系生保の傘下に入る結果となっている。

メガバンクほどの動きではないが、生保業界でも再編の動きは続いている。大同生命保険と太陽生命保険は２００４年、共同で金融持ち株会社「Ｔ＆Ｄホールディングス」を設立し、それぞれ傘下に入る。明治生命保険と安田生命保険は２００４年、合併して明治安田生命保険となった。業界大手の日本生命、第一生命、住友生命などはいずれも独立路線を貫き、銀行との関係も商品販売での提携などにとどまっていたが、日生は、三井生命保険の株式を取得し、子会社にする方針を明らかにした。２０１６年３月末までに買収を完了する計画で、保険料収入で業界1位の座を第一生命に明け渡していた日生は再び首位に返り咲く見通しだ。

規模の格差で独走する三菱UFJ

それでは、これから3メガグループの現状をみていこう。

まず、2015年3月期決算の数字を比較すると、三菱UFJフィナンシャル・グループの連結決算は、純利益が前の期比5％増、金額では489億円増の1兆337億円となり、日本の金融機関で初めて1兆円台に乗せた。本業のもうけを示す実質業務純益（グループ傘下の三菱東京UFJ銀行と三菱UFJ信託銀行の合計）は10％増の1兆1218億円だった。

話を進める前に、銀行の決算では、一般の事業会社とは異なる独自の用語を使うので、簡単に説明しよう。一般の会社の決算はまず、売上高から始まり、そこから人件費などの経費を差し引いて営業利益を計算する。銀行の場合、売上高に相当するのが「業務粗利益」である。業務粗利益を構成するのが、預金・貸出業務などによる資金利益（資金運用収益－資金調達費用）、為替手数料などの役務取引等利益（役務取引等収益－役務取引等費用）、デリバティブなどによる特定取引等利益（特定取引等収益－特定取引等費用）、国債などの売買による、その他業務利益（その他業務収益－その他業務費用）。信託銀行の場合は、これに信託報酬を加えて計算する。

業務粗利益から、人件費や物件費などを差し引いた金額が実質業務純益であり、銀行にとって「本業のもうけ」だとされ、一般の会社にとっての営業利益に相当する。ただ、何をもって「本業のもうけ」だとするかは必ずしも明確ではない。実質業務純益には国債の売買益などが含まれているが、国債を短期間で売買して得られる利益を「本業のもうけ」と言い切れるのだろうか。

そこで、実質業務純益から、国債などの債券売買益をさらに差し引いた金額を「コア業務純益」と定義し、こちらこそがまさに本業のもうけだとする考え方もある。そして、実質業務純益から不良債権の処理にかかった損失額を差し引き、株式売買による損益などを加えた金額が経常利益であり、そこに不動産売却益などの特別損益を加え、さらに税金を差し引いた金額が当期純利益だ。ただ、3メガバンクグループの傘下には証券会社など銀行以外の業態も入っているため、決算の各項目にグループ各社の数字がどう反映されているのかを分解してみることも大切だ。

三菱UFJの当期純利益が過去最高となったのは、海外での貸し出しによる収益、M&Aの仲介手数料などが増えたのに加え、2013年12月にタイの大手商業銀行であるアユタヤ銀行を買収して子会社とした結果、業務粗利益が底上げされた効果が大きかったためだ。国

図表 3-5　三菱 UFJ フィナンシャル・グループの連結純利益の内訳

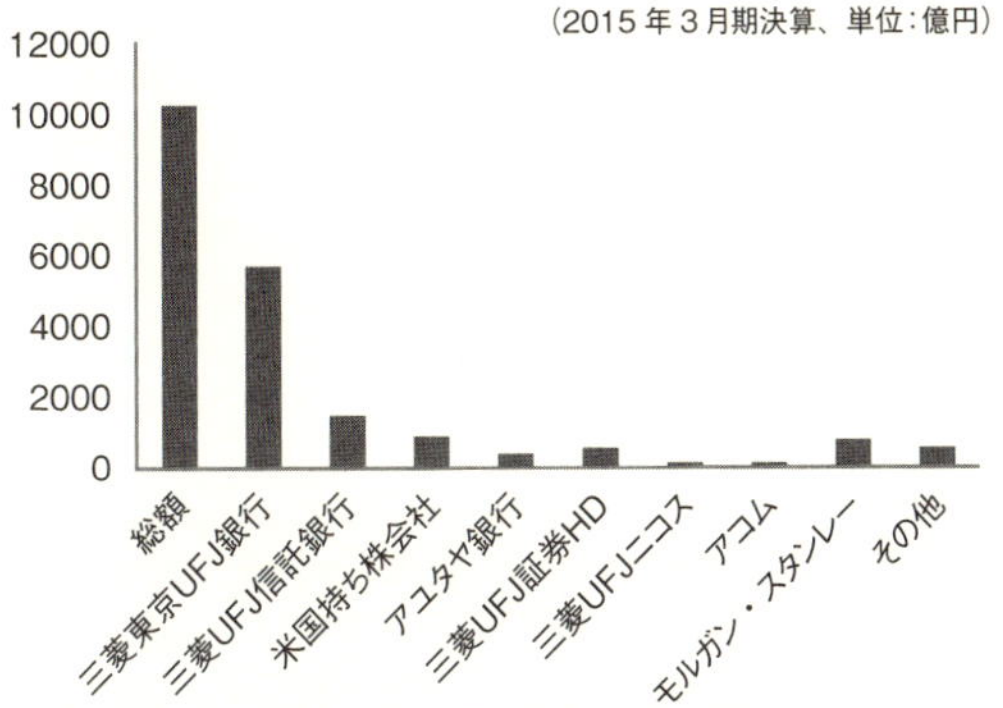

内での貸し出しによる資金利益や債券売買益などは縮小したが、海外部門の収益が国内の不振をカバーした格好だ。

１兆円を上回った当期純利益の中身を分解してみると、15年３月期は金融コングロマリットの強みが表れた決算であることがわかる。純利益のうち、三菱東京ＵＦＪ銀行と三菱ＵＦＪ信託銀行（以下では２行と略す）の合計分は７１２５億円と前の期に比べ７４０億円の減少。一方、２行以外の連結対象会社が計３２１２億円で前の期に比べ１２２９億円増。連結対象の中では、米国のユニオン・バンクなどを傘下に置く中間持ち株会社が８９２億円、米国のモルガン・スタンレーが７４８億円、アユタヤ銀行が３８２億円を稼ぎ出すなど、海外の連結会社の貢献が大きい。クレジットカード会社の三菱ＵＦＪニコスは１２４億円、消費者金融のアコムは51億円にとどまり、収益への貢献は小さい。（図表３－５参照）

項目別に点検してみよう。銀行の本業はやはり、預金・貸出業務による収益や有価証券の配当などからなる資金利益である。15年3月期の資金利益は前の期に比べて３０３０億円増えた。2行合計分は９３０億円増にとどまり、連結子会社の中では、米国の中間持ち株会社が５４9億円増、アユタヤ銀が１８２７億円増と大きく伸びた。役務取引等利益はどうだろうか。全体では前の期比１４８２億円増えた。このうち2行合計は４６０億円増、連結子会社は１０２２億円増。このうち北米子会社は６２３億円増、アユタヤ銀は５４７億円増。こちらもユニオン・バンクとアユタヤ銀の比重が極めて大きいのだ。

ユニオン・バンクは米カリフォルニア州を中心に店舗展開し、預金残高は８００億ドルを上回る。日本の上位地銀並みの資産規模で、２０１４年には三菱東京ＵＦＪ銀行の米州事業と統合し、行員約２０００人をユニオン・バンクに異動させた。潤沢な資金を活用し、現地の企業向け貸し出しなどを増やしている。アユタヤ銀行は個人ローンやクレジットカードなどでタイ国内1位、企業向け貸し出しでは5位。２０１５年に三菱東京ＵＦＪ銀行のバンコク支店と統合し、双方の顧客基盤や商品・サービス力を生かしながらシナジー（相乗効果）を狙っている。

バランスシートの動きをみても、海外事業の伸びが顕著だ。連結ベースの貸出残高は15年

3月末で109兆4000億円となり、1年前に比べて7兆4000億円増えた。内訳をみると、国内の法人向け貸し出しは1兆1000億円増の42兆5000億円と微増だが、住宅ローンは5000億円減の15兆9000億円。一方、海外貸し出しは7兆1000億円増の41兆円。貸し出しが増えているのは海外で、国内は振るわない。住宅ローンに至っては残高が減っている。

国内の不振を海外業務で補う構図が鮮明だからだろうか。5月15日の決算発表に臨んだ三菱UFJフィナンシャル・グループ社長の平野信行は純利益1兆円超えの感想を尋ねられると、慎重な表現に終始した。2016年3月期の決算予想は当期純利益が9500億円と高水準ながら8％減益の予想だ。金利の先行きや経費率の推移などを慎重に見極めているという。

他の2グループの決算と比べると、三菱UFJ独走の背景が一段と鮮明になる。三井住友フィナンシャルグループの15年3月期決算は、連結純利益が前の期に比べ10％減の7536億円、傘下銀行の実質業務純益は同4％増の8430億円。みずほフィナンシャルグループの15年3月期の連結純利益は同11％減の6119億円、傘下銀行の実質業務純益は同12％増の7213億円だった。3グループの連結純利益を比べると、三菱UFJは、三井住友の約1・4倍、みずほの約1・7倍を稼いだ計算となる。

この差はどこから生まれるのかと言えば、やはりグループの規模の差が大きく影響している。三菱ＵＦＪの15年3月末時点の総資産は約２８６兆円で、みずほ（約１８９兆円）と三井住友（約１８３兆円）の約１・５倍に達している。あえて単純化すると、３メガバンクグループの誕生以来の「規模の格差」が利益水準の差となって表れているともいえよう。さらに言えば、規模の差を埋めない限り、三菱ＵＦＪが独走する構図は変わらない可能性が高い。

本章第1節で、窮地に陥ったＵＦＪをグループに取り込もうと、三井住友フィナンシャルグループ社長の西川善文が、三菱東京の前に立ちはだかった姿を描写した。西川は「規模の利益」が、いかにものを言うかをよく知っていたからこそ、あそこまで粘ったのだろう。

異次元金融緩和でも「もうけづらい」ビジネス

３メガバンクグループはこの10年間、「金融コングロマリットにいかに磨きをかけるか」に腐心してきたが、やはり三菱ＵＦＪが頭一つリードしている。目標は「世界に選ばれる、信頼のグローバル金融グループ」。

２００８年、米モルガン・スタンレーと資本提携し、米ユニオン・バンクを完全子会社とした。２０１０年、三菱ＵＦＪモルガン・スタンレー証券が発足。11年、オーストラリアの資産運用会社、ＡＭＰキャピタルと資本・業務提携。13年、タイのアユタヤ銀行を子会社とし、ベトナムの国有銀行ヴィエティンバンクと資本・業務提携。さらにファンド管理会社（現・三菱ＵＦＪファンドサービス）を買収、15年には欧州金融大手のＵＢＳから資産管理事業を買収するなど矢継ぎ早に手を打ってきた。

海外展開には他の２グループも熱心で、みずほは11年、ベトナムのベトコンバンクに15％出資。三井住友は13年、インドネシアの年金貯蓄銀行に40％出資、15年、香港の東亜銀行に追加出資するなど、いくつか動きがあるが、三菱ＵＦＪとは開きがある。

こうした動きの違いが、決算数字の差となって表れている。（図表３－６参照）過去10年間の３グループの当期純利益を比べてみよう。

２００６年３月期は三菱ＵＦＪが７７０７億円、三井住友が６８６８億円、みずほが６４９９億円と拮抗していた。この時期には、三菱ＵＦＪが規模の格差をまだ生かし切れていない。リーマン・ショック後の09年３月期にはそろって赤字に転落し、２０１０年３月期、２０１１年３月期と徐々に回復軌道に乗る。完全に復調したのが２０１３年３月期で、それぞれ８５２６億円、７９４０億円、５６０５億円。このころから３グループの自力の違いがはっきりしてくる。リーマン・ショックのような急激な環境の変化がなければという前提条件が付くが、「巡航速度」での当期純利益は三菱ＵＦＪが１兆円前後、三井住友が８０００億円前後、みずほが６０００億円前後で落ち着いてきたといえる。

図表3-6　3メガバンクの連結純利益（億円）

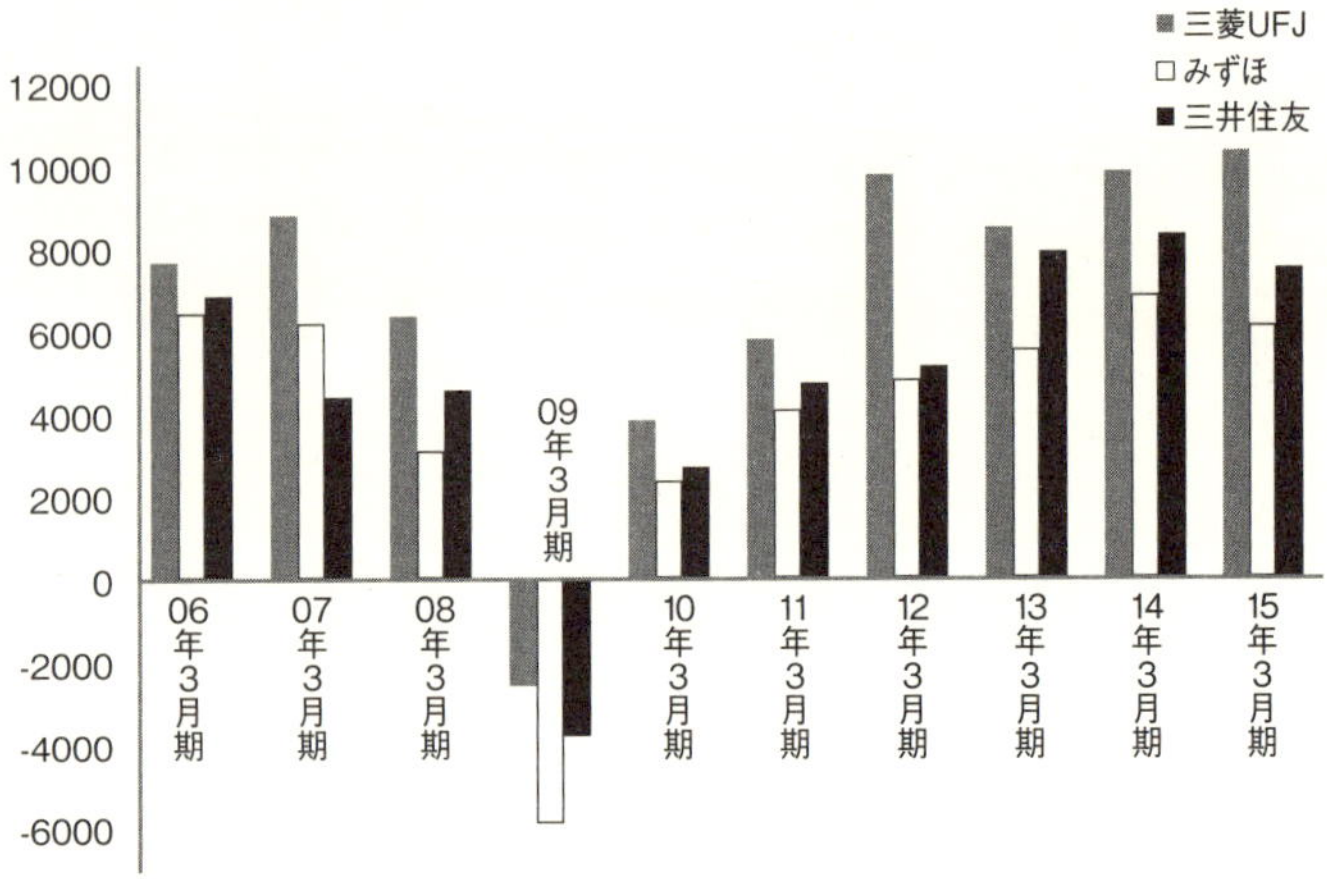

もっとも、三菱ＵＦＪが資産規模の差をフルに活用できているわけではない。15年3月期のＲＯＲＡ（連結純利益をリスク資産の総額で割った値）は三井住友が1・1％、三菱ＵＦＪが0・92％、みずほが0・9％。自らの資産でどれだけの利益を生んだかという尺度では三井住友の方が上回っている。ちなみに、株主資本を使ってどれだけの利益を生んだかを示す指標であるＲＯＥ（株主資本利益率、連結純利益を株主資本で割った値）を15年3月期で比べると、三菱ＵＦＪは8・74％で、三井住友（11・2％）、みずほ（10・0％）を下回っている。経営の健全性を示す自己資本比率も、三井住友の方が高い。（図表3－7参照）

2015年3月期決算での3グループの差をもう少し細かく点検しよう。当期純利益のうち

図表3-7　3メガバンクグループの自己資本比率

（%、2015年3月末）

	総自己資本比率	ティア1比率	普通株式等ティア1比率
三菱ＵＦＪ	15.68	12.62	11.14
みずほ	14.58	11.5	9.43
三井住友	16.58	12.89	11.3

銀行本体以外の連結対象が占める割合は、三菱ＵＦＪが約31%、三井住友が約15%、みずほが約21%。稼げる連結対象を育てているかどうかで差がついているといえる。

三井住友では、銀行本体以外で最も当期純利益への貢献が大きいのはＳＭＢＣ日興証券の約６５０億円で、三井住友ファイナンス&リースの約２８０億円がこれに続くが、三菱ＵＦＪに比べると規模は小さい。三菱ＵＦＪと三井住友の連結純利益の差は約２８００億円に広がったが、銀行本体だけを比べると三菱東京ＵＦＪ銀行は５７１７億円、三井住友銀行は６４３０億円と逆転する。北米のユニオン・バンクと米モルガン・スタンレー、三菱ＵＦＪ信託銀行（１４０７億円）の合計分約３０５０億円が、両グループの差額にほぼ等しいのだ。参考までに、住友信託銀行などを母体とする三井住友トラスト・ホールディングスの15年3月期の当期純利益は１５９６億円、りそなホールディングスは２１１４億円。銀行再編が別の組み合わせになっていれば、３メガの順位は変わっていたかもしれない。

15年3月末時点での3グループの連結ベースのバランスシートを比べ

ると、総資産のうち、貸出金、有価証券、現金・預け金の占める割合が、三菱ＵＦＪはそれぞれ38％、25％、14％、三井住友は39％、16％、21％、みずほは38％、22％、15％。有価証券のうち、国債の占める割合が三菱ＵＦＪは47％、三井住友は48％、みずほは50％。現金・預け金には日銀への預け金が含まれている。日銀の異次元金融緩和で国債が吸い上げられ、日銀への預け金が膨らんでいる。

こうしてバランスシートをみても、3グループが、与えられた資産を配分する方法に大きな違いはない。連結グループを構成する顔ぶれと規模の違いが収益力の差となって表れていることがわかる。

銀行本体での収益力では三井住友が三菱ＵＦＪに引けを取らないことを示す1つの材料は「総資金利ざや」である。総資金利ざやとは、貸出金利と国債など有価証券の運用利回りから、預金金利や経費などの資金調達原価を差し引いてはじく。銀行が本業で利益を出す前提となる数字だ。

2015年3月期で比べると、三菱東京ＵＦＪ銀行は資金運用利回りが0・65％、資金調達原価が0・72％で総資金利ざやはマイナス0・06％の「逆ざや」で前の年度より0・03ポイント悪化した。一方、三井住友銀行は資金運用利回りが1・31％、資金調達原価が0・79％で総資金利ざやは0・52％。前の期に比べ0・08ポイント改善している。ちなみに、みずほ銀行の総資金利ざやはマイナス0・07%で、前の期に比べ0・06ポイント悪化した。
デフレ経済からの脱却を目指す日銀が黒田東彦総裁のもとで異次元金融緩和を打ち出したのは2013年4月。日銀が市場に出回っている国債を購入するなどの方法でお金を大量に供給すれば市中金利が低下し、企業や個人が銀行からお金を借りやすくなるとの触れ込みだ。ところが、もともと市中金利は最低の水準にあり、貸し出しの伸びには必ずしもつながっていない。貸出業務による収益が低迷し、銀行にとって貸出業務はますます「もうけづらいビジネスになっているのだ。

とはいえ、三井住友はこうした環境下でも、しっかりと利ざやを確保している。三井住友銀行頭取の國部毅は2014年3月、全国銀行協会会長としての記者会見で「銀行として一定の貸出残高を保有している以上、一定のクレジットコストは巡航速度という意味でも生じてくるのが普通だと思う。したがって、今は経済環境が大きく好転しているので戻ってきているが、どこかの段階ではクレジットコストが当然発生する状況になってくる。我々は銀行業、融資業をやっているから、リスク管理とリスクテイクは車の両輪である。金融機関として取るべきリスクと取れないリスクを見極めて、取るべきリスクは取っていく。そしてリスクを管理しながら経営をしていくということが、私が経営に際し考えていることである」と説明している。

クレジットコストとは、銀行が貸し出しを回収できなくなり、損失計上する金額を指す。銀行は貸し倒れに備えて一定額の貸倒引当金を積んでいるが、予想したよりも貸し倒れが少ないと、引当金を取り崩して「利益」として計上できる。この利益を「戻り」と呼ぶが、アベノミクス効果による景気回復の効果もあり、「戻り」の多い銀行が目立つ。

取引先の業績改善が「戻り」に貢献しているのだが、銀行の判断は妥当だったのだろうか。銀行が貸倒引当金を積み増している取引先に十分な資金を提供してきたとは考えづらい。貸倒引当金の積み増し自体が減る傾向もみられるが、回収難に陥りそうな取引先を避けている面はないのだろうか。國部は、「クレジットコストが減っている銀行界はリスクを本当に取っているのか」と記者に問われ、「リスクテイクの大切さ」を強調した。三井住友はリスクを取って貸し出しを増やしていると解釈できる発言でもある。

なぜ、三菱ＵＦＪは総資金利ざやがマイナスなのだろうか。『週刊東洋経済』（２０１４年11月８日号）は特集でこの問題を扱っている。同誌によると、逆ざやの原因は主に３つ。

１つ目は東海地区と関西地区での融資競争だ。三菱東京ＵＦＪ銀行の母体は、東京が地盤の東京三菱銀行、大阪が地盤の三和銀行、東海が地盤の東海銀行。３メガの中では経営統合が最も遅かったため、統合作業に追われるうちに他の金融機関の攻勢を受け、貸し出しを奪われる事例が目立った。経営統合に伴う営業力の弱まりを補おうと2011年頃から大阪や東海などで逆に競争をしかけ、結果として貸出金利が下がったという。

2つ目は住宅ローン金利の低下。メガバンクに限らず銀行界全体で金利引き下げ競争が過熱する中で、三菱UFJも競争に巻き込まれた。3つめの理由が資金調達原価（コスト）の上昇。資金調達原価は預金金利や外部負債利回りに経費率を足して計算する。三菱UFJは他の2グループより人件費の負担が重く、経費率を押し上げていると同誌は指摘する。

2014年下期の三菱UFJの業務粗利益（海外事業を除く）のうち、貸出業務の占める割合は法人部門で約25%、個人部門では約11%にとどまる。法人部門ではシンジケートローンやデリバティブ取引、証券業務など、個人部門では投資信託や株式・債券の販売手数料などの比重が増している。国内事業では、預金・貸出業務による利ざや収入が低迷している代わりに、証券関連の手数料入が伸びているのだ。

相手の腹の中を見極めてから資金を提供

これから3メガグループはどこへ向かうのか。利益率が高い海外展開を加速させ、国内では証券関連の手数料収入を増やし、貸し出しの低迷を補うという方向は一致している。

三菱UFJは15～17年度の中期経営計画の中で、10年後に目指す姿として、「日本、アジア、米国に強固な基盤を有する、商業銀行を基軸とする総合金融グループとしてグローバルでもユニークなビジネスモデルを確立」とうたい、日本では「揺るぎない総合金融機関No.1に」、アジアでは「第2のマザーマーケットにおける外資系金融機関トップクラスの地位に」、米国では「注力分野トップ10、外資系金融機関トップクラスの地位に」と地域別に目標を示している。アジアではアユタヤ銀行、北米ではユニオン・バンクに大きな期待を寄せている。

国内の個人取引では、投信や株式・債券などの預かり資産残高を3年間で25％増、中堅・中小企業との取引では、事業承継・M＆A関連の収益を同70％増。海外では日系企業からの収益を同28％増、非日系企業からの手数料など「非金利」収益を同37％増など意欲的な数字が並んでいる。

「メガバンクは様々な経験を経てようやく地に足がついた海外業務を展開できるようになったのではないか」と分析するのは、金融コンサルタントの小関広洋氏だ。邦銀の海外業務の歴史は古い。1970年代から80年代前半はオイルマネーの仲介やソブリン（各国政府）向けシンジケートローンに参加。80年代後半から90年代前半は日本国内のバブル景気の余勢を買ってLBO融資（買収する相手の価値を担保に、買収をする側に実行する融資）やシンジケートローン、ローン・サブパーティシペーション（シンジケートローンなどの一部債権の売買）などを手掛けたものの、多額の不良債権が発生した。

90年代後半から２０００年代前半までは、国内の不良債権処理で体力が低下し、ジャパンプレミアム（邦銀への上乗せ金利）の発生もあって海外業務を大幅に減らしたり、撤退したりする動きが相次いだ。２０００年代後半に発生したリーマン・ショックで欧米の金融機関が体力を消耗する一方で、国内のバブル崩壊に懲りて慎重に行動していた邦銀の地位が相対的に向上した。欧米の金融機関の間隙を縫い、メガバンクを中心に邦銀は再び徐々に海外業務を増やしてきた。２０１０年以降はさらに海外展開を加速させている。

３メガバンク、とりわけ三菱ＵＦＪが現在、取り組んでいる海外業務は、外銀の尻馬に乗って資金だけを提供する、かつての海外業務とは、かなり異なっているようだ。リーマン・ショック前の欧米のユニバーサルバンクのように、トレーディング（有価証券の短期売買）に頼る収益構造にはなっていないし、「内外の企業に資金需要が発生する時点から銀行が入り込み、相手の腹の中を見極めてから資金を提供している」（三菱ＵＦＪ首脳）という。この方法を貫けるなら、３メガバンクは海外業務の果実を手にできるだろう。

ただし、トレーディング業務ほどではないにしても、海外業務は常にリスクをはらんでいる。例えば、三菱ＵＦＪグループの収益への貢献度が高いアユタヤ銀行や米ユニオン・バンクには死角はなく、現地での債権管理は万全なのだろうか。米国やアジアの景気変動に業績が左右される恐れはないのか。３メガグループはいずれも証券関連業務で収益を増やしているが、アベノミクス（安倍晋三政権の経済政策）効果による株高の追い風がやんだら、グループ全体の収益が落ち込む可能性はないのか、など不安材料はいくつも挙げられる。

3メガバンクの今後のパフォーマンスに期待するのはよいが、リスクの存在から目をそらせてはならない。

36 鹿野嘉昭『日本の金融制度　第3版』（東洋経済新報社　2013）：25-31　60-63　383-386
37 菊地浩之『図解　合併・再編でわかる日本の金融業界』（平凡社　2015）

第4章

進まぬ新陳代謝

第1節
「火薬庫」で生き残った地銀

1990年代以降に一気に再編が進んだ大手銀行ほどではないが、再編の波が徐々に押し寄せ、変化を迫られている金融機関がある。地方銀行と第2地方銀行である。

2015年時点で地銀は64行、第2地銀は41行ある。「地方」という看板を掲げている通り、地方に本店を置いて活動している銀行が多いが、東京などにも支店を設けている銀行も珍しくない。また、横浜銀行や千葉銀行など都市部に本店があっても、地方銀行に属する銀行もある。「都市」の銀行ではないから「地方」の銀行だと説明するよりも、特定の地域を中心に活動している銀行という説明の方が実態に近いだろう。

地銀・第2地銀の再編が一気に加速

「特定の地域」の典型が都道府県である。例えば、南都銀行は奈良県のガリバー地銀であり、奈良県内の預金や貸し出しで圧倒的なシェアを持つ。支店や従業員を同一県内に集中して配置し、地元経済に大きな影響を及ぼしている。

全国を見渡すと、都道府県ごとにこうした銀行が存在する。地元でのシェアの大きさには違いがあるが、いずれも地域に根を生やして活動している。

だが、人口減少の時代を迎え、地域経済の地盤沈下が進むにつれ、1つの都道府県に活動を特化している銀行は、厳しい状況に追い込まれている。例えば、A銀行の1県内での融資シェアが80％だとしよう。県経済が右肩上がりの成長を続けているなら、県内企業の売り上げが伸び、資金需要も旺盛だ。A銀行は県内の大半の企業とは取引があるため、県経済の成長は取引先の成長につながり、A銀行の業績にも良い影響を与えるだろう。しかし、県経済が低迷し始めると、今度はほとんどの取引先の業績が悪化してしまい、A銀行の業績も連動して悪くなるだろう。

県経済の動きが一過性の景気変動ならまだよい。日本で起こっている現象は地域経済の長期的な低迷である。特定の府県に根城を持つ銀行は、じり貧に陥るのを防ぐために何をなすべきか。一部の地銀・第2地銀は「地域を超えた再編」で活路を開こうとしている。

横浜銀行（地銀、神奈川県横浜市）と東日本銀行（第2地銀、東京都）は２０１４年11月、鹿児島銀行（地銀、鹿児島市）と肥後銀行（地銀、熊本市）は15年3月、徳島銀行（第2地

銀、徳島市）と香川銀行（第2地銀、香川県高松市）を傘下に置くトモニホールディングスと大正銀行（第2地銀、大阪市）は同年4月、経営統合をそれぞれ発表した。横浜銀と東日本銀は同年9月、16年4月の経営統合で最終合意した。新設する共同持ち株会社「コンコルディア・フィナンシャルグループ」の傘下に両行が入る。

さらに、常陽銀行（地銀、茨城県水戸市）と足利銀行（地銀、栃木県宇都宮市）は15年11月、経営統合する計画を発表した。16年10月に統合持ち株会社の傘下に両行が入る計画だ。新グループの資産規模は（15年3月末で計算）約15兆円となり、コンコルディア・フィナンシャルグループ（約17兆円）、福岡銀行（地銀、福岡市）などを傘下に置くふくおかフィナンシャルグループ（約16兆円）に次ぐ、地銀・第2地銀グループで全国3位に躍り出る見込みだ。地銀・第2地銀の再編が一気に加速してきた。

こうした動きが起きる背景は何か。民間シンクタンクなどが様々な分析結果を公表している。

日本総研主席研究員の吉本澄司は、地域金融機関の経営問題を歴史的な経緯も踏まえて様々な角度から掘り下げている。[38] バブル崩壊後、地銀と第2地銀の間では、金融持ち株会社方式による複数の地銀・第2地銀グループの形成、地銀同士や地銀・第2地銀の合併、一部事業の分割と継承など、様々な動きが起きた。ただ、銀行の数という観点からみると、地銀は現在も1989年末時点の64行のままなのに対し、第2地銀は89年末の68行（普通銀行への転換が済んでいなかった1行を含む）から現在は41行と約4割減っている。

地銀と第2地銀との間で増減幅に大きな違いが生まれたのは、①バブル崩壊の影響で経営破綻したのは第2地銀が多かった、②地銀と第2地銀の両方が関係する金融再編では、再編後に地銀として存続する方法がとられた、③地銀同士に比べて第2地銀同士の金融再編が数多く起きた、からである。

第2地銀には地銀ほど資本や内部留保の厚みがなく、多額の不良債権を抱えて経営が行き詰まり、合併などを選ぶ銀行が多かった。

第2地銀とは、相互銀行さらには無尽会社の流れをくむ銀行だ。無尽会社とは、一定の口数と給付金額とを定め、利用者に定期的に掛け金を払い込ませ、抽選、入札などで金銭以外の財産を給付する株式会社。1951年に施行された相互銀行法に基づいて相互銀行に転換した。相互銀行は中小企業以外への貸し出しが制限されたが、利用者に掛け金を払い込ませる「相互掛金業務」を取り扱うことができた。

戦後、中小企業の発展に貢献したが、貸出金の大口化、相互掛金業務の衰退、大手企業との取引の増大、営業区域の拡大など業務内容が他の銀行と変わらなくなる。1990年末までに1行を除き67行が普通銀行（第2地銀）に転換した。地銀に比べるともともと事業の基

図表 4-1　業態別の預貸金シェア

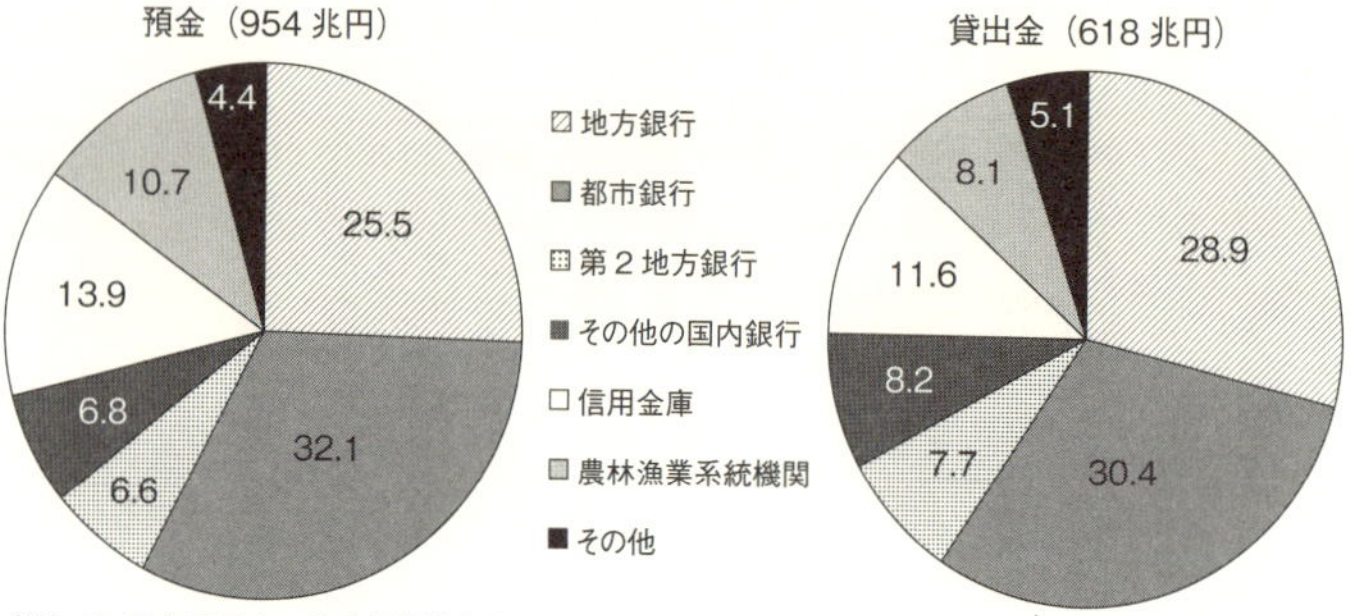

（注）2015 年 3 月末、地方銀行協会調べ

盤が弱く、同族経営が多かった影響もあって、バブル経済の波に飲み込まれ、バブル崩壊後の荒波を乗り切れない銀行が相次いだ。

地銀にも同様な圧力は働いたが、第2地銀に比べればまだ余裕があった。地方銀行の現状を都道府県別にみると、ごくわずかの例外を除き、「1県1行」もしくは「1県2行」である。先に説明した、戦前以来の「1県1行主義」の流れが現在も続いているためだ。

地銀の数や分布は都道府県の存在と密接に結びついている。地銀は地元にきめ細かい営業網を築き、地元企業や住民、地方自治体などと長年の取引関係があり、地域に根付いている。特に自治体との取引シェアは高く、都道府県と市町村を合計した自治体向け貸し出しでは地銀のシェアは56・9%（2015年3月末、地方銀行協会調べ）に達している。ただ、全国レベルでの利便性や海外ネットワーク、知名度、ブランド力、総合的な金融サービスなどでは大手銀行に比べて劣位にある要素もある。

全国の金融機関の預金残高のうち地銀の占めるシェアは25・5％(同)、貸出残高は28・9％(同)にとどまっている。(図表4－1参照)

地銀は全体としては銀行数の変動が小さく、現在も「1県1行」もしくは「1県2行」が確立されている地域が多い。「地元の重鎮」の地位も維持しているが、各地域の経済情勢は千差万別であると吉本は指摘する。

拠点を置いていた製造業が、国際競争が激化する中で工場の閉鎖・縮小や移転に踏み切り、雇用が失われた地域は多い。主力の第1次産業で就業者の高齢化が進み、公共工事に依存する体質からの転換が遅れるなど長年の課題を抱え、打開策を見いだせない地域は悲鳴を上げている。地域経済が千差万別であるのと同じ意味で地銀・第2地銀の経営状況も千差万別であるといえよう。

地方経済や地銀・第2地銀は千差万別であるにしても、ある程度の分類は可能だ。地方経済をいくつかの種類に分類すると、それぞれの地域に本拠を置く地銀・第2地銀の行動パターンに特色があることがわかる。今後、金融再編などにどう取り組むのか、ある程度、予想もできる。こうした分析は本節の最後に改めて取り上げたい。

もし「預金不安鎮静剤」があるなら空中散布したい

さて、本節では2人の人物に焦点を当てたい。1人は谷口米生。大蔵省（現・財務省／金融庁）出身で、1994年に大阪銀行（現・近畿大阪銀行、大阪市）に移って副頭取、95年から2000年まで頭取を務めた人物である。もう1人は柏原康夫。京都銀行（京都市）の生え抜きで、98年に頭取、2010年から2015年まで会長を務め、現在は取締役相談役である。

この2人を取り上げるのはなぜか。

大阪銀行と京都銀行はともに関西の地銀であるが、銀行の信用力には天と地ほどの差があった。バブル崩壊後に2人がトップに就任した当時、いずれも厳しい経営環境にはあったが、経営破綻の寸前まで追い込まれていた大阪銀行に比べると、自力に勝り、バブル崩壊の痛手も比較的小さかった京都銀行には余裕さえあった。2人の足跡を追うと、「千差万別」である地銀・第2地銀の両極の姿が浮かび上がり、地銀経営を検証する格好の素材になるからだ。

筆者はこの間、関西の銀行界を取材し、各銀行の一挙手一投足を観察しながら、2人にも直接、取材する機会を得た。2人が何を考え、どう行動したかを再現することで、今後、全国の地銀・第2地銀はどう動くのかを予想する手がかりを提供できると考えている。

谷口は大阪銀行の経営に携わった6年間を総括する著書[39]を上梓。時系列で出来事を追いながら、随所に心象風景を織り込んでいる。以下の記述は同書を参考にしながら、まとめている。

1994年、谷口は大蔵省官房長に呼ばれ、大阪銀行入りを打診された。大阪銀はFH2O（福徳・阪和・兵庫・大阪の各銀行）というあだ名で呼ばれる問題銀行の1行であることは知っていたが、その銀行に行くと自分の人生にどう影響するのかまでは突き詰めて考えず、気楽に引き受けた。それが6年間にわたる苦労の連続の始まりだった。

関西は危ない銀行が集まり、いつ爆発してもおかしくない「火薬庫」と呼ばれていた。大阪銀行は火薬庫を代表する存在であった。

1995年3月、大阪銀行は関連ノンバンク3社を法的整理する手続きを大阪地裁に申請した。福徳銀行（大阪市）と阪和銀行（和歌山市）も同様に関連ノンバンクの法的整理を申請した。それまで、銀行の関連ノンバンクが経営危機に陥ると、ノンバンクの経営権を握っている銀行（母体行）が責任を持つのが銀行界の常識だった。3行はその常識を覆し、母体行以外でノンバンクに債権を持つ金融機関にも損失負担を求めたのである。

この処理で、関連ノンバンクの負債約4000億円のうち、大阪銀は自行分約500億円を債権放棄し、残る3500億円は他の金融機関に負担を強いることになった。役員が手分けして負担を強いた金融機関にお詫びに行ったが、当然ながら反応は厳しかった。筆者は当時、ある銀行の幹部から「銀行は貸したカネを返してもらうことで成り立っている商売だ。自分で借りたカネを返せないのなら、この世界では生きていけない」と大阪銀行を非難する声を聞いた。

関連ノンバンクの処理は銀行が生き残るための非常手段の第一歩だったが、副作用は大きかった。法的整理の前後から預金流出が始まったのである。4、5の2カ月間で800億円強の大口預金が流出した。解約の中心は事業法人であり、一般の預金者には気づかれなかった。

その後、落ち着き始めた預金流出が一気に表に出たきっかけは、7月末のコスモ信用組合（東京都）の経営破綻、8月の兵庫銀行と木津信用組合（大阪市）の経営破綻だ。関西の預金者の動揺は大きく、大阪銀行からも預金の引き出しが止まらなくなる。9、10の2カ月間で600億円以上の預金が流出した。預金の流出、マスメディアの報道、さらなる信用不安の高まりという悪循環が起きていた。役職員で手分けして取引先に説明に回ったが、効果はあまりなかった。谷口は、仮にこの世に「預金不安鎮静剤」があるなら、ヘリコプターをチャーターして空から散布したいと思うほどの追い詰められた心境だったという。預金者が大口定期預金を解約し、現金を銀行の貸金庫に保管する行動も目にした。

大阪銀行の資金調達と運用の構造はどうなっていたのだろうか。同行は1950年に設立された新設地銀。大阪の中小企業や個人が営業基盤だった。高度成長期には資金需要が先行し、恵まれた環境下で活動していた。安定成長期に入り、都市銀行が中小企業取引に攻勢をかけると、市場性の大口預金を集めながら貸し出しを増やし、営業基盤を守ろうとした。

1991～92年時点で、市場性の大口預金と譲渡性預金の合計額は3000億円を上回り、一般預金に対する比率は2割を上回っていた。バブル崩壊後に信用不安が高まると、大口定期預金が一気に引き出され、無理に増やした貸し出しは不良債権に転じた。95年秋には資金繰りが厳しくなり、日々の資金の出入りや資金繰りの見込みを日銀に報告する体制となった。

谷口は「預金流出は、大阪銀行で働く者に、銀行の信用の原点は何であるか、また信用とはいかに脆いものであるかを教えた」と記した上で次のように総括している。

銀行は、資金の決済および資金の仲介をするものと法律で規定され、そういう機関として、当局により銀行免許が与えられている。しかし、従来からの銀行経営者は、銀行という企業の存立条件、すなわち信用の基礎がどこにあるかを間違って受け止めていたのではないか。すなわち、銀行の信用の基礎は行政当局の免許の付与にあるのであって、財務内容など自己が経営する銀行自体の信用力は第二次的なものである、という理解の仕方である。このような理解が、当局への甘えという精神構造を生んでいたのではないか。このような精神構造が、当局による家父長的行政とも相まって、自己の経営努力の必要性について、次第に厳しい認識を薄れさせていったのではないか。

従来の経営者が甘え、頼り切っていた大蔵省から来た谷口が「銀行自体の信用力こそ大切だ」と強調しているのは興味深い。谷口にしてみれば、「困ったときは大蔵省が助けてくれる」という甘い認識こそが大阪銀行の屋台骨を揺るがし、救援軍としての役目を自分が引き受けることになったと感じていたのだろう。

金融自由化というマラソンレースに出場し、レースが始まったばかりで、大ブレーキを起こしたランナーの心境だった。ゴールまでたどり着けるかどうかはもとより、いつまでレースを続けることができるのかも見通せない状況だったと谷口は言う。

95年6月末、頭取に就任した。若手グループからは、危機意識の欠如、行員の関心事は人事、責任が不明確な体制、原因究明を通じて失敗を最小化しようとする企業風土がない、といった問題点を指摘する意見書が出ていた。もちろん内部改革は重要ではあったが、銀行経営に与える影響という点では、はるかに大きな変革の波が押し寄せてきていた。金融行政の転換である。

どうせ破綻なら死んだつもりで経営の座標軸を変える

96年6月、早期是正措置の導入を盛り込んだ金融関連3法が成立。8月から10月に阪和銀行と大阪銀行への大蔵省検査、11月の金融ビッグバン宣言、その直後に阪和銀行への業務停止命令と、大蔵省は護送船団行政からの脱皮を急いでいた。行政の急展開をスピード違反だと思いつつも、対応していくしか道はなかった。

12月に大蔵省から示達書が届き、阪和銀行のような事態にはならなかったが、大阪銀行株は急落し、預金流出も加速していた。谷口は銀行が生き残るためには金融再編が不可欠との見方を強める。しかし、大阪銀行の不良債権の大きさや評判の悪さもあって、相手はみつからない。

谷口の本には初期の交渉相手の実名は一切出てこないが、筆者の取材に基づき、いくつかの動きを取り上げよう。この時期に話があったのは2件でいずれも大蔵省が主導した案件だった。奈良の南都銀行に救済合併を求め、95年末頃から資料を交換したが、96年夏には相手から断られる。96年秋に再度、働きかけたが失敗した。

もう1つはオリックスとの統合構想だ。銀行業への参入を目指すオリックスと、問題銀行の処理を進めたい大蔵省の思惑が一致した。97年2月に話が持ち込まれ、大阪銀は全力で対応した。大阪銀行の資産を正常債権と不良債権に分離し、不良債権を除いた大阪銀をオリックスが買収する計画だった。オリックスが設立する法人に銀行免許を与え、不良債権を切り離して自己資本が乏しくなった大阪銀をその法人が吸収合併する方法を考えていた。

オリックスは大阪銀に対して資産査定（デューデリジェンス）を実施し、格付け会社の見解を聞いた。資産内容をクリーンにしたところで、買収する相手の市場シェアが大きくなければ格付けの上昇にはつながらないとの指摘を受け、オリックスはこの案件から手を引く。余談になるが、オリックスは11月に自主廃業を発表した山一証券から子会社の山一信託銀行を譲渡され、銀行業への参入を果たした。大蔵省が当時、いかに綱渡りの状態だったかを示している。オリックスとの再編に期待をかけていた大阪銀の幹部らは大いに落胆した。

一方で谷口には開き直りの気持ちも芽生えていた。98年元旦の日記には「どうせ破綻が必至なら、死んだつもりで経営の座標軸を全く変えること、例えば株主中心主義というパラダイムに変更することを考えても良い」と書き込んだ。マラソンレースを続ける他の銀行との距離が縮んできたという感覚もあった。関連ノンバンクの処理をすでに終えている大阪銀に対し、未処理の銀行は徐々に体力を消耗していた。

「大阪銀行は大阪府下の経済交差点の真ん中にいるような存在であり、この銀行を生かすにしろ、見捨てるにしろ、大阪府下における金融機関を再編するとすれば、無視しえない存在であるという地理的な利点があった」と谷口は分析している。

98年初め、谷口は、定期昇給の廃止など給与制度の抜本改革と、貸出金の金利水準引き上げを提案した。新給与制度の概要は、①年功序列的な給与制度の中核をなしていた従来の「本俸」と「定期昇給」を廃止。勤続年数に応じて資格が自然に上昇するという考え方はとらない、②各人に「新本俸＋賞与」を支給する。新本俸は別途、定める職位基準と勤務評定に基づく号俸によって算定する、である。

賃金水準を大幅に切り下げ、本人の能力と実績をより反映した給与制度に改める狙いがあった。年配者の給与カットは2割を超えた。整理解雇をしない条件で労使が6月、合意した。98年の時点では定期昇給の廃止や給与カットは珍しく、谷口自身も改革案がすんなり通ったのが不思議だった。

谷口は銀行を去ってしばらくしてからこの「謎」を自分なりに以下のように解いている。預金流出が続く中で、従業員は銀行の流動性危機を、現実のものと感じられるようになる。失業という最悪の事態を迎えるのではないかという予感に日々悩まされた。集団主義という日本企業の文化の中で、従業員が危機感を共有し、銀行の崩壊を避けるには各人が何をなすべきかについて、「暗黙知」を有するようになり、これを暗黙のうちに相互に伝達し、確認しあったのではないか。

貸出金利の引き上げは預金流出で資金調達が滞り、貸し出しを抑制せざるを得ない事情も反映していた。大阪銀は長く「愛され、親しまれ、信頼される銀行」を経営理念としていて、従業員の間には顧客の利益を重視する風潮が強くなっていた。金融機関同士の競争が激しい大阪の土地柄もあり、顧客に対する甘い営業姿勢が許される雰囲気があった。

1997年末時点でみると、金利引き上げ対象とされた貸出金のうち、短期プライムレート（最優遇貸出金利）未満が64％、新長期プライムレート未満が69％に達していた。そこで、基準金利体系の厳格な運用、調達金利に見合った貸出金利、信用リスクに応じた収益確保（信用リスクを加味した金利体系）、適正な収益をもたらす先が本来の客、という方針を打ち出し、98年2月から5月末まで運動を続けた。

この運動は一定の成果を上げる。6月には営業戦略を転換した。その柱は①貸し出し方針を「抑圧・圧縮」からボリューム確保を前提とした「新規貸し出しの再開による貸し出し運用構造の改善」に転換、②調達面のボリューム維持と調達コストの削減をバランスさせるため、本部で大口定期預金の上限金利を提示し、支店で上限金利を上回る場合は「事前協議制」を導入する、③「運用・調達」の有効配分を通じ、銀行全体として収益の極大化を目指すため、営業店収益をチェックする。営業店の評価基準は銀行全体の資金効率の向上への貢献度を中心としたものに改める、の3点である。

この時期には大手銀行への公的資金の一斉注入の効果もあって、預金者の動揺も一時に比べて収まり、大阪銀の経営は落ち着きを取り戻しつつあった。「ようやく地道な基礎作業に基づく銀行業務の運営という方向が出始めた」と谷口は記している。

ここで、谷口の戦略を整理しておこう。追い込まれた状況のもとで、谷口が打った手は大きく分けて2つ。非常手段と通常の手段である。非常手段のトップバッターが関連ノンバンクの法的整理、その次が合併・再編である。そして、通常の手段は給与カットと貸出金利の引き上げだ。

企業が収益を伸ばすには基本的には2種類しか方法がない。売り上げを増やすか、経費を減らすかだ。銀行の本業である貸し出しで収益を伸ばそうとしたら、売り上げに相当するのは貸出金による金利収入。売り上げを増やそうと思えば、貸出金の量を増やし、きちんと回収するか、金利を引き上げる（あるいは預金金利などの調達コストを下げる）しかない。もう1つの方法は人件費や物件費などの経費削減だ。

関西銀行（現・関西アーバン銀行）頭取を務めた伊藤忠彦は、在任中に新商品開発、人事・組織、店舗などあらゆる分野にわたって多種多様な改革を実行し、銀行を活気づかせたが、単独路線を貫きつつ収益力を高めるには、業容の拡大（貸出金の増強など）、人件費や物件費などのコスト削減、資金運用などによる利回りの改善（貸出金利の引き上げ、もしくは調達金利の引き下げ）しかない、と筆者に語っていた。（伊藤は後に関西さわやか銀行と

の合併を決断し、関西アーバン銀行を誕生させた）

谷口は以上の方法のうち、貸出金の増強を除きすべての手を打ったといえる。金融危機という有事であろうが、平時であろうが、貸出業務を本業とする銀行の経営者が打てる手は限られているのだ。後述するが、金融危機が去り、長く「平時」が続く現在、谷口のように苦汁をなめる銀行の経営者はほとんどいないだろう。ただ、銀行の経営者が収益を伸ばすために何ができるか、と考えるとき、手の内にある駒は谷口とそれほど変わらない。

どことどこが組むか、生き残りを賭けたゲーム

地銀・第2地銀の経営目標として「リレーションシップバンキング」（通称リレバン）という用語がよく使われる。金融機関が借り手の事業の将来性などをしっかり判断し、密接な関係を築きつつ貸し出しを増やす手法を指す。貸し手と借り手が共存共栄の関係を保てれば、地域経済が活気づく。

金融庁は２００３年、「リレーションシップバンキングの機能強化に関するアクションプログラム」を公表。地域金融機関に「リレーションシップバンキングの機能強化計画」を提出させ、フォローアップを続けた。

金融庁が地域金融機関を対象とするアクションプログラムを打ち出したのは、その前年に

発表した「金融再生プログラム」（通称竹中プラン）との違いを示すためでもあった。竹中プランは大手銀行に不良債権比率の半減を迫る内容だが、同じ基準を地域金融機関に適用したら、地域金融機関の経営はもたないとの異論がプラン作成の前から相次いだ。「リレバン」には「地域金融機関は別扱い」と明示する狙いがあったのだ。

大手銀行と地域金融機関に体力の違いがあるのは確かであり、このときに地域金融機関を別枠にした政府の判断は妥当だろう。では、大手銀行と地域金融機関に本質的な違いがあるのだろうか。大手銀行と地域金融機関の業務内容は、ほとんど変わらないのが実情であり、貸出先と緊密な関係を築く必要があるのは、大手銀行も地域金融機関も同じだ。銀行の経営者が収益を伸ばすために何ができるかと考えるとき、地銀・第2地銀だけでなく、大手銀行の選択肢も限られているのだ。

本節の冒頭で紹介した「地域を越えた再編」に走る地銀・第2地銀も、通常の手段だけでは限界があると判断したからこそ、非常手段に打って出たのであろう。

大阪銀行に話を戻すと、谷口は通常の手段によって収益力を上向きにはできた。しかし、それだけではマラソンレースを続けるだけの体力増強にはならず、結局は金融再編に頼ることになる。金融再編に成功すれば、貸出金の増強とさらなる経費削減を同時に達成できる可能性があるからだ。

その後の再編の経緯を簡単にまとめよう。98年3月以降、福徳銀行となにわ銀行が検討していた「特定合併」への参加を検討した。しかし、同制度には不良債権を買い取る仕組みはあっても公的資金を資本注入する仕組みがなく、合併後に資本不足に陥る事態が予想されたので、参加を見送った。福徳銀となにわ銀は98年10月に特定合併し、なみはや銀行に衣替えしたものの、99年8月、経営破綻する。

大阪銀の迷走は続く。98年夏、近畿銀行とトップ同士が会談し、再編の可能性を探ったが、相手方が慎重な姿勢を示し、いったん中断した。同じ時期に大和銀行のトップとも会談したが、失敗に終わる。大和銀は大阪銀の正常債権だけを引き受ける意向だったので、話には乗れなかった。同年秋、大阪、近畿、泉州の3行で合併を模索した。ところが、10月に大和銀行が海外業務からの撤退と、近畿銀行との業務提携を発表。3行の構想は崩れてしまう。住友銀行が関西銀行を子会社にし、三和銀行と泉州銀行が業務提携するなど都市銀行と地銀・第2地銀との「縦方向」の連携が急速に進み始めた。

98年10月に成立した金融再生法には、経営破綻した銀行の受け皿になれば公的資金の注入を受けられるとの規定があり、大阪銀行を経営破綻に追い込み、営業基盤を奪取したい銀行が再編を持ちかけているとの観測が生まれた。

この時期の再編の動きは、まさに生き残りをかけたゲームの様相を呈しており、どの銀行がどの銀行と一緒になるのかは偶然の要素にも大きく左右され、幾通りも可能性があった。

3行合併の構想が崩れた後、なみはや銀行から再び誘いがあった。99年初めにかけて情報を集めたところ、預金保険機構が、なみはや銀行から買い取る不良債権の価格は暫定価格であり、これから精査して決めることが判明した。不良債権額が予想以上に膨らむと資本不足が顕著になる可能性があり、リスクが高すぎると判断し、誘いを断った。

そして、98年10月に金融再生法と同時に成立した金融機能早期健全化法に基づき、公的資金の資本注入を受ける前提条件として「関西特化戦略」を掲げた大和銀は99年初め、大阪銀に再編を持ちかける。大和、近畿、大阪の3行提携の枠組みが固まり、2月に発表した。その後、近畿銀と大阪銀は大和銀行の傘下で合併し、近畿大阪銀行となった。

非常手段と通常の手段を駆使した谷口は生き残りに成功し、2000年4月、近畿大阪銀行の誕生と同時に頭取を辞任した。

銀行経営は人材がすべてだ

次の主役に登場してもらおう。

柏原康夫は1998年6月、京都銀行頭取に就任した。97年から始まった金融危機は東京から関西へと広がっており、京都銀も決して予断を許さない状況だった。一例が日本債券信用銀行の株式保有。経営危機が伝えられ、売るべきかどうかためらっているうちに、売り損ねてしまう。大株主としての責任があって売れないのなら仕方がないが、そうでないのなら素早く売るべきだったと後悔し、経営判断は素早くすべきだと痛感した。

話を先に進める前に、柏原の職歴を少し詳しく紹介しよう。生え抜き銀行員としてトップに上り詰めた柏原の足跡には、「銀行業とは何か」という本書のテーマを探るヒントがちりばめられているからだ。

入行は1963年。就職難の時代で、いくつかの会社を受けたが受からず、京都銀に決まった。とにかく就職し、自分で生活したいという気持ちが強かった。最初の配属先は三条支店（京都市）で、担当は本出納補助。支店のお金を集める部署の補助で、お金の勘定が主な仕事だった。次の配属先は総務部で経費を担当した。経費を削減するときはこまごましたことの積み重ねでは大した節約にはならない。大きな項目をばっさり削らないと効果が出ないことを学んだ。コンピューター関係の費用や機器の保守料などを削減し、成果を出した。

柏原はその後、人事部門を中心に歩む。平社員、次長、部長、担当役員のすべてを経験した。京都銀行の人事部は、従業員の人事権を握る中枢部門であり、これは多くの銀行に共通する傾向だ。

営業の現場からは離れている人事部門が大きな権限を持つのは、短期間で人事ローテーションを繰り返す銀行員の処遇を公平に決めるため、とされている。特定の場所に長く配置すると取引先との癒着など不祥事の原因になりかねず、人事部主導で、一定の期間で担当を変える必要がある、とも指摘される。柏原は人事部での経験を糧に銀行業あるいは銀行員とは何かを追求していく。

銀行経営にとって何が大切なのか。こう問われると柏原は「人材がすべてだ」と断言する。京都銀が掲げる経営目標は「三位一体経営」。顧客、株主、従業員の三者を大切にする経営だ。以下は柏原の見解である。

従業員には能力の差があり、上位層が2割、中間層が6割、下位層が2割とよく言われる。どの層の従業員にとっても働きがいのある職場にするのが理想だ。仕事があまりよくできない従業員を切り捨てず、能力を発揮しやすい場を提供する。そうすると、仕事ができる従業員は人を大切にする会社だと感じ、さらにやる気を出してくれる。

年功序列の色彩が濃い銀行の給与体系が批判され、成果主義を導入する銀行が増えた時期があったが、成果主義には問題点が多い。例えば、貸し出しの実行額を評価基準にすると従業員は短期の実績に目が向き、融資審査が甘くなって後に回収難の貸し出しが増える可能性がある。

２００４年、柏原は職務内容や能力に応じた給与体系を導入したが、成果主義とは一線を画している。従業員を評価する際に重視しているのは、複数の人間による成果だ。人間がほかの人間を評価すると当然ながら主観が入る。だからなるべく多くの人の評価を集め、客観性を確保するようにしている。人事部は１人の従業員の評価を決めるときに５、６人から評価を聞き取り、評価項目ごとに点数をつけ、総合点を出す。結果が予想以上に低いときには原因を探る。１つの仕事の結果が出るまでには３〜５年はかかるのが普通だから、人材の評価にも長期的な視野が必要になる。

銀行にとって支店は極めて重要な営業拠点。支店を束ねる支店長は「ミニ経営者」であり、中小企業の社長に匹敵する存在だ。支店長職は経営幹部への登竜門である。１６０を超える支店の支店長選びには力を入れている。

２００５年、支店長を行内で公募する制度を導入した。希望者は「支店長になったらこんな経営をしてみたい」というレポートを提出し、人事部の面接を受ける。一方、支店長を目指さず、専門職として経営幹部になる道も作っている。支店長には「支店長心得」という冊子を配布している。「志あるところに道あり」のような基本的な心構えを説き、支店経営、信用リスク、人事管理などの項目ごとに一問一答形式で要点を説明している。

２０１０年４月、銀行内に「金融大学校」を設けた。内部の研修制度を「学校」と命名したのは、人材育成の大切さを認識してもらい、研修のレベルを高めるためだ。従来、人事部と研修部門が一体となっていたが、研修部門を独立させた。

支店長経験者が「専任教授」として営業、融資管理、業務管理を担当。本店のスタッフや外部の人材も講師となり、専門知識を伝えている。従業員が自ら学び、実践、成長する企業風土の形成を目指している。

柏原流人事の要諦は「時間をかけてじっくり人を育て、時間をかけて評価する」の一点に集約できる。根底にあるのは、銀行の本業は貸し出しであり、成果を出すには時間がかかるという、当たり前の認識である。生え抜き銀行員として職歴を積み重ねてきた柏原は、一時の流行や短期的な発想に惑わされるのを嫌う。

金融の自由化、バブル経済の生成と崩壊、デフレ不況、リーマン・ショック、アベノミクス景気と、日本の銀行界を取り巻く環境は目まぐるしく変化してきた。金融は「経済を映す鏡」でもあり、銀行界は環境の変化に翻弄され、その都度、経営方針を変える銀行は多い。柏原は環境の変化に直面しても慌てず、経営の軸がぶれないように心がけてきた。

頭取に就任したとき、京都銀も不良債権を抱えていた。不良債権と自己資本の額を比べると、仮に不良債権を全額、処理しても自己資本を食いつぶすほどではない。保有株式の含み益を使って不良債権を処理する方法もあったが、含み益を使ってしまうと保有株式の簿価が上がり、経営の基盤が弱まってしまう。そこで、含み益には手を付けず、初年度は赤字決算とした。

任天堂、京セラ、日本電産、オムロンなど戦後、京都で創業した企業を貸し出しや増資引き受けを通じて支援してきた。そうした企業が急成長を遂げるにつれ多額の株式含み益が生まれ、配当をもたらしている。企業がある程度、成長した段階で銀行の株も持ってもらった。銀行に持ち合い株式の圧縮を促す金融当局にも、株式保有の利点を説明し、理解を得る。

京都企業の株式保有は通常の取引の厚みにもつながり、様々な利点をもたらしているという。「長期的な視野」を重視する柏原の考え方が、株式保有の面でもよく表れている。

水が染み透るように出店を重ねる

頭取就任後、本業のもうけで不良債権処理の原資を確保し、配当を出すのに苦労した。利益は出したが、水準は低かった。いつまでも縮小均衡の発想でいいのか、との疑問がわいてきた。京都銀の資金量は全国の地銀の中で15~16位が続き、ほとんど成長していない。周囲の銀行をみても、人員削減や支店の廃止などのリストラが横行していた。

銀行の規模を大きくして収益力を高めないと、苦しい状況は変わらないと判断した。だが、京都府内は大手銀行や信用金庫との競争が激しく、資金量を増やすのはなかなか難しい。そこで、他の地域に進出し、市場を広げようとした。銀行内にはなおリストラを優先すべしとの声も多かったが、あえて風向きに逆らい、新規出店を始める。2000年12月、滋賀県草津市に店舗を新設したのを手始めに京都外に攻勢をかけたのである。

営業基盤を広げるには合併や再編に乗り出す方法もあるが、柏原は金融再編には慎重だ。柏原は決して純血主義者ではない。大手銀行などからの中途採用には熱心だし、NTTデータが運営する、地銀・第2地銀向け勘定系システムの共同利用センターに2004年からいち早く参加している。マーケティング、地域再生、災害対策など様々な切り口で地銀同士が協力する「地銀連携」の動きが広がっているが、京都銀は様々なグループに積極的に加わっている。

しかし、合併や再編にまで踏み込む気配はない。合併や再編は「時間を買う」効果があるとされるが、銀行業は本来、「時間をかける」ビジネスであり、その文化に合わせて人材を育成している柏原には「時間を買う」つもりはないのかもしれない。

「地銀は地域限定」という先入観を廃し、「広域型地銀」というキーワードを使い始めたのは2005年頃。滋賀で勢いが付き、大阪、奈良、兵庫へと店舗網を広げてきた。店舗を構えて営業活動をするうちに、地域の特色がわかるようになる。店舗の連続性を考えながら、

図表 4-2　地銀・第 2 地銀の資産配分

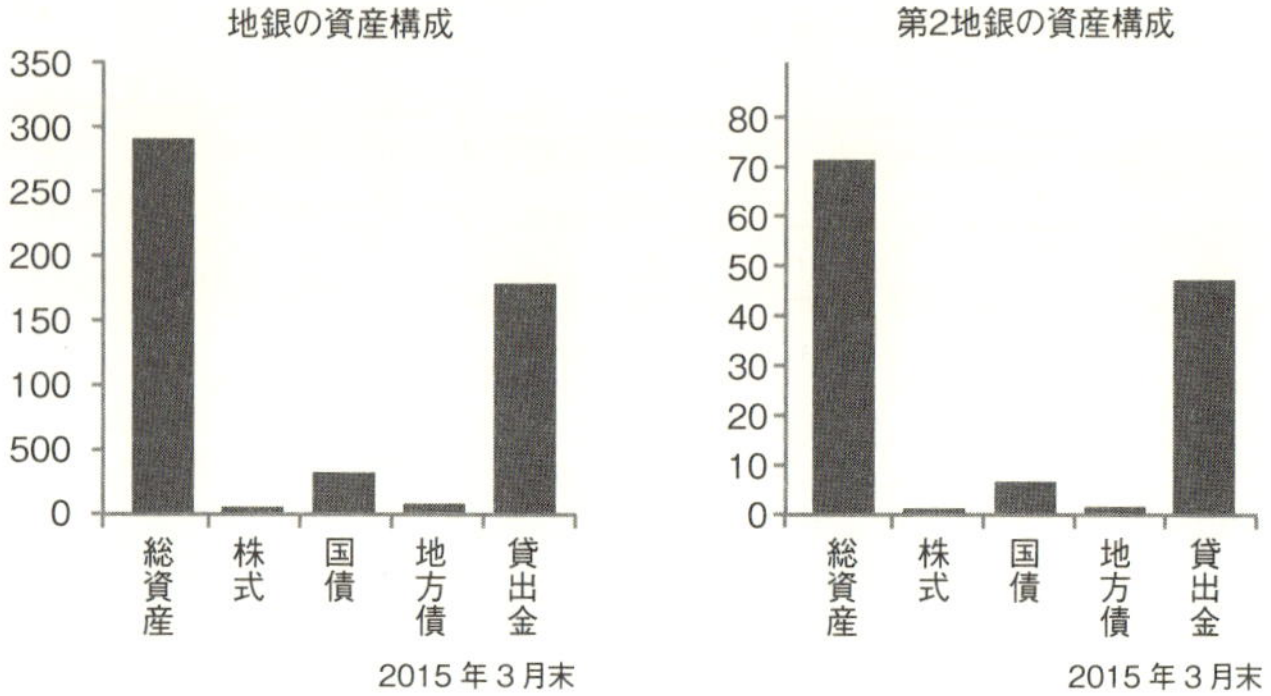

（注）兆円、地方銀行協会・第 2 地方銀行協会調べ

水が染み透るように出店を重ねると他県の取引先にも食い込める、と柏原はみる。

２０００年以降の出店は50を超え、２０１５年４月末時点で有人店舗数は１６８に達した。同年３月末時点の総資産は約８兆２０００億円と地銀ランキングでベスト10に入り、存在感を増している。

柏原は、支店網を拡充して「売り上げを増やす」戦略を地道に続けてきた。経営危機に陥っていた大阪銀行の谷口がリストラと貸出金利の引き上げ、さらには金融再編に打って出たのとは極めて対照的な拡大戦略であるが、銀行の経営者に与えられた選択肢の中で、どれを選んだかの違いに過ぎないともいえる。

資本不足に陥り、拡大路線を許されなかった谷口はリストラを選び、自己資本の厚みがあり、不良債権の重荷が他行ほどではなかった柏原は拡大路線を選んだのである。

だが、本業の貸し出しを増強しながら収益を拡大する路線は、いくつかの条件を満たさないと難しい。京都銀は不良債権の償却負担が相対的に軽かったのに加え、近隣に滋賀、大阪、兵庫といった大票田がある立地条件の良さもプラスに働いている。

地銀・第2地銀全体の資産構成をみると、2015年3月末の地銀の総資産は約291兆円で、そのうち貸出金が61％、有価証券が28％、現金・預け金が7％。2005年3月末は総資産約213兆円のうち、貸出金が64％、有価証券が26％、現金・預け金が4％。第2地銀は15年3月末の総資産約71兆円のうち、貸出金が66％、有価証券が24％、現金・預け金が7％。05年3月末では、総資産約58兆円のうち、貸出金が69％、有価証券が21％、現金・預け金が6％。地銀・第2地銀ともに貸出金のシェアが過去10年間で落ち、国債・地方債や株式などからなる有価証券運用に依存する傾向が強まっている。貸出金を地道に増やす努力が実を結んでいる地銀・第2地銀は限られている。（図表4－2参照）

見直しを迫られる地銀・第2地銀の伝統的ビジネスモデル

それでは、「千差万別」である地域経済と地域銀行はこれからどんな動きをみせるのだろうか。日本総研の吉本澄司は全国を大きく4つに分類し、地銀・第2地銀の動きを分析している。[40] ①東京、②神奈川、千葉、埼玉、③大阪、愛知、福岡、宮城、沖縄、④それ以外の38道府県の4つだ。東京を除く3グループでは、地元に本店を置く地銀・第2地銀が各地域の貸出残高の業態別シェアを徐々に高め、2013年3月末時点でのシェアは、①が2％台、②約36％、③約30％、④約54％とはじいている。

④のグループは他の3グループに比べて企業の開業率が低く、転入率がマイナスであるなど地域経済の活力や将来の見通しに不安を抱えている。地銀・第2地銀のうち約4分の3は④グループに本店を置き、地元での貸し出しシェアが高い。こうした地銀・第2地銀は東京や大阪などで貸し出しを増やす努力もしているが、例えば東京は大手銀行の貸し出しシェアが高い激戦区でもあり、東京でのシェアは地銀・第2地銀全体で10％台にとどまっている。

④グループを中心とする地銀・第2地銀の動向が今後の焦点になる。吉本は人口減少などを見据えた「万一に備えた再編」が地元の有力地銀同士では動機が弱いが、2番手以下には可能性があるとみる。

地元を代表する有力地銀が存在し、首位との差が大きい2番手以下で、将来を展望すると資本や内部留保の厚み、固定費負担の重さに不安がある場合は再編に動く可能性がある。同じ県の有力地銀への合併、2番手以下同士の合併などが考えられるという。これを有力地銀の側からみれば、地元を一段と固める戦略であったり、2番手以下の救済であったりする。

再編を検討する2番手以下の地銀・第2地銀の地元が、他県の本店銀行にとって営業基盤を強化したい地域なら、他県の地銀・第2地銀が再編に乗り出す可能性もある。地元以外の貸し出しを増やしている地銀・第2地銀は、進出先の有力銀行との競争に勝たなくてはならない。どうしても低金利を武器にしがちであり、採算が悪化しかねない。

そこで、進出先の地銀・第2地銀との再編が選択肢となるが、合併はハードルが高い。合併すると、相手方の採算があまりよくない店舗も引き受けることになり、やはり採算が悪化する。それでも合併を選ぶのは、隣接する経済関係が深い県で、両県にまたがる地銀・第2地銀に変身する利点が大きかったり、共通するステークホルダー（大株主）が存在したりする場合だと予測する。異なる県の銀行同士でも、片方が地元で2番手以下であれば、最有力の地銀同士よりは合併に踏み切りやすい。

合併すれば貸出先の多様化や分散が進み、信用リスクを軽減できる公算は大きい。しかし、全国各地で人口減少が進み、地域経済が地盤沈下する中で、地銀・第2地銀にとって魅力的な地域が簡単にみつかるわけではない。

地域をまたぐ再編でも、金融持ち株会社の傘下に入る形態なら、元々の銀行の地元色を残しつつ、複数の県にまたがる金融グループとして発展を目指すため、合併よりは実行しやすいと吉本はみる。ただし、経営の一体化や合理化は合併には及ばないので、グループ傘下の銀行同士の相乗効果を発揮できなければ持ち株会社の傘下にもとの銀行が連なっているだけの結果になりかねないと指摘している。合併や再編が、苦境から脱出する即効薬になるとは必ずしも言い切れず、独自路線を歩む地銀・第2地銀も多いというのが、吉本の見立てである。

全国における地域間の資金フローから地銀統合の可能性を予測するレポートもある。[41]日本総研研究員の吉川聡一郎は地銀各行の本店がある都道府県向け貸出比率を基に、全国を①「県内循環型」、②「域内循環型」、③「流出型」に3分類。地銀による本店所在地向けの貸出比率が80％以上の地域を①、60％以上80％未満を②、60％未満を③と定義した。この定義に基づくと、北海道と東京、千葉、埼玉、神奈川、愛知は①、東北、北陸、京都、大阪、兵庫、九州は②、北関東、愛知を除く中部、2府1県を除く関西、中国、四国は③となる。①と②では地域内で資金がうまく回っているが、③の地域からは資金が流出している。

つまり、①と②では資金需要が潤沢なので、域内の統合が起こりやすい。横浜銀行と東日本銀行、鹿児島銀行と肥後銀行はこのケースにあたる。一方、③では域内で統合しても資金需要が乏しいので、③の地域金融機関と①もしくは②の地域金融機関が統合する可能性は高いと分析する。

図表4-3　相続マーケットの規模

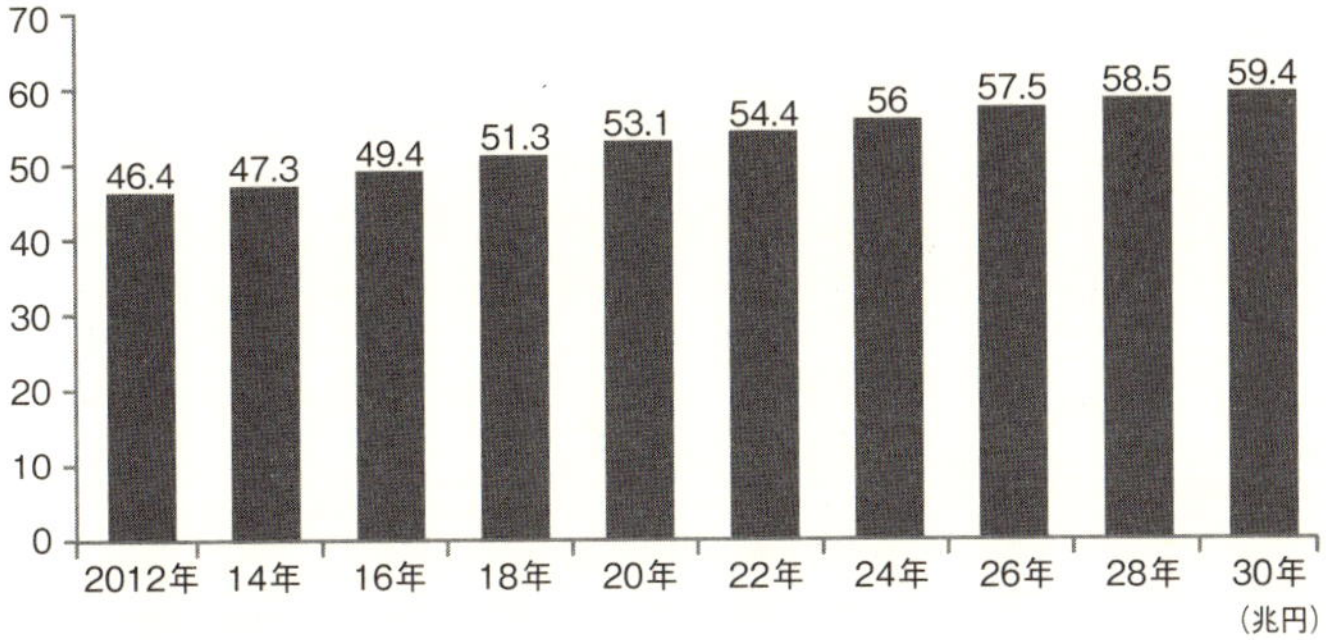

（注）野村総合研究所が推計

今後、どの地域で再編が起きるのか。吉川は北陸内での域内統合を予想する。北陸は新幹線の開通で地域間の移動時間が短くなり、地銀各行による他県への貸し出し攻勢が激しくなる見通しで、再編の機運が高まる。③と①もしくは②の組み合わせでは、北関東と1都3県、三重・岐阜と愛知の域外統合を予測する。また、国際金融規制に対応し、大手銀行が保有する地銀株を売却すると、再編の要因になると指摘している。

個人の金融行動の変化が、地銀・第2地銀の経営に大きな影響を及ぼすとの予測もある。[42] 野村総合研究所は2013年8～9月、全国の18～79歳の男女約1万人を対象に「生活者アンケート調査」を実施した。貯蓄、投資、借り入れ、生命保険・損害保険、決済、および家計について金融機関の利用実態とその理由を尋ねた。その中から浮かび上がってきた特徴の1つが、「相続による資産移転の加速」である。死亡する人の年齢と年代別の平均資産（総資産から負債を引いた純資産）から、２０１４年の相続マーケットを推計すると年間約47・３兆円。団塊世代が70代になるので相続マーケットは今後も拡大し、２０２０年には53・１兆円、30年には59・４兆円に達すると野村総研は予測する。市場規模の成長率は14年から20年が年平均１・９％、20年から30年が同１・１％だ。（図表４－３参照）

相続は地域間での資産の移動を伴う。親が地方圏、子供が首都圏に住む場合、相続資産は地方圏から首都圏に移転する可能性が高い。今後10年間に地方圏で発生する相続資産は２３８兆円。そのうちの約21％の50兆円は子供などの相続人が３大都市圏に住んでいるため、相続資産の３大都市圏への移転が起きるという。首都圏だけでも、10年間の累計で36兆円、年間当たり３・６兆円の相続資産の流入が起きる。

これは地銀64行のうち中位行に匹敵する規模であり、「毎年丸ごと1行、地銀が首都圏にやってくるようなもの」と指摘している。地方圏に本拠を置く地銀・第2地銀にとっては死活問題となる。地方圏に住む親の資産を預かっていても、３大都市圏に住む子供との取引がなければ、親から相続した資産は他の金融機関に移し替えられてしまう。首都圏に店舗網を持つ銀行には逆に相続資産が流入する。

首都圏内で発生する相続マーケットも大きい。２０１５年からの10年間に発生する５２４

兆円の相続資産の地域別シェアは、首都圏35・5%、大阪圏12・4%、名古屋圏6・7%で、3大都市圏のシェアは全国の54・6%を占める。3大都市圏に本拠を置く地銀・第2地銀も、相続を機に資産を移し替えられるリスクは高いのだ。

地元で集めた預金を地元の優良企業に貸し出し、安定した金利収入を得る――。地銀・第2地銀が築いてきた伝統的なビジネスモデルは根底から見直しを迫られている。

38 吉本澄司『数字を追う～業態別の銀行数』（日本総研リサーチフォーカス 2013）
39 谷口米生『銀行は何故生き残ったか』（金融財政事情研究会 2003）
40 吉本澄司『数字を追う～業態別貸出動向と再編の特徴から見る地域金融の姿』（日本総研リサーチフォーカス 2014）
41 吉川聡一郎『地域間資金フローにみる地銀統合の可能性』（日本総研リサーチフォーカス 2015）
42 宮本弘之・鳩宿潤二・久保田陽子『なぜ、日本人の金融行動がこれから大きく変わるのか？』（東洋経済新報社 2015）：19-28

第2節
スタートアップの狭き門

ある国の産業が栄えるためには、新陳代謝、あるいは参入・退出が活発な方がよい。発展の見込みがない衰退産業が滅ぶ代わりに、成長産業が育てば国全体としては経済が活気づくし、雇用も増える。米国ではこのメカニズムが働いているが、日本では作動しておらず、経済が低迷する原因にもなっている——。

こんな仮説をよく耳にするが、これはあくまでも経済全体の傾向であり、日本にも個別にみれば新産業は勃興しているし、倒産の憂き目にあう衰退産業の企業も数多い。また、参入・退出が特定の産業内部で起きる場合もある。例えば、流通業では、かつての花形であった百貨店や大型スーパーは振るわないが、代わりにコンビニエンスストアはなお成長を続けている。

それでは銀行界はどうだろうか。バブル崩壊後に大手銀行や地域金融機関の一部が相次ぎ経営破綻した様子からすれば衰退産業のようにみえる。一方、それはバブル前後の銀行経営のやり方が間違っていたからであって、産業としては成長する余地が大きいと指摘する識者もいる。

銀行業は衰退産業か成長産業か、という議論はさておき、本節では日本の銀行界での新規参入に焦点を当てる。新規参入銀行は、経営破綻した金融機関に代わって日本の銀行界に活気をもたらしているだろうか。

銀行はリスクを抱え、証券会社はリスクを負わせる

日本では「護送船団」行政のもとで銀行業への参入は厳しく規制されていた。しかし、1996年、政府が金融ビッグバンと呼ばれる大規模な規制緩和を打ち出して以来、基本的には規制緩和の流れが続き、異業種による銀行業への参入も認められるようになった。2000年には政府の金融審議会が異業種による銀行業への参入ルールを決定した。

最初の主人公は石井茂である。石井は1997年に経営破綻した山一証券の出身で、ソニーに移った後、新銀行の発足を主導してトップに就いた異色の経歴の持ち主である。東大卒業を控えた4年のとき、下級生として入ってきた野田秀樹の劇をみて衝撃を受け、志願して留年し、劇団夢の遊眠社に入って世話役となった。小説や戯曲が好きで、自らも劇に出たこともある個性派だ。

「物事を突き放してみる癖がある」と自己分析する石井の視点に寄り添いながら、経営破綻

した大手証券会社と、規制緩和の中で産声を上げた銀行の双方を渡り歩いた彼の半生を追うと、日本の銀行界における参入・退出の実態がよくみえる。

石井が山一証券に入社したのは1978年。面接の案内状が届いていたから、他社からの帰り道に寄ったところ、自由な雰囲気を心地よく感じて入社を決めた。大学では経済学部で金融論を学んだが、証券会社の事業内容について詳しくは知らなかった。投資銀行（インベストメントバンク）のような仕事をするのかと思っていたら、大半は個人向けの事業なのだと入社後に知った。

投資銀行を想像して証券会社に入ったという石井。山一証券が経営破綻した背景を浮き彫りにした著書の中で、証券会社と銀行の業務内容の違いを簡潔に説明している。教科書的な説明になるが、証券会社（山一証券）から銀行（ソニー銀行）へと移った石井の深層心理を知る手掛かりにもなるので、内容を要約して紹介しよう。

日本の証券市場は限界的な市場であり、証券会社の役割は重要だとされながらその存在がきちんと認められていなかった。証券市場とは資金を調達したい事業法人などと、資金を運用したい投資家を結ぶ場だ。資金の調達者と運用者の間に立つのが金融仲介機関であり、銀行や証券会社がこれにあたるが、やり方は大きく異なる。銀行はみずからリスクを取って預金などで集めた資金を貸し出しという形で運用する。銀行が金利のサヤを抜くのは、みずからリスクを取る行為の代償も含まれる。銀行による貸し出しは期間が長いだけに途中で予想外の事態が生じ、焦げ付くリスクがある。十分な審査をして貸し倒れが起きない相手に貸せばよいが、リスクをゼロにはできない。そこで、貸し倒れをしても回収できる担保を取ったり、リスクを分散するために小口に分けたりする。

これに対し、有価証券の発行によって資金を調達する場合、資金を回収できないリスクは投資家が負う。銀行はみずからリスクを取って収益を上げるのに対し、伝統的な証券会社は、みずからはリスクを取らず、ブローカーに徹して収益を上げる経営スタイルになる。資金の出し手側からみれば、銀行の商品はリスクが低く、証券会社の商品はリスクが高い。そのイメージが会社のイメージにつながっていた。[43]

銀行は自らリスクを抱え、証券会社は投資家にリスクを負わせる——。資金の出し手の目には、銀行はリスクを抱え込んでくれる安心できる存在だが、証券会社はリスクを丸投げしてくる危ない存在と映る。実際に預金をする人は、自分のお金がどこに貸し出されたかを知らない。有価証券を購入する場合は、どの銘柄を選ぶかは自分の判断であり、企業の財務情報や格付け会社による格付けなどを参考にしながらの投資となる。ただし、投資家にリスクを負担する能力がなければ、証券市場はうまく機能しない。

戦後の日本ではこうした投資家はあまり存在せず、銀行にリスクを負わせる仕組みの方が時代に適合していた。しかも、日本が高度成長を続け、企業に旺盛な資金需要がある限りは銀行が抱えるリスクは現実には低かった。市場を使わず、企業と相対で取引する銀行の形態は、資金を特定の産業へ流すには効果的な仕組みであり、戦後の経済成長を支えたのである。

石井が入社した山一証券を含む総合証券会社は、株式や債券の引受業務と一般投資家への販売業務を担っていた。利益の大半は一般投資家からの売買委託手数料に依存していた。投資家に高く売りたい有価証券の発行者と、有価証券を安く買いたい投資家の要求は相反している。その矛盾を解決するためには、販売力の強化が必要だと考える証券会社はリテール市場で激しい販売合戦を繰り広げていた。

ここで登場する証券会社は、有価証券の自己売買を繰り返してリーマン・ショックを引き起こした欧米の投資銀行とは異なり、ブローカーに徹する素朴な証券会社である。このスタイルを貫くなら、自社がリスクを抱え込むことはなく、後に経営破綻することはなかったはずだ。

それでは、なぜ、山一証券は破綻したのだろうか。先回りになるが、山一が破綻した原因を説明しよう。

図表4-4　山一証券による「飛ばし」のイメージ

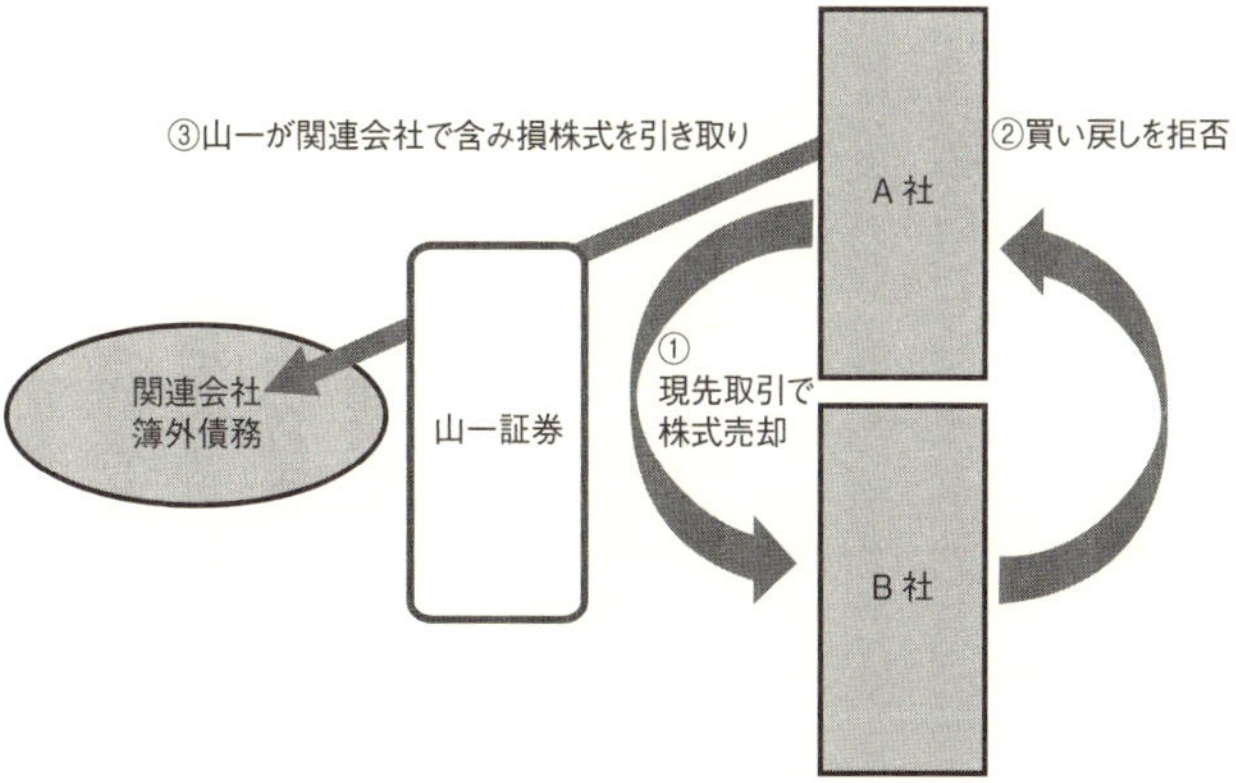

きっかけとなったのは「飛ばし」である。（図表4－4参照）飛ばしとは、自社の保有する有価証券を決算期末に自社の財務諸表に載せないための方法である。ある会社が、山一を通じて株を買ったとしよう。その株を持っているうちに値下がりし、そのまま決算期末を迎えると、その会社は保有株式を時価で評価替えしなくてはならず、損失が発生する。損失が表面に出るのを防ぐため、株式の「現先取引」をする行為が、飛ばしである。現先とは、現物買い・先物売りの略語だ。有価証券を保有している側からみると、現時点で有価証券を売却し、同じものを将来、買い戻す取引である。

取引を始めるときに、価格をあらかじめ約束する。有価証券を買う側からみると、買った相手に売り戻す価格は、買い取り価格より高いのだから、資金運用と同じ効果を持つ。現先取引の期間中は自社のバランスシートには反映されないので、売った側は含み損の存在を隠せるのだ。取引の期間中にその株式の価格が上昇し、含み損を解消できれば問題は表に出ないが、実際にはさらに株価が下がる場合が多かった。そうなると、現先取引の期間が終わると企業は山一にさらなる受け皿会社の紹介を依頼する。だが、受け皿探しはいつまでも続けられない。その会社はもともと山一の勧めで株を買ったのだからと、引き取りを拒否する。

結局、山一が含み損を抱えた株式を関連会社などで引き取ることになり、グループ内に巨額の簿外債務を抱え込んでいった。ブローカーとしてリスクを回避していたどころか、グループ内にリスクを背負い込んでいたのである。銀行は自分でリスクを抱え、証券会社は投資家にリスクを負わせるという説明は、少なくとも山一には当てはまらなかった。石井が指摘するように、「存在がきちんと認められていなかった」証券会社は、顧客との力関係も対等ではなく、株式売買に伴うリスクを自ら抱え込んでしまったのだ。

山一に「飛ばし」があるという噂

石井の足跡に戻ろう。配属先は山一証券経済研究所の証券調査部。債券市場の分析を担当した。国債が流動化し、価格が変動し始めたころで、債券市場を分析している人はほとんどいなかった。債券市場でも大手証券4社（野村、大和、日興、山一）は大きな存在であり、需給動向などのデータも豊富だった。先輩との間に徒弟制度もなく、自由に活動ができた。入社7年後、米エール大経営大学院に2年間、留学し、先物の価格理論などを研究して帰国する。

調査畑を歩み、営業の経験がない石井は帰国後、日本で膨張していたバブル経済に強い違和感を覚えた。株価が上がるのは当たり前。証券会社は「ストーリー営業」を展開し、ある大手製造業の所有地を全部宅地にしたら時価はいくらになるかといった分析が流布していた。全部宅地にしてしまったらその会社はどこで利益を上げるのか、と疑問を感じた。

米国から戻った石井は日本の異常さに気づいたが、ずっと日本にいたままだったら、自分もバブルにまみれていたかもしれないという。帰国後の夏、株価収益率の逆数である「株式利回り」と金利の水準を比較し、現在の株価は高すぎるとレポートで指摘したが、社内では「日本にはなじまない分析だ」と批判された。1987年10月のブラックマンデーで世界同時株安になると、レポートは一時的に評価されたが、日本の株価が上昇局面に転じると再び忘れられた。

その後、日本証券業協会会長のスタッフを経て1994年7月、行平次雄会長の秘書役となった。証券業界の意見を取りまとめ、大蔵省に要望を出すのが証券業協会の仕事で、銀行と証券の相互参入の問題などを取り扱った。まだ規制の厳しい時代で、話題はあまりなかった、という。留学から帰国後、石井には何度かヘッドハンティングの声がかかるが、会長秘書になったことで、「山一をもうやめられないな」と感じた。

山一に「飛ばし」があるという噂は95年頃から広がり始めていた。会長秘書がやめたりすれば、世間から厳しくみられる。それに、会長秘書はやってみたい仕事でもあった。経営者は、どのように経営判断を下すのか、近くでみてみたかったからだ。行平は石井が事前に抱いていたイメージとは異なり、周囲に気を遣う非常にいい人だったという。

ただ、いい人は必ずしもいい経営者ではない。もう少し果敢に決断してくれればと思う場面が何度かあった。

石井は96年4月、企画担当の課長となる。大蔵省との折衝や経営計画づくりに携わった。1996年秋、社長の三木淳夫は翌年の経営方針を部店長会議で表明した。石井は、会社の厳しい現状を踏まえ、「効率性、透明性、専門性を軸に業務を大幅に見直す」と宣言するスピーチ原稿を書き、三木の了解を得たつもりだった。ところが、会議の直前に戻ってきた原稿は全面差し替え。社員は良くがんばっていると勇気づける内容で、成功事例をいくつか取り上げていた。

総会屋事件などで社内が混乱していた1997年初め、行平は三木に一緒に辞任するよう求めたが、三木は「1日考えさせてください」と態度を保留し、結局、2人ともやめられなかった。

２人の決断を鈍らせた背景には「もう少し待って相場が回復すれば業績が改善する」という楽観論があり、それは山一の歴史にも原因があると石井は分析する。山一はいわゆる昭和40年（１９６５年）不況で経営危機に陥った。田中角栄蔵相が主導して日銀による特別融資が実行され、窮地を脱した。日銀特融を4年間で返済できたのは、株価が回復したためである。当時の状況を良く知っていた行平は、バブル崩壊後も回復期待を棄てられなかったのだ。


もう少し補足すると、山一が１９６５年に危機に陥ったのは、自社が引き受けた新株をはめ込んだ投資信託の価格が下がり、顧客からの解約請求に応じる資金が足りなくなったためである。日銀特融で危機を脱したものの、大蔵省は証券会社への規制を強化して経営を安定させる方向にかじを切り、証券会社への新規参入は登録制から免許制に移行。株式の売買手数料を固定し、競争を回避させた。

証券版の護送船団行政の始まりであり、山一はそのきっかけを作ったのだ。


行平と三木の２人がこのタイミングで辞任し、新生を目指して出直していれば、山一は破綻しなくても済んだかもしれないと石井はみる。

97年8月、結局はトップ交代やむなしとの空気が強まり、突然の交代となった。新社長は野沢正平。新社長就任の直前、野沢は企画室の部長から経営の現状についてレクチャーを受ける。石井も同席していた。そこで「飛ばし」の金額を伝えられた野沢は「えっ、本当かよ。大きいのがあるとは言われたけれど、そんな数字は聞いていないよ」と驚いた様子だった。

石井も初めて数字を聞いた。4300億円の純資産が2000億円を割り込む水準になるが、純資産の範囲内で処理できる規模ではある。石井は内心で「セーフだ」とつぶやいた。野沢は会社の存続を前提に経営を立て直す方法を模索する。連日の会議で対策を練るが、いくら話し合っても結論は出ない。資本の充実が不可欠なのは明白なのに具体的な動きにはつながらなかった。

野沢が頼ったのがメーンバンクの富士銀行である。護送船団行政のもとで大蔵省と一体となっていた大手銀行は有力企業のメーンバンクとなって産業界を牛耳ってきた。だから、メーンバンクを務める企業の経営が傾けば経営首脳を派遣し、資金支援をするなどで経営の立て直しに協力するのが、従来のパターンだった。

しかし、銀行自身の財務基盤が弱まる中で、富士銀行にはもはや、山一を救済する余力などなかった。野沢はそんな変化に気づかず、最後まで富士銀行を信じ、経営企画のメンバーが提案する他の選択肢を顧みなかった。富士銀行や大蔵省とのやり取りについて石井は以下のように内幕を明らかにしている。

山一は10月6日、富士銀行に経営問題を相談する。富士銀行は「この話は大蔵省には伝えないでほしい。結論が出るまで待ってほしい。野沢社長には話が固まってから会いたい」と山一側に伝えた。その後、富士銀行は山一に徹底して資料の提出を求めた。含み損をそのまま公表したらパニックになる。財務面のテコ入れと大幅なリストラ計画をセットにしようと山一側は作業を続けるが、富士からの返答は遅れた。山一側は、ゼロ回答はないと期待していたが、支援を得られなかったのだ。

山一は破綻直前までこうした状況を大蔵省に伝えていなかった。富士銀行に口止めをされていたのが直接の理由だが、大蔵省に相談できないほどひどい状況に陥っていたともいえよう。大蔵省側は山一の状態をあまりよく把握できていなかった。

三洋証券が経営破綻を発表する前日の11月2日、野沢のもとに証券局長の長野庬士から連絡が入る。三洋証券が会社更生法の適用を申請するに当たり、顧客資産を保全するために寄託証券保障基金から支出するが、これでは足りない。不足分200億円を大手4社で出資してほしいという内容だ。野沢は休み明けに臨時取締役会を開き、社長への一任を取りつける。[44]

この3週間後に山一自身が経営破綻する運命にあったことを考えれば、長野の動きは奇妙にさえ感じられる。三洋証券は破綻してしまったが、大手4社はなお盤石であり、業界の秩序は揺るがないと大蔵省も考えていたのだろうか。

「1日中、頭を冷やすこともないでしょう」

事態は急展開する。格付け会社のムーディーズは11月6日、山一の格付けを引き下げの方向でクレジット・ウォッチとすると発表した。17日には、大手銀行の一角を占めていた北海道拓殖銀行の経営が破綻する。山一の株価は急落していた。

野沢は14、18日と長野を訪ね、含み損の問題を報告し、事後対応を協議する。長野は19日、首相の橋本龍太郎に山一の状況を説明し、「自主廃業」の方向が固まる。事業を継続させながら再生を目指す会社更生法が認められなかったのは、メーンバンクの富士銀行による資金繰り支援が期待できず、裁判所が判断を下すには時間の制約が大きかったことなどによる。

長野は20日、野沢に「自主廃業は内閣の判断だ」と伝えた。橋本が「山一破綻」を決断した背景には政治的な駆け引きがあったとされるが、政治判断がどうであれ、巨額の含み損を抱える山一が生き延びる道はなかっただろう。21日、格付け会社のムーディーズとスタンダード&プアーズは山一の格下げを発表。22日には日本経済新聞が山一の自主廃業を報じ、24日、山一は自主廃業へ向けての営業休止を発表した。

発表前の早朝、臨時取締役会で営業休止を決定した後、石井は大蔵省に営業休止届を持っていく。封筒に入れ、茶色のカバンにしまった。1行34文字で14行。「当社が負担すべき含み損2648億円があることが判明いたしました」との表現があった。「飛ばし」を認める内容である。地下鉄日比谷線の霞ケ関駅を出たところで、待ち合わせていた大蔵省の課長補佐に手渡した。

事前の報道もあり、大蔵省や山一証券の周辺には多くのメディアが押し寄せていた。経営のトップが届けに来ると予想されていたため、2人の存在は気づかれなかった。課長補佐は封筒から取り出した営業休止届を大蔵省の封筒にしまい直し、内ポケットに入れて役所に戻った。

このとき、その年の春に創業100周年を迎えていた山一の歴史は事実上、幕を閉じたのだ。石井は兜町の本社に戻る前、近くの公園のベンチで一休みしたとき、「ああ終わったな」と体の力が抜けた。

石井はその後、山一の営業譲渡の相手を探して奔走する。社員をどれだけ多く引き取ってもらえるか、がポイントだった。三和銀行やソニーにプレゼンテーションをしたが、話はうまく進まない。社内の別の担当者が交渉していた米証券会社のメリルリンチへの譲渡が決まった。

山一が営業店を閉める1998年3月末の直前、ソニーの財務部長から中途入社の誘いがあった。ソニーとの接点を持ったのは自分が特別な立場にいたからであり、1度は誘いを断った。すると、再び連絡があり、今度は伊庭保副社長に会うように頼まれた。

4月初めに会食をしたとき、「しばらく頭を冷やしたい」と伝えると、伊庭は「1日中、頭を冷やすこともないでしょう。半日でもいいから来てみたら」と切り返した。プレゼンのときの質疑応答や意思決定の仕方をみて、経営者としての伊庭に惹かれていた石井は、中途入社の腹を固めた。

ソニーは当時、インターネットに注目し、金融業をネットの有力なコンテンツと位置付けていた。金融業への参入を視野に入れ、石井の力を借りようとしたのである。一方、山一の経営再建の一翼を担っていた石井は、不採算店舗を大幅に減らしてリテール（小口金融）部門に特化する案を検討し、ネット証券について研究していた。

最初は約束通り、午前中だけ勤務する派遣社員。時給3300円という破格の待遇だった。財務部アドバイザーの肩書で、ネット金融への参入計画を練るのが仕事だ。仕事が軌道に乗り始めると午前中だけでは時間が足りなくなり、他社との交渉にも不都合が生じる。

2カ月後には正社員となった。電子マネーのチームと合流してPFS（パーソナル・ファイナンシャル・サービス）事業準備室という組織が発足。ネット金融への検討作業を始めた。

金融事業には、証券会社と銀行の２つの選択肢があり、どちらにするか当初ははっきりしていなかった。色々と検討しているうちにやはり銀行の方がいいのではないかとの結論に達した。

ところが、10月に急激な円高が進み、会社に余裕がなくなり、事業推進室は解散させられた。銀行業を始めるとなると多額の資本金が必要になる。そんな余裕はないという、出井伸之社長の判断だった。

石井はその後、別の仕事に携わるが、１９９９年夏、ネット銀行プロジェクトの復活を申し出た。経営環境の好転もあり、検討は再開したが、経営陣はなかなか首を縦には振らない。巨額の資本金を出すくらいなら、研究開発投資に回せという声も多かった。それでも、石井はめげず、ネットを活用して低コストで銀行サービスを提供するビジネスモデルを熱心に説く。ソニーがいつまでも新銀行の株式を持つ必要はなく、上場させた上で外部に売却する選択肢もあると説明した。最後は「自分がやりたい」という気持ちを前面に出し、経営陣の説得に成功したのである。１９９９年11月、ソニーはネット銀行を設立する方針を取締役会で決議した。

石井はなぜ、自分の出身である証券会社ではなく、銀行を選んだのか。石井はこう説明する。ソニーは一般の消費者向けブランドであり、ホールセールには向かない。金融で個人向けビジネスを展開するなら銀行の方が、顧客層が圧倒的に広い。規制緩和で今後は銀行と証券会社の垣根が低くなり、個人向け金融業の境界はなくなる。それなら銀行業から入っても、やがて証券業も担えるようになる。決済機能を持つ銀行の上にいろいろな機能を追加していく方が理にかなう。しかも、今は大手銀行の経営が揺らいでいて、新規参入への窓が開かれているが、そのうち窓は閉まるだろう。

銀行業界は決済機能を通じてつながるクラブ組織

山一証券の経営に話を戻そう。「法人の山一」と呼ばれ、企業との取引に強みがあった山一。大手4社の中では、野村、大和、日興、山一という序列があり、顧客からの預かり資産と収入は、野村以下、10対8対7対6という割合だったが、企業取引だけをみると山一は優位になる。例えば、上場企業や店頭企業が株式を発行する際の主幹事となる数は、野村10、大和5、日興6、山一7だった。

山一は企業取引の強さに胡坐をかき、個人資産の取り込みに後れを取る。肝心の企業取引も健全な内容ではなく、株価下落による含み損を表に出したくない企業からの「飛ばし」を抱え込み、最後は自主廃業に追い込まれた。

こうした現実を目の当たりにしてきた石井が、個人取引に目を向けたのは自然な流れかもしれない。銀行がやがて証券業も営めるようになるとの見立ても的確だった。銀行と証券会社との関係についても、銀行が主、証券は従、という序列を石井は身に染みて感じていたはずだ。山一はメーンバンクの富士銀行に突き放された結果、経営破綻に追い込まれたが、富士銀行をはじめとする大手銀行はその後、公的資金の資本注入を受けて救済された。

バブル崩壊で痛手を負ったのは銀行も証券会社も同じだったが、政府が守りたいのは銀行であり、証券会社は二の次だった。銀行業で再起を目指す石井の胸中には様々な思いが渦巻いていた。

日本の金融危機が収束すると、政府は一時中断していた規制緩和を加速させ、銀行業と証券業の垣根を低くしていく。その結果、これまでの章で説明してきたように日本には３メガバンクグループによる金融コングロマリット（複合体）が誕生し、圧倒的な存在感を示している。銀行界と証券界の融合は進んだが、銀行が主、証券は従という関係は今もあまり変わらないのである。

金融庁には「こういう風にやりたいので、どうでしょうか」と提案しながら話を詰めていった。護送船団時代の行政をよく知っていた石井は、簡単には免許をもらえないだろうと考え、対策を講じた。

銀行が証券会社と大きく異なる点は、決済機能を通じて銀行同士がつながっているところだ。石井は決済機能では収益を拡大できないと計算していたが、銀行業界の内部に入る上では決済機能は極めて大切な切り口であると判断していた。免許を取ることも大事だが、銀行業界は決済機能を通じてつながっているクラブ組織である。互いに信頼できるメンバーでないと活動はできない。例えばゴルフクラブにしても、会員になるときはメンバーの推薦がものを言う。

そこで、推薦を得るために、さくら銀行に声をかけたのである。さくら銀行は個人取引に強く、支店網が充実していた。ソニーのメーンバンクでもあった。「さくら銀行と一緒にやりますので、ご安心ください」と金融庁には説明した。こうした策が功を奏したのか、意外にすんなりと免許を取ることができた。

2001年6月、ソニー銀行は営業を始めた。狙いを定めたのは個人の資産運用。決済機能で収益を拡大するのは難しいと判断していた。決済を仲介する機関への支払いが発生する上に、日本人は手数料負担を嫌う傾向が強いからだ。

石井は山一が経営破綻したのは、経営陣が自らの判断基準を持たず、大蔵省やメーンバンクに依存していたためだと総括する。まともな経営判断ができないから、「法人の山一」という、すたれかけた看板をかけたままにし、収益力の低下に歯止めをかけられなかった。業務分野、資源の配分方法、業務の進め方など、自分たちが築き上げてきた証券ビジネスに対する疑問を正面から取り上げる必要があったのに、手を打てなかった。石井自身も山一の社風に染まり、経営陣がおかしいと思っても反対できなかった。こうした反省から出発した石井は、ソニー銀行の船出にあたって、ネットを活用した個人の資産運用業務に的を絞った。「何でもできる」総合金融機関を目指さず、業務範囲を絞り込んだ銀行が誕生したのである。

ネット経由で集めた預金を、住宅ローンを中心に運用するビジネスモデルは斬新で、ネット銀行の中でトップの座を守っていた。だが、後発の住信SBIネット銀行（三井住友信託銀行とSBIホールディングスが50％ずつ出資）の猛追を受け、預金、貸出残高ともにトップの座を奪われ、引き離されている。

「銀行界は横並びの業界」とよく指摘されるが、製造業などに比べると独自の技術がそれほど必要なわけではない。他行から出た新商品・サービスの評判が良ければ追随しやすく、どの銀行も同じような商品・サービスを提供する結果となる。ソニー銀行には「先行者利得」があったが、後発銀行に追いつかれないような、さらに新しい商品・サービスを開発する力までは蓄えていなかったといえる。石井は2015年6月、ソニー銀行、ソニー生命保険などを傘下に置く金融持ち株会社、ソニーフィナンシャルホールディングス副社長に転じ、後任にはソニー出身の伊藤裕が就いた。

「おくりびと」から母親役へ

次に、第2章で取り上げた安斎隆に再びスポットライトを当てよう。安斎は経営破綻した日本長期信用銀行（現・新生銀行）の事後処理と、新規参入銀行であるアイワイ（ＩＹ）バンク銀行（現・セブン銀行）の立ち上げという、正反対の仕事をトップとして、こなした。日本の銀行界における参入・退出の実態を探るには、ぴったりの経歴を持つ。

１９９８年、国の管理下に入った日本長期信用銀行（現・新生銀行）のトップに就き、１年４カ月後に米国の投資会社、リップルウッドに売却した。99年３月に長銀頭取を退任し、職業欄に「無職」と書くのがつらくなり始めたとき、イトーヨーカ堂から新銀行のトップ就任を打診された。ヨーカ堂はセブン－イレブン・ジャパンと共同で銀行の設立を計画していた。トップに就任する人材を探していたが、異業種による新規参入だけに難産が予想され、金融関係者は及び腰だった。

日銀に勤務していたとき、宅配便会社やコンビニエンスストアが銀行ビジネスを始めたら採算に合うかを議論するなど、流通業による銀行設立には関心があった。ヨーカ堂本社を訪ね、何度か新銀行の設立構想を聞いた。銀行は預金を集め、それを原資に貸し出しを実行して利益を上げる。新銀行は預金を集めるが、原則、貸し出しはせず、セブン－イレブンの各店舗に設置するATMの使用料が収益源だ。提携する金融機関の顧客がATMを利用するたびに、提携先から手数料を徴収する。ATMの代行業といえる。

マスメディアはこのプロジェクトは暗礁に乗り上げていると報じ、金融界の友人に相談しても、事業として成り立たないからやめた方が良いとの意見が大勢だった。

しかし、ヨーカ堂の説明を聞くうちに安斎は、自分は長銀を事後処理する「おくりびと」を務めたが、今度は新しい銀行を作る母親役をするのも悪くない、日銀に入って支店でお札を数える仕事から始めたのだから、原点に戻ってお札を扱う銀行の発足もやりがいがあるのではないかと思い始めた。プロジェクトが失敗した場合の苦労や不名誉などの心配はどんどん薄れていった。

トップ就任を応諾し、セブン－イレブン・ジャパン会長の鈴木敏文、ヨーカ堂創業者で名誉会長の伊藤雅俊とも面会した。新銀行の事業計画は明確だったが、ヨーカ堂はバラ色の夢を抱いていたわけではない。

伊藤は「いつまで社長をやってもらえますか」と質問してきた。新銀行に投資する以上、仮にうまくいかない場合は、どれくらいまで負担をかぶる必要があるのかを、確かめようとしたのだ。資本金の予定額は600億円と聞いていたので、「累積赤字が400億円に達したら辞めます」ととっさに答えた。

2000年8月、ヨーカ堂の顧問に就任した。ヨーカ堂グループや取引先の銀行から派遣されてきた人材の寄り合い所帯だった。会議はできる限り公開し、参加意識を高めるようにした。

2001年4月、銀行免許を取得し、安斎は新銀行の社長に就任。IYバンクは5月から営業を始めた。滑り出しは決して順調ではなかった。初年度にATMを約3650台設置したものの、提携する金融機関は数行にとどまった。手数料収入は伸び悩み、累損が膨らんだ。開業から2年間は提携が進まず、赤字は最大208億円に膨らみ、その時点で撤退すればATMやシステムの破棄損250億円が加わり、約束の累損400億円を上回ってしまった。

どうして社長を引き受けたのか、と後悔する瞬間もあったが、弱音を吐くわけにはいかなかった。提携先を増やそうと、全国の金融機関を回り、「セブンイレブンのATMと接続すれば顧客に便利だし、経費の削減にもなる」と訴えた。新しい地域に出るときはまず、トップの地銀と提携し、説得できなければその地域には出ないという原則を打ち出し、徐々に銀行界の信頼を得ていった。

ATM提携を要請する相手の都銀や地銀は、長銀の金融債や株式を持っていたところばかり。安斎が長銀頭取としてお詫び行脚をした相手でもあり、同情もあったと安斎は言う。地方銀行、第2地方銀行さらには信用金庫、信用組合、ゆうちょ銀行にも提携が広がっていく。

「店によってATMがあったりなかったりするのは不便」という妻の一言がヒントになり、2003年春、ATMの全店設置を決めた。「預金を現金に、現金を預金に」という顧客の要求に素早く応えるのが使命。顧客は、お金は自分のものだと考えているから、ATMが置かれていないと不満だし、ATMがあっても現金の準備が足りないために引き出しができなければ怒りを感じる。ATMに現金を切らさない様に常に心がけ、現金を最適に管理する方法を確立した。

日銀では天下国家を論じ、兆円単位の仕事をしていた。長銀は億円単位、そして新銀行は百円単位が仕事の中心だ。天下国家を論じる視点はもちろん大切だが、百円単位を大切にする庶民の生活に密着した視点もやはり大切だと安斎は感じるようになった。

開業3年目から収支が好転し、単年度黒字となった。交際費を使わない、けちけち経営も功を奏した。提携した方が得だと考える金融機関が増え、提携先は3年間で150に達した。5年目で累損を一掃し、2005年10月、銀行名をセブン銀行に変更した。

次の目標は株式公開。株式市場には「親子上場は問題だ」との声もあった。親会社のインフラを活用して事業を展開してきたが、経営の独立性は保ってきた。2008年2月、ジャスダック証券取引所に上場を果たした。セブン銀行の名前にちなみ、開業7年目で上場する目標を達成できたのである。

セブン銀行の強みは、業務の絞り込みにある。預金や個人ローンなども取り扱っているが、あくまでもATMサービスが主軸だ。以下は安斎の持論である。[45]

業務範囲を絞り、既存の銀行と「別の土俵」で勝負

「小さく生んで元気に育てる」のが創業以来の経営目標である。無理な業容拡大や経営の多角化は考えない。業容は顧客の利用が増える結果としてついてくるのであり、マネジメント能力を超える分野には決して手を出さない。経営計画を作るときには「入りを計って、出を制す」を徹底し、極めて保守的な経営をしている。

銀行が預金を集めてどんどん規模を拡大すると、必ずどこかに問題が起きる。セブン銀行の仕事は基本的には1つしかないので、銀行の資産規模は小さいが、確実に採算ラインに乗っている。

日本の金融界は「金融機関はつぶさない」という政府の方針のもとで、あまり競争がない

世界で生きてきた。戦後の高度成長期、資金不足のときには、それで生き延びることができた。ところが、低成長期になり、経済のグローバル化が進むと、企業も国も世界が競争相手となった。

従来のぬるま湯につかった経営は通用しない。資金需要が減り、一気に資金余剰に転じた。金集めは誰でもできるが、金融機関には運用力がない、という厳しい時代に突入したのである。日本の金融機関は環境の変化に左右されながら合併や再編を繰り返してきたが、資金余剰の問題は解消していない。日本に資金余剰が生まれているということは、どこかの国では不足している。世界のマネーはバランスするからだ。

だから、資金不足の国に余剰資金を回せばよい。だが、こうした発想に至るのが日本は遅すぎた。

低成長を問題視し、需要が足りないからと言って政府が国債を発行して財政で需要を作ると、引き受けるのは金融機関だ。国から金が供給されて企業や個人に回る。それは預金に回るから金融機関に戻ってしまう。民間の貸し出しによって資金需要が捉えられ、それで企業が設備投資をして個人に賃金が払われるという循環とは別の循環ができてしまっている。企業の側からみると、何かを要求すれば政府が穴埋めをしてくれる。自らリスクを負って行動する気迫がなえてしまう。

経営環境が厳しいとき、社内では「膝をかがめなければジャンプはできない」、「尺取り虫が身を縮めるのは力を蓄え、次に伸びるためだ」と語っている。経営は一本調子ではない。伸びることだけを考えると、伸びきってしまいかねないと注意を喚起している。

1国の経済についても同じことがいえる。財政支出を続けていたら、経済は伸びきってしまう。今の状態がいつまで続くのかもわからない。預金に集まっているお金が日本を見限るリスクもあるからだ。ゼロ金利に耐えられなくなって海外に移る可能性がある。そうなれば国債の金利は上がり、円安となって日本の財政はもたなくなる。

ここから脱出するには民間にお金を使ってもらうしかない。個人にはそれほどお金はないが、企業にはお金がだぶついている。

やはり、リスクを取らないものは食べていけない。世界には資金不足があるのだから、金融機関が企業を使いながら海外に行けばよい。その企業が日本企業である必要はない。

セブン銀行は資金余剰の中での貸し出し競争には巻き込まれず、ATMビジネスに徹する。銀行が貸出業務で収益を確保したければ、資金不足の国・地域をみつけ、リスクを取って貸出先を開拓するしかない。国内が需要不足だからといって政府が財政出動を増やせば、民間金融機関はさらに資金余剰となり、経済がうまく回らなくなる。

図表4-5　セブン銀行のATMサービスの仕組み

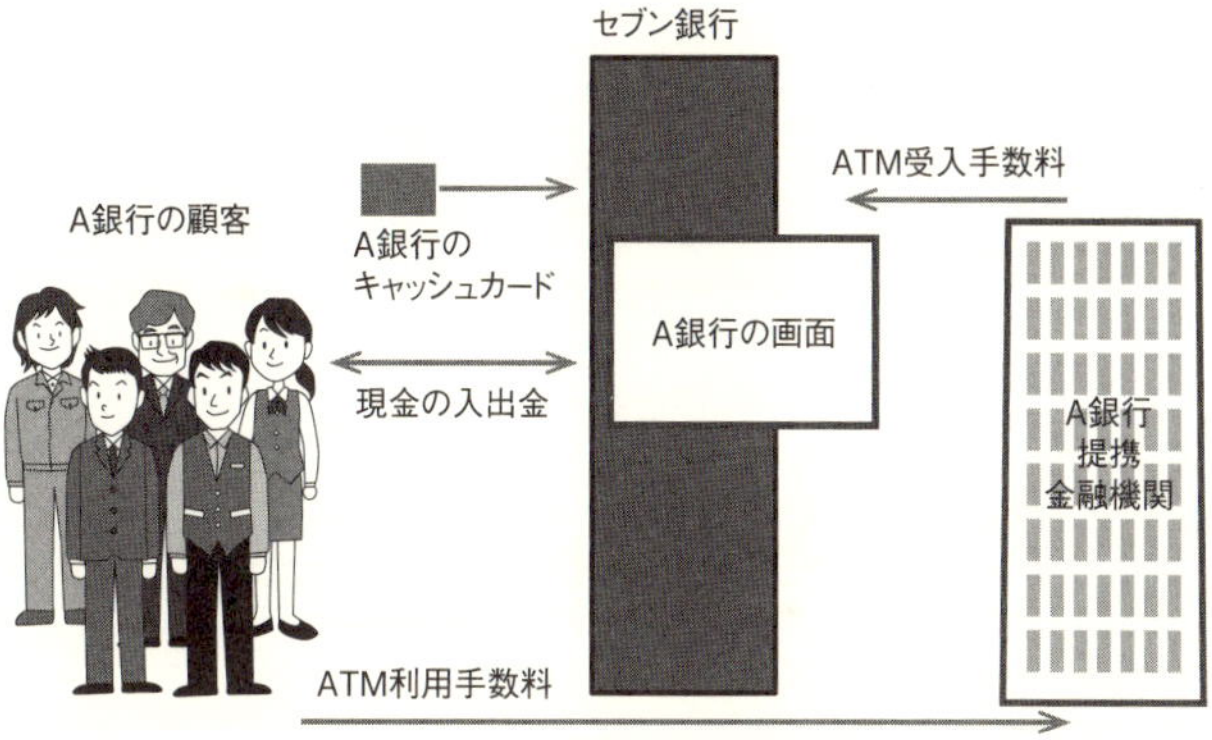

隘路に迷い込んでいる多くの銀行経営者は、安斎の言葉をどう受け止めるだろうか。安斎は２０１０年６月、代表権のある会長に就き、二子石謙輔が後任となった。

セブン銀行の特徴は、業務範囲を絞り込み、既存の銀行とはできる限り「別の土俵」で勝負しているところだ。（図表４－５参照）既存の銀行もＡＴＭサービスを手掛けているが、主戦場ではないどころか、ＡＴＭの維持費が手数料収入を上回り、完全な持ち出しになっている銀行がほとんどだ。セブン銀はＡＴＭ業務を進化させ、人件費や物件費などをできる限り抑えながら運営することで、収益を確保している。

３メガバンクグループが「金融コングロマリット」を形成して業務範囲を広げてきた姿とは正反対ともいえる経営スタイルだ。

対照的に、既存の銀行と基本的には「同じ土俵」で勝負を挑んだものの成果を出せず、途中から大きく脱線してしまったのが日本振興銀行である。日銀出身の経営コンサルタントで金融庁顧問を務めた木村剛らが中心となって中小企業向け融資専門の銀行として設立し、2004年4月、開業した。「金融維新を起こす」という掛け声は勇ましかったが、中小向け融資は債権管理が難しく、不良債権の山を築いてしまう。

2007年頃からノンバンクの債権買い取りなどに手を出して傷口を広げた。2010年6月、金融庁による検査を妨害したとして、同庁から一部業務停止命令を受け、同年7月、銀行法違反容疑（検査忌避）で木村らが逮捕される。2010年9月、債務超過の見通しとなった同行は経営破綻し、政府は戦後初のペイオフ（払い戻し保証額を元本1000万円とその利息までとする措置）を発動した。

日本振興銀には「独自性」もあった。銀行や信用金庫、信用組合など通常の金融機関は他行への振り込みなどに使われる普通預金や当座預金を取り扱っており、金融機関の基本機能の1つである決済機能を果たしている。振興銀は定期預金だけを扱い、払い戻しは郵送やインターネットで申し込み、他の銀行の口座に振り込まれる仕組みで、キャッシュカードも発行していなかった。

日本振興銀の定期預金を利用するのは、不便さを我慢してでも高めの金利に惹かれる人が大半だったとみられている。銀行間で資金をやり取りするインターバンク市場には参加せず、金融機関同士の資金決済に使う全国銀行データ通信システム（全銀ネット）や日銀ネットにも未加盟。ペイオフを発動しても他の金融機関に波及する可能性はほとんどなかった。自信家の木村らしい「自己完結型」の経営は、ペイオフ発動という思わぬ副産物を生んだ。

起訴された木村に対し、東京地裁は2012年3月、銀行法違反で有罪判決を下した。日本振興銀は、公的な受け皿銀行である、第二日本承継銀行に事業譲渡された後、同年3月、新規参入銀行の1つ、イオン銀行に吸収合併された。

日本振興銀と同様に、中小企業向け融資に注力してつまずいたのが、新銀行東京だ。「金融機関の貸し渋りにあっている中小企業の資金繰りを支援したい」という東京都知事の石原慎太郎の意向を受け、2005年4月、開業した。企業の財務データをコンピューターで分析し、迅速に融資判断を下す「スコアリングモデル」を活用した融資を増やしたが、多額の焦げ付きが発生した。

石原が新銀行の構想を打ち出したのは2003年春。日本の金融機関経営はまだ不安定だったが、開業するころにはかなり落ち着き、大手銀行なども積極的に中小向け融資に乗り出すようになった。競争が激化する中で新銀行東京の存在感は薄れる一方だった。

都は新銀行の設立時に1000億円を出資。その後の減資などで855億円を毀損している。2008年に都議会はこれ以上の毀損をしないとの条件付きで400億円の追加出資を認めた経緯がある。2009年には旧UFJ銀行出身の寺井宏隆が社長に就き、スコアリングモデルを破棄し、リストラを徹底するなどで黒字体質に転換したものの、預金量は3000億円に満たず、将来の見通しを描きづらかった。

2015年6月11日、寺井は退任し、取締役の常久秀紀に交代した。東京都民銀行と八千代銀行を傘下に置く東京TYフィナンシャルグループと新銀行東京は翌12日、2016年4月に経営統合すると発表した。石原都政の最大の失敗と指摘される新銀行東京はようやく幕引きを迎える。

日本振興銀行と新銀行東京は、過当競争を続ける日本の銀行界に新規参入する難しさを、身をもって示したといえる。

異業種参入は金融地図を塗り替える存在に育っていない

新規参入銀行の全体像をみてみよう。2000年以降に開業した新規参入銀行は、日本振興銀行と新銀行東京を除いて8行。住信SBIネット銀行、ソニー銀行、楽天銀行（楽天が100%出資）、じぶん銀行（KDDIと三菱東京UFJ銀行が50%ずつ出資）、ジャパンネット銀行（三井住友銀行とヤフーが4割強ずつ出資）、大和ネクスト銀行（大和証券グループ本社が100％出資）、セブン銀行、イオン銀行の顔ぶれだ。

8行合計の総資産は2015年3月末で約17兆円と横浜銀行（約15兆円）1行分とほぼ等しい。そう考えると、まだ小さな存在だが、伸びは大きい。2010年3月末の総資産は8行で計約7兆円だった。2015年3月期の連結純利益は8行合計で約724億円と2010年3月期の約104億円から急増している。パソコンやスマートフォンでインターネットを利用する人が増える中で、ネット取引に強みがある銀行が多い新規参入勢は徐々に存在感を増している。

ただ、新規参入勢が、全く新しい金融商品やサービスをもたらしているわけではない。8行合計の預金残高は2015年3月末で約13兆4000億円、貸出残高は約4兆8000億円。セブン銀行のようにあえて貸し出しを増やさない戦略を打ち出している銀行の存在を割り引いて考えても、新規参入勢は、既存の銀行以上に「預金で集めたお金を貸し出しで運用しきれない」状況に陥っているのだ。

銀行の基本機能の中でどこかに力点を置いて経営資源を配分するしかなく、既存の銀行との差別化も容易ではない。

一例を挙げよう。楽天銀行の2015年3月末の預金口座数は496万。住信SBIネット銀行（230万口座）、ジャパンネット銀行（285万口座）などを抑えて新規参入銀行の中ではトップである。2009年4月から取り扱いを始めたカードローンが好調で、2015年3月末の残高は前の年度に比べ21・5％増の2937億円となった。2014年から、受取人の口座情報がなくてもフェイスブックを活用してメッセージ付きで送金ができるサービスを始めるなど、ユニークな取り組みも注目されている。

楽天銀行の前身はイーバンク銀行。伊藤忠商事や住友商事などの出資を受け、2001年7月、開業した。ネットでの買い物やオークションを利用するときに簡単かつ安全に決済ができる「ネット決済業務」に特化するビジネスモデルだった。

だが、開業当初は口座数がそれほど多くなかったこともあり、決済業務だけで収益を上げるのは難しかった。赤字体質から脱却できず、2008年、楽天の出資を仰いで経営再建に乗り出す。経営再建の柱が貸出業務への進出だ。2009年3月には金融庁から個人向け貸出業務の承認を受ける。2010年には楽天銀行に行名変更して楽天の完全子会社となり、この路線を加速させた。

楽天の傘下に入ったことで楽天に出店している企業や、楽天を利用する個人などの口座が急増し、カードローンや住宅ローンも好調に推移している。決済業務への特化戦略を転換し、伝統的な預金・貸出業務に回帰して再生を果たしたのである。楽天銀行の軌跡には、銀行経営の難しさがよく表れている。

最近、欧米を中心とする金融業界で起きている新しい動きとして「フィンテック」という言葉をよく聞くようになった。フィンテックは「ファイナンス・テクノロジー」の略語で、金融とＩＴ（情報技術）の融合による技術革新を意味している。スマートフォンを使った決済サービスを提供する米国のスクエアなど、欧米を中心にフィンテックを活用したベンチャー企業が相次ぎ勃興しており、日本の「遅れ」を指摘する声もある。

個人同士がつながるソーシャル・ネットワーキング・サービス（ＳＮＳ）や、情報を蓄積できるクラウドコンピューティング、大量のデータを収集・解析するビッグデータの発達などが背景にある。スマホやタブレット端末を利用する個人が新興企業のサービスに注目し、着実にすそ野が広がっている。大手ＩＴ企業や金融機関もこうした動きに注目し、自ら参入し始めている。

米グーグルは「グーグルウォレット」と呼ばれるスマホ向け決済アプリをスマホに搭載。米アップルは「アップルペイ」と呼ばれる通信技術を活用した決済サービスに乗り出している。米アマゾンは決済業務だけでなく短期の貸出業務も始めた。ＪＰモルガン・チェースはフィンテック・ベンチャーに相次ぎ出資。シティグループはフィンテックを発掘するためのシティ・モバイル・チャレンジを開催するなど、大手金融機関はベンチャーを取り込もうと積極的に動き出した。

日本総研主任研究員の野村敦子は欧米の動向と日本の現状を比べ、日本での取り組みの遅れを懸念している。[46] 欧米にはフィンテックを手掛けるベンチャーを支えるプラットフォーム（技術、ベンチャーと協業する機会など）が存在し、大手金融機関もベンチャーを積極的に取り込もうとしている。対する日本では、そもそもベンチャーが多くない上に、金融機関による異業種への参入規制があり、金融機関の動きを鈍らせている。

金融機関の側からも、規制緩和を求める声が強まり、金融庁は2015年3月、金融審議会で、金融持ち株会社に対する規制を緩和する方針を示した。決済業務を営むIT企業などを持ち株会社の傘下に置けるようにする方向だ。政府は2016年にも新法を国会に提出する。新法が成立すれば、大手銀行は金融コングロマリットの傘下にフィンテック企業を収める動きが広がるだろう。

もっとも、フィンテック・ベンチャーが手掛ける決済業務は、単独で簡単に利益を出せるサービスではない。イーバンク銀行が創業当初に苦労したのは、決済業務だけに特化する戦略が裏目に出たためである。しかも、決済業務がどんな形態をとるにせよ、通常のお金を取引の媒介にする以上、預金口座がなければ成り立たない。預金を取り扱える金融機関の存在が、話の前提なのだ。

仮に今後、日本でもフィンテック・ベンチャーが増えるとしても、預金を取り扱う金融機関に取って代わることはないだろう。それよりも、大手IT企業などが銀行免許を得て相次ぎ銀行業に参入し、貸し出しなどのシェアを奪われる方が金融機関にとって脅威のはずだ。金融審議会でも銀行界は「異業種からは銀行業に参入できるのに、銀行業から異業種への参入が制限されているのは不公平だ」と主張している。政府に規制緩和を促してフィンテックを積極的に取り込むというよりも、異業種からの参入を警戒する守りの姿勢の方が目立っている。

日本では、セブン銀行、楽天銀行、ソニー銀行などが異業種から参入して一定の成果を上げているが、これまで検証してきたように、なお日本の金融地図を塗り替えるほどの存在には育っていない。厳しい競争環境の中で、どこまで収益を伸ばせるのか、先行きは楽観できない。

金融システムを蝕むオーバーバンキング

日本ではバブル崩壊後、多くの金融機関が経営破綻し、大手銀行を中心に金融再編が進んだ。にもかかわらず、依然、「過当競争」が続き、「新陳代謝」が進んでいないようにみえるのはなぜか。新規参入勢を苦戦させ、閉塞感を生んでいる背景にあるのは、「オーバーバンキング」だ。（図表4－6参照）オーバーバンキングは「銀行過剰」とも訳されるが、使う人によって意味が異なっている。慶応大学教授の櫻川昌哉の解説に従って、問題点を整理しておこう。[47]

オーバーバンキングは「貸し出し過剰」、「銀行数の過剰」、「預金過剰」の3つの意味で使われている。貸し出し過剰とは、収益を生まない貸し出しが多く、不良債権が生まれている状態を指す。銀行数の過剰は、文字通り銀行の数が多すぎるという意味で、経営が悪化しているのに生き延びている銀行が多いという批判を込めた表現でもある。だから、銀行界はもっと合併や再編に真剣に取り組み、数を減らすべきだとの主張につながる。3つ目の預金過剰は、銀行に預金が多く集まりすぎて資金運用に困っている現象だ。そして貸し出し過剰と預金過剰は密接につながっている。

仮に銀行の預金は保護されないとすると、何が起きるのか。銀行は貸し出しが伸びれば利益が増える。景気が良く、貸し出しが好調なら、預金金利を引き上げて預金を増やし、さらに貸し出しを増やそうとする。金利は上昇し、預金は増える。景気が悪くなり、貸し出しが

図表4-6 「オーバーバンキング」のイメージ

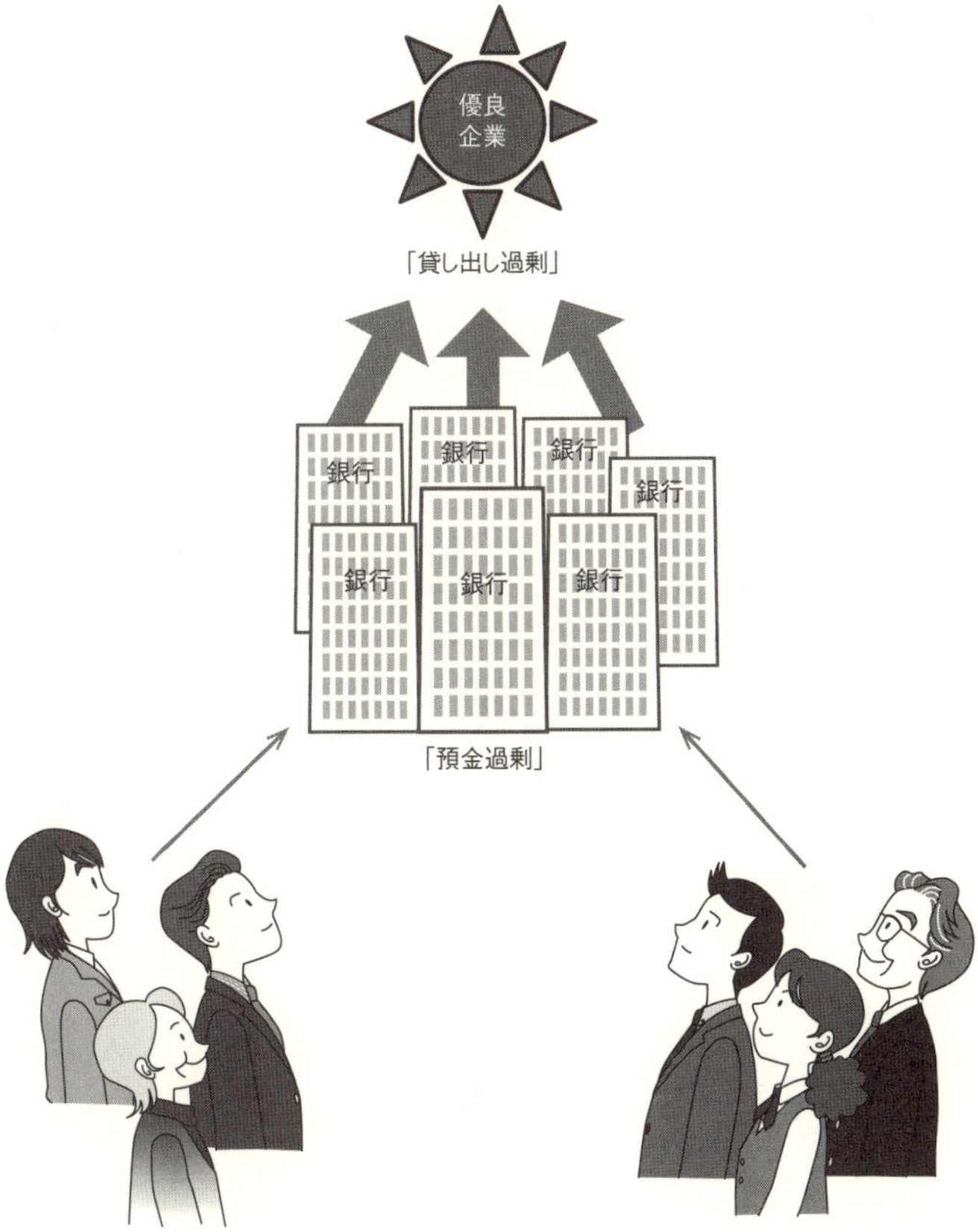

減ると銀行は利益が減る。預金金利は下がり、預金も減る。

銀行業が完全な自由競争ならこうしたメカニズムが働き、預金と貸し出しは同じ方向に動くはずだ。ところが、銀行の預金は預金保険制度で守られているために、仮に貸し出しが低迷していても、預金者はあまり気にしなくてもよい。銀行が不良債権を抱え、経営が破綻しても、先ほど紹介した日本振興銀行を除き、預金は全額保護されてきた。預金はこれからも全額保護される可能性が高いと判断し、安心してお金を銀行に預けている人が多いのだ。


預金過剰には弊害がある。第1に、銀行には預かったお金を貸し出しで運用する能力がなくなっているのに、お金だけは集まるから無理な貸し出しを実行し、不良債権を生んでしまう。1980年代のバブル経済は銀行の預金過剰の産物である。第2の弊害は低金利である。銀行は激しい貸し出し競争を繰り広げ、貸出金利を下げる。同時に預金金利も下がり、家計が受け取る利子所得が減る。

第3に、銀行による貸し出しリスクの評価が甘くなる。集まった預金を貸し出しでさばききるために経営目標を収益ではなく、貸出額に置く。過剰な資金は衰退産業の救済に回りがちだ。結果として産業の新陳代謝が悪くなるのが、第4の弊害である。企業は銀行からの借金を返せなくなっても、銀行にお金が余っていることを知っているから、追加融資に期待する。経営者のモラルハザード（倫理観の欠如）を誘発するのである。得をするのは不良債権の損失を銀行に押し付けられる借り手であり、損をするのは不良債権を抱える銀行と、低金利に甘んじている預金者である。

貸し出しを増やすにしても限界があり、過剰な資金が国債の購入に回るのが、第5の弊害である。銀行が国債を大量に保有していると、日銀による金融政策にとって足かせとなる。日銀が金融を引き締めると金利が上昇して国債の価格が下落、銀行は保有国債の含み損を抱える。銀行の経営が悪化するのを警戒し、日銀は金融を引き締めにくくなる。アベノミクスの異次元金融緩和は、いつ「出口」を迎えるのか。大手銀行や地域銀行が多額の国債を購入している現状をみる限り、日銀は手足を縛られているといえる。

政府と銀行の「持ち合い構造」にも、櫻川は厳しい目を向ける。持ち合いとは、政府は銀行が発行する優先株や劣後債を保有し（＝公的資金による資本注入）、銀行は国債を保有する構造を指す。政府は銀行に強い姿勢で臨めなくなり、仮に経営難に陥っても救済する可能性が高い。とりわけ国債を大量に保有する大手銀行が経営破綻すると、保有する国債が売られて暴落する恐れがある。

「大きすぎてつぶせない」（Ｔｏｏ Ｂｉｇ Ｔｏ Ｆａｉｌ）状態になるのだ。大手銀行はその後、相次いで公的資金を返済した。日銀は異次元緩和で市場から国債を吸い上げ、３メガバンクなどは国債の保有を減らしている。政府と銀行の持ち合い構造は解消の方向にはあるが、基本構造は今も変わっていない。

最後の弊害がデフレとの相互依存である。デフレは借り手の実質的な負担を増やし、貸し出しの低迷をもたらす。例えば物価が年2％下がると、100万円の借金の実質上の負担は2％増えてしまう。逆に100万円の預金の価値は2％上がる。デフレとは現金の価値が上がる現象だから、預金は増え、借り入れは減る。オーバーバンキングに拍車がかかるのである。オーバーバンキングは時代とともに形を変えて金融システムを動揺させ、疲弊させ、経済を蝕んできたと櫻川は総括する。

巨額の政府マネーが貸し出し市場に流れ込む

オーバーバンキング問題とは、「預金過剰」の問題であって「銀行数の過剰」の問題ではない、というのが櫻川の結論である。たくさんの銀行が低金利での貸し出しを競っている姿をみると、「銀行の数が多すぎるのでは」と感じる人は多いかもしれない。では、銀行の数が今の半分になったとしても、預金総額が変わらないとすれば、1行当たりの預金がさらに増え、余ったお金の運用に困るだけである。

日本の大手金融グループが5つに集約された経緯をみてきたが、これだけ数が減ってもオーバーバンキングの弊害が解消されないどころか、さらに大きくなっているのが実情だ。

オーバーバンキングについて論じるとき、「公的金融」の存在も見逃せない。政府は2001年12月、公的金融の中核をなす政策金融機関について、「特殊法人合理化計画」を閣議決定した。民業補完、政策コストの最小化、機関・業務の統合・合理化の原則を打ち出し、政策金融改革の端緒となった。

さらに2005年12月、「政策金融改革の重要方針」を閣議決定。政策金融の機能を、①中小零細企業・個人の資金調達支援、②国策上重要な海外資源確保、国際競争力確保に不可欠な金融、③政策金融機能と援助機能を併せ持つ円借款、に限定した。商工組合中央金庫と日本政策投資銀行は「おおむね5~7年を目途に」完全民営化される方向となった。

「民営化」の流れは続く。政府は2006年6月、「政策金融改革に係る制度設計」を決定。①政策金融として必要な機能に限定し、政策金融の貸出残高を対国内総生産（GDP）比で半減させる、②民間金融機関も活用した危機対応体制を整備する、③効率的な経営を追求する、との考え方を示した。

法改正を経て2008年10月、商工中金と政投銀は特殊会社として再スタートを切った。ところが、同時期にリーマン・ショックが発生し、「危機対応」が必要と判断した政府は再び法改正する。危機対応とは、景気が悪くなり、業績が悪くなった企業などに政府系金融機関が資金を貸し出し、経済危機に歯止めをかける行動を指す。民間銀行などが貸し出しを抑制し、信用収縮が起きるのを防ぐ狙いがある。2012年3月末まで政府出資を可能にし、同年4月から「おおむね5~7年後を目途として完全民営化する」とした。

2011年の東日本大震災後、政府は3度目の法改正に踏み切る。危機対応を円滑に実施できるよう、政府出資の期間をさらに3年延長し、2014年度末を目途に政府による株式保有のあり方などの検討・見直しをするとともに、2015年4月から「おおむね5~7年後を目途として完全民営化する」としたのだ。政府は2005年に初めて完全民営化の方針を打ち出したものの、10年間たっても「完全民営化」は実現しなかった。

そして政府は15年、政投銀と商工中金の完全民営化を先送りする内容を盛り込んだ法改正に踏み切った。政府は15年度から少なくとも10年間は政投銀株の2分の1以上を保有し、商工中金株も当面、持ち続ける。15年度から5~7年後としてきた完全民営化の時期も明示しなかった。

大震災後の中小企業の資金繰り支援や、経営危機に陥った東京電力への貸し出しなど「民間銀行にはできない」貸し出しを政投銀に担わせるのが、完全民営化を見送った狙いだ。一般会計の枠外で、政府・与党の思惑に従って動く政投銀は使い勝手の良い存在なのだろう。

政策金融機関の規模をみてみよう。2015年3月末の政投銀、日本政策金融公庫、商工中金の総資産は約16兆円、約24兆円、約13兆円、貸出残高は約13兆円、約20兆円、約9兆円である。3機関を合計すると総資産は約53兆円、貸出残高は約42兆円となる。日本の大手銀行グループで第4位のりそなホールディングス（15年3月末で総資産約47兆円、貸出残高約27兆円）を大きく上回る水準だ。

これだけの規模の貸し出しが本当に「民間にはできない」内容なのか、吟味が必要だ。巨額の政府マネーが貸し出し市場に流れ込み、「貸し出し過剰」に拍車をかけているのだ。

郵便貯金の動きも、銀行界に大きな影響を及ぼしそうだ。小泉純一郎首相が衆院を解散してまで実現にこだわった「郵政民営化」。2005年10月に成立した郵政民営化関連法に基づき、2007年10月、日本郵政を持ち株会社とする日本郵政グループが発足した。日本郵政公社が担ってきた郵便、郵便貯金、簡易保険は子会社の郵便局株式会社、郵便事業会社、ゆうちょ銀行、かんぽ生命保険（以下金融2社と表記）に分割・移管された。日本郵政には2017年9月末までに金融2社の株式のすべてを段階的に処分する義務が課された。

ところが、その後、民主党への政権交代もあって日本郵政のかじ取りは迷走を極める。2

009年12月、日本郵政、金融2社の株式処分を停止する法律が成立したと思いきや、2012年4月、再び改正郵政民営化法が成立。日本郵政グループを再編し、政府が日本郵政株の3分の1超を保有し続ける方針は維持しながらも、残りの3分の2未満の株式は早期処分を義務づけた。

一方、金融2社株を処分する期限は撤廃した。金融2社の新規業務にも触れ、日本郵政が金融2社それぞれの株式を2分の1以上処分した後は、首相および総務相への届け出制とする方針を盛り込んだ。

日本郵政は2014年12月、日本郵政と金融2社の上場計画を発表した。2015年秋に日本郵政と金融2社を上場する方針を明らかにしたのである。政府は上場と同時に日本郵政株を売り出し、金融2社株は当面、日本郵政による保有比率が50％程度になるまで売却する。

ゆうちょ銀行の総資産は2015年3月末で約208兆円、総貯金残高は約177兆円にのぼる巨大な存在だ。貯金残高はピーク時の約260兆円に比べれば減っている。10年満期で半年複利かつ預け入れから半年たてば解約自由という定額貯金を武器に残高を伸ばしたが、金利低下とともに魅力が薄れたためだ。それでも、ゆうちょ銀の貯金残高は3メガバンクそれぞれの預金残高をはるかに上回っている。

ゆうちょ銀はこの巨額資金を、有価証券を中心に運用している。15年3月末で有価証券の残高は約156兆円で、このうち106兆円を国債が占めている。

政府が日本郵政株の3分の1超を保有し続け、日本郵政が金融2社株の2分の1を保有し続けるとすれば、金融2社は事実上、国の管理下にあり、「暗黙の政府保証」が付いたままとなる。ゆうちょ銀行は収益性の向上を目指して企業向け貸し出しなどの新規業務への参入を政府に求めているが、民間側は「暗黙の政府保証が付いている、ゆうちょ銀行の新規業務は引き続き制限すべきだ」と反発している。

177兆円の資金の一部が、貸し出し市場に流れ込むことになれば、民間銀行にとっては強力なライバルとなり、「貸し出し過剰」がさらに過熱する事態が目にみえているからだ。

43 石井茂『決断なき経営』(日本経済新聞社 1998):100-107
44 前掲書:37-55 83-84 98-100
45 日経電子版(2011・2・17)
46 野村敦子『進展するオープンイノベーション』(2015)
47 櫻川昌哉『金融立国試論』(光文社新書 2005):16-35

第5章

銀行に未来はあるか

第1節

銀行業の本質とは

第1〜4章では、過去20年間を中心に、日本の銀行界で起きた様々な出来事を検証し、その背景を探ってきた。本節では、経済理論や専門家の見解を取り入れながら、これまでの分析に新たな視点を加え、銀行界の動きを俯瞰してみたい。

銀行の役割は「黒字主体から赤字主体へ」流れをつくる

銀行の役割とは何か。経済学者の解説を参考にしながら、改めて考えてみよう。[48]

伝統的な古典派経済学では、実は銀行の存在はあまり重要だとはみなされていない。市場（マーケット）には価格変動を通じた自動調節の機能が備わっており、生産物やサービスに対する需要と供給が一致していなくても、やがては価格変動によって両者は一致し、「均衡点」に落ち着くと考えるのが、伝統的な経済学だ。

こうした世界では、お金は実物経済の動きを媒介するだけで、経済自体には影響を及ぼさないから、銀行の果たす役割もそれほど大きくはない。しかし、現実は伝統的な経済学が想定する世界とは大きく異なっている。企業や個人など経済活動を営む「主体」の間で資金がどのように流れるかで経済全体の動きは大きく左右される。例えば、バブル経済が崩壊した1990年代の日本や、2008年のリーマン・ショック後の欧米諸国などでは、金融危機が深刻な経済危機をもたらした。

現在の日本では、安倍晋三政権がアベノミクスと呼ばれる経済政策の一環で、「異次元金融緩和」を実行している。異次元緩和とは、日銀が、銀行が保有している国債を市場経由で買い取り、銀行の手元にあるお金を潤沢にする政策である。銀行は潤沢なお金を個人や企業に貸しやすくなり、市中に出回るお金の量が増えれば経済活動が活発になると、政府・日銀は主張している。アベノミクスは、銀行の貸出業務が実体経済に大きな影響を及ぼすという前提で実行されているのである。

銀行取引が必要になるのは、個人の家計や企業といった「経済主体」が所得を得るタイミングとお金を支出するタイミングが必ずしも一致しないためである。例えば、家計は毎月の所得を全部、消費に回すわけではなく、将来の支出に備えて貯蓄に回す。このとき、家計は余裕資金を金融市場に提供する「黒字主体」となる。一方、ある企業が将来の生産に備えて設備投資を実行するとき、そのための資金が足りないなら、外部から調達しなければならない。このとき、企業は金融市場から資金を調達する「赤字主体」となる。

市場メカニズムが完全な状態であれば、資金は黒字主体から赤字主体にスムーズに流れるため、銀行の役割はそれほど大きくない。しかし、現実の市場には様々な「不完全な要素」があり、銀行は不完全な要素をできる限り抑え、資金の流れをスムーズにする役割を期待されている。（図表5－1参照）

不完全な要素の1つが「情報の非対称性」である。例えば、ある企業に資金を供給するとき、資金を提供する側は、その企業に投資能力や返済の意思があるのかを見極めなければならない。そこがはっきりしていないと、資金を提供する側は、後に資金を回収できなくなり、金融取引が妨げられてしまう。

企業は自社の実情を、資金を提供する側よりもよく知っている。投資能力に自信がなく、返済の意思が薄い場合でも、その情報を隠したまま、資金を提供してもらう悪質な企業も存在する。このように資金を提供する側と、提供される側が持つ情報に差がある状態を「情報の非対称性」と呼ぶ。

2つ目が「契約の不完備性」だ。銀行取引は、資金の借り手が将来、資金を返済する契約を伴う。契約が忠実に履行されるように、当事者間の利害対立が調整されていればよいが、

図表 5-1　金融仲介の仕組み

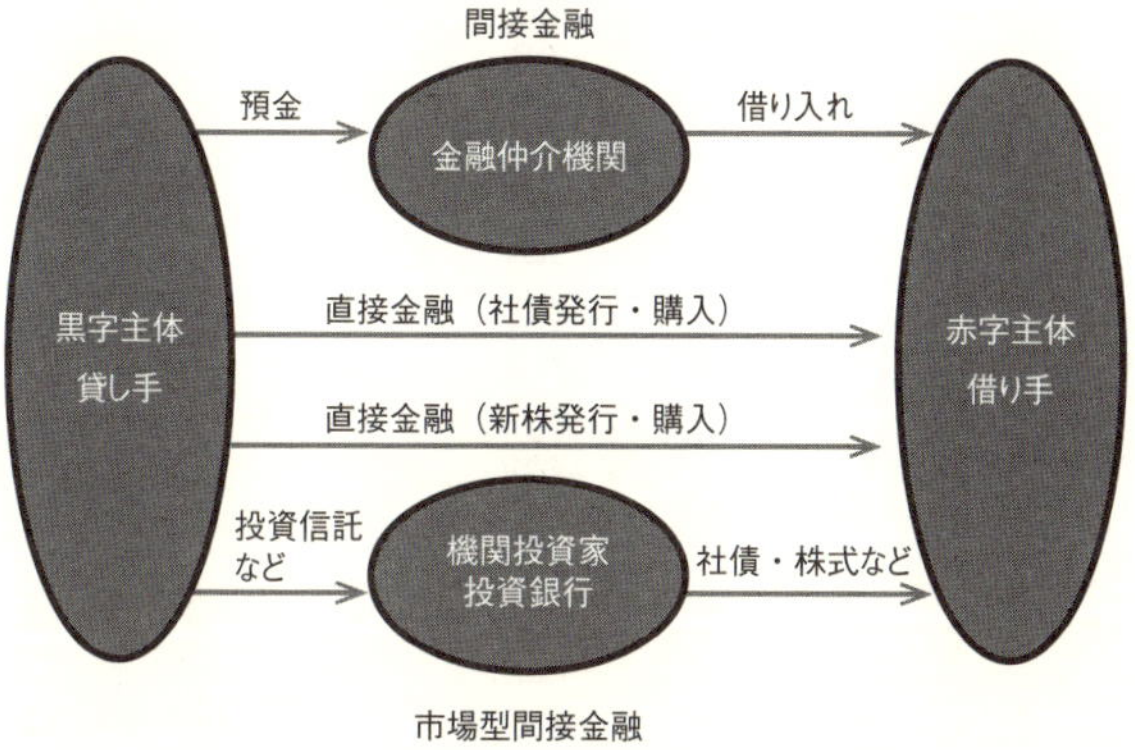

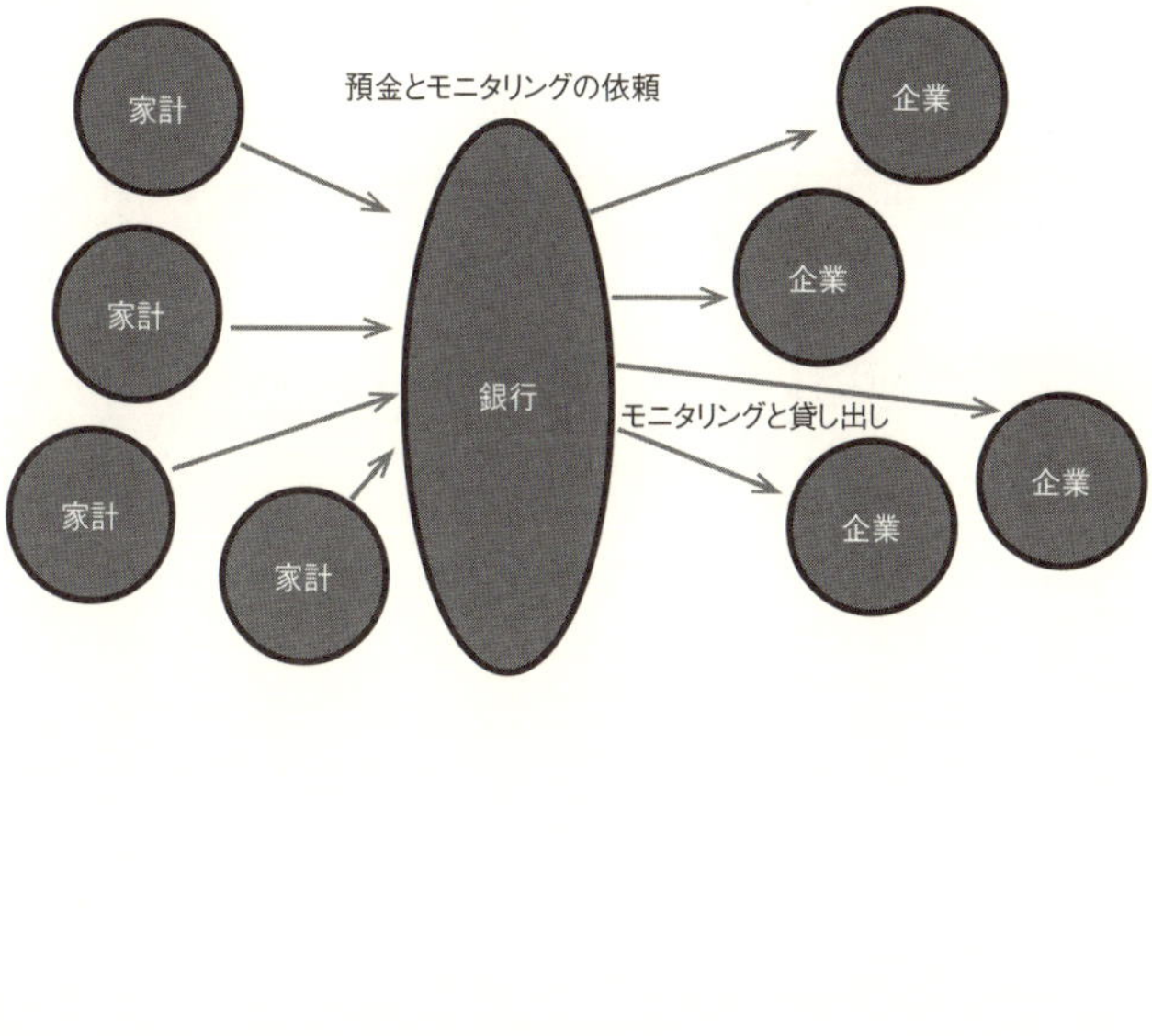

調整できていない場合がある。かといって将来、起こり得ることをすべて想定して細かく契約を結ぶのは無理であり、資金の出し手と借り手が、契約に盛り込まれていない、想定外の事態に直面する可能性がある。こうした事態を見越して、資金の借り手が意図的に債務不履行を起こすなどの行動に出ると、金融市場の機能が低下してしまう。

こうした「不完全な要素」をできる限り取り除き、黒字主体から赤字主体への資金の流れを円滑にするのが、銀行の役割、使命なのである。

「決済機能」、「期間変換機能」、「情報生産機能」

さて、銀行の基本機能は、資金の「仲介機能」であると、ここまで説明してきた。仲介機能とは、黒字主体から資金を調達し、赤字主体に提供する機能である。黒字主体から赤字主体への資金の流れは、様々な仲介組織を経由するが、その中でも銀行の存在感は大きい。

仲介機能を持つ金融機関には様々な種類がある。一般に借り手が資金を調達するときは、資金を供給する側との間で将来の支払い額やリスク負担などを取り決める契約を結ばなければならない。社債や株式の発行なら証券の発行という形態であり、銀行借り入れなら貸借の契約書となる。経済理論の中では、証券発行も貸借の契約書も、借り手が発行する「証券」とみなす。借り手が発行する証券を「本源的証券」と呼ぶ。

本源的証券が、最終的な貸し手である黒字主体に直接、移転する仕組みが「直接金融」、借り手と黒字主体の間に仲介機関が入る仕組みが「間接金融」である。「間接金融」では、仲介機関が独自に発行する「間接証券」を最終的な貸し手である黒字主体に売却して資金を調達し、その資金を使って最終的な借り手である赤字主体から本源的証券を購入する。

銀行は金融仲介機関の代表例であり、銀行にとっての間接証券は預金である。銀行は黒字主体から預金で集めた資金を貸し出しという形で赤字主体に流す。

直接金融の場合でも資金の仲介機関は存在する。代表例は証券会社である。証券会社は赤字主体が社債や株式などの本源的証券を発行するのを手伝い、発行された証券を黒字主体やその他の投資家に販売する機能を持つ。これがブローカー業務（委託売買業務）であり、証券会社は委託売買手数料を得ている。ただ、証券会社はあくまでも本源的証券の仲介役であり、自ら「間接証券」を発行して資金を調達する銀行とは機能が大きく異なるのだ。

銀行の仲介機能についてさらに詳しく説明しよう。銀行が仲介機能を果たすために備えている機能の1つ目が「決済機能」である。企業や個人が、ある商品を購入すると、お金の支払いや品物の引き渡しなどの「債権・債務」の関係が発生する。決済とは、実際にお金の支払いを実行することで「債権・債務」関係を解消する行為を指す。ただ、いつ支払いのタイミングが来るかを正確には予測できないので、支払いに備えてある程度のお金を準備しておく必要がある。

こうして手元に置くお金を「流動性」と呼ぶ。その中でも「現金」は最も流動性が高い金融資産である。普通預金や当座預金などの預金は、いつでも現金として引き出せたり、クレジットカードの引き落とし口座として使えたりするので流動性が高い金融資産といえる。決済機能は経済活動を支えるインフラとして重要な役割を果たし、銀行を「公共性」のある存在にしている大きな要素である。半面、収益の面ではむしろ銀行の足を引っ張っている場合が多い。

2つ目の柱が「期間変換機能」だ。銀行は最終的な借り手が発行する本源的証券を預金という間接証券に変換する（＝預金で集めた資金を貸し出しに回す）機能を持つが、銀行に借り入れを申し込む企業などは、長期での借り入れを望む場合が多い。借入金を使って設備投資などを実行し、売り上げを増やすには時間がかかるからである。一方、資金の出し手（預金者）は銀行にお金を預けていても、短期間で引き出せる「流動性」を望む。どんなタイミングで出費が必要になっても対応できるようにするためだ。

銀行は短期間の契約で資金を借り（＝流動性が高い預金で資金を集め）、長期間の契約で資金を貸すことになり、「期間のミスマッチ」が生まれる。このミスマッチの存在が銀行の経営が不安定になる根源的な原因である。銀行は預金で集めた資金を貸し出しに回しているから、手元には一部しか現金が残っていない。仮に預金者がいっせいに預金を引き出しに来ると、預かったお金を返還できなくなる。長期契約で貸しているお金はすぐには回収できないからだ。

この現象を「銀行取り付け」と呼ぶ。銀行は資金繰りがつかなくなり、経営が破綻する。ひとたび1つの銀行が支払い不能に陥ると、他の銀行の預金者も動揺し、連鎖反応が起きる可能性があり、政府の介入が必要となる。預金者がいっせいにお金を引き出しに来ることはないという前提のもとに銀行経営は成り立っているのだ。

3つ目の柱は「情報生産機能」。金融取引を円滑に実行するには、銀行は借り手に関する正確な情報を集めなければならない。借り手には本当に返済能力があり、契約通りに返済する意思があるかを見極めないと、貸し出した資金を回収できなくなる恐れがある。借り手と貸し手の間に生まれる「情報の非対称性」を軽減する機能が「情報生産機能」である。

銀行が投資家よりも優れているとされるのは、借り手の見極めをする「目利き能力」が高いプロの集団であるためだ。銀行員は貸出先を審査するプロとして教育を受け、貸出先に関する密度の濃い情報を集めることが可能だ。しかも、銀行は貸出先と長期の取引関係を結ぶことが多く、お互いに信頼関係がある。

借り手の側は、1回でも返済が滞ると信頼関係にひびが入り、その銀行との取引を継続できなくなると知っているので、約束通りに借入金を返済する。多くの銀行員がこうした関係を望み、仕事のやりがい、醍醐味を見いだしていることは第1章で紹介した通りである。これに対し投資家は、資金を提供する相手に関する情報が不足しがちであり、投資対象を見誤って損失を被るリスクが高いとされる。

ただ、こうした2分法は必ずしも妥当ではなくなっている。銀行と取引先企業の関係はドライな関係に変質してきており、長期的な信頼関係を築けない事例も目立っている。銀行が低金利をセールスポイントとして他の銀行からの「肩代わり融資」を競っている結果、企業側は案件ごとに銀行を選ぶ傾向が強まっている。投資家も一様ではない。企業についてよく研究し、目覚ましい投資成果を上げる投資家もいるだろう。

ファンドの動きを横目でにらみ、銀行はどう動いたか

銀行には「委託された監視者」の側面もある。銀行は多くの預金者に代わって、借り手を監視し、貸し倒れを防いでいる。資金の出し手側がそれぞれ借り手について調べるコストを減らし、チェックの効率を上げている。格付け会社や公認会計士も「監視者」の役割を果た

しているが、チェックの対象は一部の上場企業などに限られている。

「取引費用の節約」と「リスクの分散」機能もある。資金の貸し借りや証券の売買、保管には様々な費用を伴う。これを資金の出し手と借り手がそれぞれこなしていると、取引に手間暇がかかり、コストも膨らむ。銀行に取引を集中させれば、総コストを圧縮できる。経済学でいう「規模の経済性」が働くからだ。銀行は預金・貸し出し以外の業務も取り扱っているので、様々な分野で培ったノウハウを有効活用でき、「範囲の経済性」も作用する。

銀行は幅広い預金者からお金を集め、幅広い貸出先にお金を貸せる。「取り付け」が起きない限り、仮に一部の預金者がお金を引き出しても、預金者はほかにもいるので、調達資金は枯渇しない。貸出先の一部から資金を回収できなくなっても、約束通り回収できる貸出先が大半なら、損失を最小限に抑えられる。「期間の変換機能」に伴うリスクを、資金の調達先と運用先を増やすことで分散しているのだ。ただし、取引費用の節約とリスクの分散は「投資信託」によっても実現可能であり、銀行だけの特権ではない。

銀行の基本機能について整理してきた。現在の金融市場では、間接金融の代表である銀行や、直接金融の代表である証券会社を経由しない様々な資金の流れも生まれている。

多くの投資家から集めた資金を機関投資家が蓄積した上で株式や債券、不動産などに投資し、その成果を投資家に販売する「投資信託」などのウエートが高まっている。欧米のユニバーサルバンクは、貸出債権や不動産などを担保とする証券化商品を組成し、世界中の投資家に販売した結果、リーマン・ショックの引き金を引いたと何度か説明したが、これも新しい資金の流れといえる。

資金の出し手である投資家の側からみると、最終的な資金の借り手が発行する「本源的証券」を直接、買い取るわけではない。先の分類に従えば「間接金融」に相当することになるが、預金を集めて貸し出しで運用する銀行を代表とする伝統的な間接金融とは、資金の流れは大きく異なる。そこで、投資信託、証券化商品など市場取引を活用する間接金融を「市場型間接金融」と呼んで区別している。

直接金融、間接金融、市場型間接金融のどの経路が金融市場の中心にあるかは、国・地域により、時代により異なっている。慶応大学教授の竹森俊平はシカゴ大学教授のラグー・ラジャンが、リーマン・ショックが発生する3年前の2005年に発表した論文を下敷きにしながら金融仲介機関の変化について考察している。[49]

論文のテーマは「現代の金融システムが抱える危険」と「現代における銀行の役割」だ。米国が1980年代に経験したS&L（貯蓄貸付組合）の金融危機、日本が1990年代に経験したバブル崩壊後の金融危機の主役は銀行だった。

その後、米国の銀行は危機防止のために様々な経営上の改革を実行した。金融取引の形態にも変化があり、お金の貸し借りは銀行が中心となる相対取引よりも、証券を活用した市場取引が主流となった。市場取引が中心の金融システムは銀行が中心の金融システムと比べて危険が減少したと言い切れるのだろうか、と論文では問題を提起している。

銀行の役割が低下すると、家計などの資金の出し手が銀行を経由せずに一般企業などの資金の借り手（受け手）に市場を通じて直接、資金を供給するようになったと理解されているが、それがそもそもの誤解だとラジャンは指摘する。

銀行借り入れにとって代わった証券を中心とする市場取引では、最終的な資金の出し手と最終的な資金の受け手が直接、取引をするわけではない。ヘッジファンド、投資信託、企業買収ファンド、銀行がオフ・バランスシートで設けているストラクチャード・インベストメント・ビークル（ＳＩＶ）といった資産運用専門機関（以下ではファンドと呼ぶ）が仲介役となるものが大部分である。銀行の代わりに新しいタイプの仲介役が躍り出たと解釈されるべきだという。

ここで浮上するのが、資金の仲介役は、最終的な資金の出し手（プリンシパル）の代理人（エージェント）として適切に行動するかという「プリンシパル・エージェント問題」と呼ばれる問題だ。かつての銀行とファンドは行動原理が全く異なり、問題の質が変化している。

かつての銀行中心の時代には、証券の発行に厳しい規制をかけるなどで金融取引の中心が銀行とならざるを得ないように制度が設計されていた。同時に銀行自身にも競争を制限する規制がかけられ、銀行同士が競争で体力をすり減らさないようにしていた。金融システムの「安全」を目的とする仕組みだった。対照的に市場取引が中心のシステムでは、ファンドは競争相手よりも高い投資収益率を求められ、スタッフの報酬は成功報酬型になっている。ファンドはライバルを出し抜こうとして、発生する確率は低いが、発生した場合は損害が大きい「テール・リスク」を取りがちだ。

ファンドの動きを横目でにらみながら、銀行はどう動いたのだろうか。ユニバーサルバンクの行動を思い出してほしい。ユニバーサルバンクは自己資本をなるべく有効に活用するため、市場を積極的に活用するようになった。住宅ローンの抵当債権を証券化し、格付けが高い証券を中心にバランスシートから切り離して売却したのである。すべての証券を保有し続けるよりはリスクは減るが、相対的にリスクが高い証券を抱え込む結果となった。証券化の本来の目的はリスクの軽減にあるが、やがて自己勘定による売買（トレーディング業務）に主眼を置くようになる。自己勘定による売買を増やすには、証券を手元に置く必要がある。ユニバーサルバンクは住宅ローン会社を買収した上で、次々と証券化を進め、リスクの総量は増え続けた。

銀行がファンドとの間で信用供与（クレジット・ライン）の契約を結んだことも、事態を複雑にした。ファンドに緊急な資金需要が発生したとき、銀行はあらかじめ定めた金額までは貸し出しに応じるという契約だ。ファンドに緊急な資金需要が発生するときは、ファンドの存亡がかかったタイミングである公算が大きい。クレジット・ラインの契約によって得られる手数料収入と引き換えに銀行自身が「テール・リスク」をファンドと共有したともいえる。

市場取引が中心の金融システムの中では、銀行も市場取引を活用するようになる。銀行とファンドの行動原理に差がなくなり、銀行もファンドも一蓮托生になっていく。銀行が「ファンド化」するともいえるだろう。こうした変化の帰結がサブプライム危機であり、公的な規制がなくても、金融システムは自ら安全を維持できるという誤った考え方が生まれ、与信審査のない住宅ローンを基礎にした信用の膨張を生んだと竹森は総括する。

企業の価値創造活動に貢献できなくなった銀行は……

慶応大学教授の池尾和人は1980年代以降の30年間を「金融拡大の時代」と位置付け、この間の米国と日本の金融と経済の動きを概観している。[50]

第2次世界大戦後、約30年間にわたり、先進諸国では復興とその後の高成長が続く。この時期は世界で大きな投資ブームが起き、投資が貯蓄を上回る「投資超過」であった。金融の面では資金不足が基調となり、銀行は不足しがちな資金を何とか集め、企業に貸し出すことによって企業の「価値創造活動」に貢献し、自らも利益を得ることができた。

しかし、1970〜80年代以降に先進国経済が成熟し、実物面での投資機会が乏しくなる。投資が貯蓄を下回る「貯蓄超過」の時代に転換し、資金余剰が基調になる。銀行の預金・貸出業務は有効でなくなり、銀行業は不況産業となった。銀行は企業の価値創造活動に貢献できなくなったのである。

日本では1980年代の後半にバブル経済の生成と崩壊を経験し、90年代以降は経済の低迷が長期間、続いた。同じような動きが米国でも起きたが、日本より規模ははるかに大掛かりで、リーマン・ショックで崩壊するまで、繁栄の期間は30年の長期にわたった。最終的な結末は日本と大差がなかったが、両者の間で規模と期間の違いが生まれた原因は、米国では金融技術が発達したからだと、池尾は分析する。

1970年代以降、米国でも伝統的な銀行業は不況産業となり、それから脱却しようとする試みは次々と失敗する。国内での貸出先をみつけにくい米国の大手商業銀行は資源価格の高騰を背景に、中南米などの開発途上国向け貸し出しを増やした。

しかし、80年代に資源価格が下落し、高金利政策の影響もあって開発途上国の多くが返済困難に陥った。１９８３年の預金金利規制の撤廃で資金調達のコストが急上昇したＳ＆Ｌ（貯蓄貸付組合）は、商工業向け貸し出しに参入して経営改善を目指すが、逆効果となる。Ｓ＆Ｌの経営危機は１５００億ドルにのぼる公的資金の投入で収束する。１９９０〜91年には商業銀行も不動産関連融資が焦げ付き、経営危機に陥った。

米国の大手商業銀行は１９９０年代以降、伝統的なビジネスモデルを放棄し、証券会社や投資銀行のビジネスモデルに近づけようとする。業態規制の緩和も進み、１９９９年にグラム・リーチ・ブライリー法が成立すると、業態の壁は基本的になくなった。

そこで、多用されたのが「証券化」である。証券化の発達は銀行業の姿を大きく変える。池尾の解説によると、かつての銀行は、「組成保有型」のビジネスモデルに従い、自らが組成した貸出債権を満期まで保有するのが原則だった。

銀行と資本市場（債券市場と株式市場）との関係は代替的であり、企業による社債発行と銀行借り入れはライバル関係にあった。ところが、証券化が進むと、「組成販売型」のビジネスモデルが普及し、銀行と「証券化商品市場」という資本市場は補完関係となる。銀行とファンドの境界があいまいになっていく、というラジャンの見方と同じである。

１９９０年代になると、デリバティブ（金融派生商品）と呼ばれる金融技術も発達する。様々な商品が誕生したが、最後に生き残ったのがＣＤＳ（クレジット・デフォルト・スワップ）と呼ばれる商品だ。ＣＤＳの取引では、特定の企業や国家を「参照組織」として定め、その組織が債務不履行（デフォルト）を起こした場合は、あらかじめ定めた元本額を支払う契約を結ぶ。「倒産保険」の仕組みに近い。ＣＤＳはサブプライム危機を増幅させる要因となった。

池尾は金融の基本機能のうち代表的な機能は、資金の配分とリスク管理だとみる。リスク管理の機能は、社会全体によるリスク・シェアリングを推進し、社会全体としてのリスク負担能力を拡大する意義があると強調する。証券化やデリバティブなどの金融技術は、リスク・シェアリングの可能性を広げるものであり、積極的に評価されるべきだという。

新しい金融技術を活用した金融業は、経済の中に存在している何らかの「歪み」を見いだし、それを利用した裁定取引で利益を上げようとする。ある資産が本来の価値よりも低いなら買い、その逆なら売る。こうした取引の結果、資産価格が本来の価値に回帰すれば、さやが抜ける仕組みだ。取引を続けるうちに世界の金融資本市場の「歪み」が減り、市場の効率が上がる。ただ、「歪み」が減るにつれ、収益の機会は枯渇する。

「金融拡大の30年」のうち、米国では、最初の20年間は前向きに評価できる動きも多かったものの、最後の10年間はヘッジファンドや投資銀行などが、自己の利益を追求するためだけに、わずかな「歪み」に目をつけ、レバレッジ（負債への依存）を拡大して取引をする傾向が強くなった。金融は否定的な面の強い「肥大化」の道をたどったと池尾は総括する。

米国での「金融拡大の30年」の背後にあったのは、2000年代から進行した国際的な経常収支の不均衡（グローバル・インバランス）である。米国（および中東欧諸国）だけが経常赤字を出し、EU（欧州連合）は経常収支の均衡をほぼ維持。それ以外の国（日本、中国をはじめとする新興諸国、資源産出国など）は輸出主導の経済運営の結果、経常黒字が固定し、しかも年々、その規模が拡大していた。

外資に依存する経済運営をしていた東アジア諸国は、外資が一斉に流出したアジア通貨危機の教訓から、輸出主導に転換した。経常黒字国の資金が米国に流れ込み、金融の拡大に拍車をかけたのである。

対する米国側は、米連邦準備理事会（FRB）議長のアラン・グリーンスパンのもとで「後始末戦略」を導入する。「バブルか、バブルでないかは弾けてみるまでわからない」という認識のもとで、いったんバブルが崩壊したとわかれば、潤沢に資金を供給する政策である。「株価上昇が行き過ぎているときは容認するが、大幅な下落は阻止する」という方針は、へッジファンドや投資銀行に安心感を与え、過剰なレバレッジを生んだ。この戦略は、株式市場だけの問題だったブラック・マンデーやＩＴバブル崩壊のときには成功したが、信用仲介システムを巻き込んだサブプライム危機では通用せず、グリーンスパンの後を継いだベン・バーナンキが火消し役となった。

米国では、１９９０年代に業務規制の緩和と金融技術の発達が進み、市場の効率化に貢献した。しかし、国際経済におけるグローバル・インバランスの拡大や、グリーンスパンの後始末戦略の限界もあって、２０００年以降の10年間は「金融の肥大化」と呼べる状況に陥り、リーマン・ショックで崩壊した——。以上が池尾の主張の骨子である。

金融は血液の流れ、経済という体の動きと無縁ではいられない

英フィナンシャル・タイムズ紙経済論説主幹のマーティン・ウルフはリーマン・ショックを引き起こした原因を分析している[51]。

金融システムが脆弱になった変化の１つ目は自由化。政府よりも市場に信頼を置く大きな「シフト」が始まると、自由金融市場の台頭は避けられない流れとなる。時が流れ、金融が

安定している時代が長く続くと1930年代に生まれた金融の不安定さに対する恐怖心が西側諸国から消えた。

シカゴ大学のユージン・ファーマが提唱した「効率市場仮説」、ハーバード大学のマイケル・ジェンセンの「株主価値の最大化」など、経済学者たちは、自由市場は資源を最適に配分するという主張を正当化する理論を提供した。実務家は規制に反対し、1980~90年代になると規制緩和の流れが加速した。金融セクターが経済を支配するようになり、報酬はけた違いに高額になった。

2つ目はグローバル化だ。資金調達、銀行業務、新たに創り出された資産の保有先がいずれもグローバル化したのである。米国では金融の「組成販売モデル」が伝統的な「融資保有」モデルに次第にとって代わり、ローン債権を束ねて証券化した有毒資産が、リスクを理解する能力が一番低い人々の手にわたった。

3つ目の理由はイノベーション。数学的に厳密だとされているデリバティブ（金融派生商品）の価格形成理論が生まれ、市場が急拡大した。新しい金融商品は、組織構造のイノベーションももたらす。「シャドーバンキング」は従来型の銀行と同じような機能を果たし、多数の貸し手から資金を吸収した。伝統的な銀行業界は垂直統合によるサイロ型の構造だったが、垂直方向にも水平方向にも緊密な関係にある不透明な金融システムが誕生した。金融セクターの競争が激しくなり、米国やそれ以外の国でも、信用と負債が急激に膨らんだ。

4つ目はレバレッジだ。レバレッジとは、自己資金に他から調達した資金を加えて投資をすることを指す。金融機関以外の借り手、デリバティブ、金融セクター自身の内部にレバレッジが埋め込まれた。

最後がインセンティブである。1980~90年代にウォール街で株式公開が広がり、ストックオプションが導入された。短期の成功に対して高額の報酬が支払われた。納税者は銀行の債権者を救済するとされ、実際にそうなった。

現在の市場型金融システムでは、金融危機を完全には防げない。まず、システムの中でリスクを取りに行く動きが広がる。大きな利益をもたらすかのようにみえるが、金融システムは不安定になっていく。成功は過剰なリスクテイクをあおり、過剰なリスクテイクがシステムの崩壊をもたらしたとウルフは総括する。

日本では、第2次世界大戦後、銀行中心の間接金融が金融システムの主役を務めてきたが、バブル崩壊でその限界があらわになった。そこで、直接金融や市場型間接金融が主体のシステムに変えようとしてきたのが、バブル崩壊後の金融行政の大きな流れである。

「護送船団方式」と呼ばれる行政手法からの大転換の端緒が、政府が1996年秋に打ち出した、金融ビッグバンと呼ばれる規制改革である。1996年は、バブル崩壊後の不況がやや一段落したかにみえる時期だった。同時期の米国では、銀行業の業務規制の緩和が進み、新たな金融技術を手に入れた銀行が収益を拡大していた。日本政府は米国をモデルとし、金融規制を緩和する方向にかじを切ったのである。

竹森は、80年代の日本のような銀行中心のシステムでも、21世紀初頭の米国のような市場中心のシステムでもバブルにつながる過剰な投資が発生したと指摘する。日本の政府、金融関係者は90年代の不良債権問題で懲り、銀行中心のシステムに代わる、市場中心のシステムを追い求め、その答えをアングロサクソン型のビジネスモデルにみつけ出したと思ったが、アングロサクソン型にも重大な欠陥がみつかった。

この事実を踏まえるところから、適切な経済システムの模索を始めるべきだと竹森は言う。

銀行は「規制業種」であり、銀行経営は政府による制度設計や、金融政策によって大きな影響を受ける。また、金融は血液の流れにたとえられるように、経済という体全体の動きと、無縁ではいられない。金融と経済は相互に影響し合いながら動いている。

日本政府が1990年代後半から取り組んできた金融行政の大転換は、金融界をどう変え、日本経済に何をもたらしてきたのだろうか。次節ではバブル崩壊後の金融行政の変遷をたどろう。

48　福田慎一『金融論』（有斐閣　2013）、村瀬英彰『金融論』（日本評論社　2006）
49　竹森俊平『資本主義は嫌いですか』（日経ビジネス人文庫　2014）：194-216　31-35
50　池尾和人＋21世紀政策研究所編『金融依存の経済はどこへ向かうのか』（日経プレミアシリーズ　2013）：16-57
51　マーティン・ウルフ『シフト&ショック』（遠藤真美訳、早川書房　2015）：166-180　237-243

第2節
〝異色官僚〟が説く制度論

銀行は典型的な「規制業種」である。たとえ業務規制が緩和されたとしても、規制は残り続けるし、監督官庁からも「自由」にはならない。銀行はそれだけ「公共性」が高い存在であり、基本的には自由競争が許されている製造業や流通産業などとは事業の成り立ちが異なっている。

本書では、「銀行業とは何か」を考える材料を示してきたが、制度の変遷を追う作業も欠かせない。日本の銀行が活動する上での前提条件となる制度や金融行政はこの20年間で大きく変わってきた。政府はどんな意図を持って規制を改革し、銀行界はどう変わってきたのだろうか。

銀行の起源から近代銀行の誕生まで

日本での20年間の変化を追う前に、ここで簡単に「銀行の世界史」を紹介しよう。銀行が、いかに制度や政策と強く結び付いた存在であり、それは日本には限らないことを示すためだ。

「銀行」の定義や、どの機能に注目するかで、銀行の起源を巡る見解は分かれている。[52]

「銀行」という組織は発足していないが、「貸し借り」は紀元前のメソポタミア（現・イラク）文明の時代にまでさかのぼれる。世界で2番目に古い法律とされるメソポタミアのハムラビ法典には貸借の利子率を定めた規則がある。貨幣はまだ存在しないので単位は重量である。

「もし商人が穀物を貸借契約に供したときには穀物1クールにつき60クーの利息（1クール＝180クーなので33・3％に相当）を徴収する。もし銀を貸借契約に供したときには、銀1シケルにつき6分の1シケルと6シェの利息（1シケル＝180シェなので20％に相当）を徴収する」。この条文に続いて「もし商人が違反して穀物1クールに対し60クーの利息あるいは銀1シケルに対して6分の1シケルと6シェの利息を超過して徴収したときには、商人は与えたものを失うだろう」と金利の上限が定められている。

メソポタミアのシッパルで発見された紀元前1823年の金銭貸借契約（借用書）の粘土板には、「銀」の受領と利子の支払いを約束する文字が描かれている。貸借契約を公証人に届けた上で譲渡することも可能だったという。今でいう利付き証券が普及していた可能性があるのだ。

紀元前8世紀頃に成立したギリシャの都市国家（ポリス）では、コインがポリスごとに造られた。ポリス同士やその他の地域との交易が発達すると、様々なコインが混じり合うことになり、コイン同士を交換する両替商が登場した。この時代には、不動産担保貸し出しの記録も多く残っている。耕作地が狭いギリシャでは、土地には価値があり、借入金を返済できずに破産して土地を失った農民が奴隷になった。また、コインや地金を預かり、利子を支払う商人もいたという。

ただし、「銀行」の起源は、中世イタリアの商人だとする説が有力だ。イタリア北西部のロンバルディアの両替商は店の前に取引用の台を設置した。この台がイタリア語のbanco（バンコ＝机、ベンチの意味）、後の英語のbank（バンク）になったというのが定説だ。破産を意味するbankruptcyは、取引台を叩き割って商売ができないようにすることに由来する言葉だ。ロンバルディアの両替商は机の上に金銀貨を積み上げたが、ヴェネツィアの両替商は帳簿だけを机の上に置き、「バンコ・デ・スクリッタ」（書く銀行）と呼ばれた。

現金がなくても為替手形の決済や口座間の資金移動が可能だった。同時にリスクの高い高金利の貸し出しも手掛けたため、破産する銀行も多かった。そこで、ヴェネツィア市では商取引に不可欠な両替、為替、預金、振替といった業務を公立の機関に担当させる計画が生まれた。
1584年と87年の法律に基づき、「ヴェネツィア銀行」が発足した。取り扱う業務の範囲を制限し、資金を預かって記帳するが、貸し出しは禁止された。預かった資金は預金者の指図に従い、帳簿上で他の預金者に振り替えられた。決済業務を専門とする振替銀行が誕生したのである。

フィレンツェにはメディチ銀行、ジェノバにはサン・ジョルジョ銀行のような「グロッシ（大）バンキ」と呼ばれる銀行が誕生した。メディチ銀行の発足は15世紀。ローマ、ヴェネツィア、ナポリなどに支店網を拡大し、毛織物業にも進出して成功する。教皇庁の財政を担当し、莫大な利益を得た。

両替を中心とする銀行業と国際的な商業を兼営したのである。最盛期を築いたコジモ・デ・メディチが死去すると次第に経営が悪化し、15世紀末には破産状態に陥った。毛織物業には従事していたが、他の金融業者との競争が激しくなる中で、資金の大半を宮廷の浪費や傭兵などの軍事費に支出したという。

サン・ジョルジョ銀行は1148年に前身の銀行が発足。欧州で最古の公的な銀行とされている。ジェノバの有力な家族が創設と統治に関わり、共和国の支配者に資金を貸し出して影響力を行使した。

１６０９年、国際金融センターとなっていたアムステルダムに、「アムステルダム銀行」が発足した。ヴェネツィア銀行をモデルにしたとされ、市議会から選ばれた３人の理事が運営にあたった。市中の両替商や現金出納商の取引は禁じられ、アムステルダム銀行は金融業務を独占した。主な機能は預金の受け入れ、払い戻し、口座間の振替による決済、両替、貴金属や非流通鋳貨の買い取りと鋳造など。口座振替には手数料を課さなかったという。

英国では17世紀に銀行家が現れる。羊毛や穀物などを取り扱う商人や、質屋、金匠（ゴールドスミス）、公証人などが何らかの銀行機能を果たすようになった。金匠とは貴金属の細工師。金貨・銀貨を含む貴金属の保管、両替を担い、外国のコインとの両替や摩耗したコインの選別などで利益を上げるようになった。

金匠は預かった貨幣などに対するノート（受領証）を発行し、ノートは現金に似た形で流通した。当座現金勘定（ランニング・キャッシュ）勘定を開設し、振出手形（小切手）を使って預金の振替や、貸し出しを通じた信用創造が可能になった。金匠は17世紀半ばには政府向け貸し出しでも重要な役割を果たす。王政復古後に政府が発行した「支払い指図書」を大量に引き受けたが、１６７２年の支払い停止で打撃を受け、破産が相次いだ。ロンドンに本拠を置く個人銀行は１６７７年に44行あったが、87年までに10行に減った。１７００年までに40行を超し、１８１０年に80行を超えたとのデータが残っている。

近代的な銀行は1694年に英国政府が設立したイングランド銀行が発祥とされる。設立の目的は対仏戦争に向けた戦費の調達である。資本金は120万ポンドで、資本金の範囲内で銀行券を発行する株式会社組織だった。

イングランド銀行は規模の大きさで優位に立ち、金匠銀行は発券業務を停止し、預金銀行に特化していく。イングランド銀行券は支払い手段として流通する。ただ、イングランド銀行券はロンドン以外の地方では流通せず、18世紀末から19世紀にかけ、700行以上の地方銀行が発足して貨幣を発行した。地方経済の発達に応じて貨幣需要が盛り上がったためである。

しかし、地方銀行の経営は安定せず、1825年に恐慌が起きると60の地方銀行が経営破綻した。1826年、ロンドンから65マイル（約105キロ）離れた場所での非発券銀行の設立、イングランド銀行による地方支店の設立が認められる。

1833年、ロンドンで非発券銀行の設立が認められ、イングランド銀行券を法定通貨とした。以後、英国では株式会社方式の預金銀行が主流となっていく。1837～39年の金融恐慌で銀行の経営破綻が相次いだのを受け、英政府は1844年、ピール銀行法を制定した。イングランド銀行以外の銀行券発行を厳しく制限し、新設銀行の発券や、既存銀行の発券増額を禁じた。イングランド銀行は中央銀行としての道を歩み、その後、各国の手本となるのである。

銀行の基本機能は中世以来ほとんど変わっていない

視線を現代に移そう。２００６年にノーベル平和賞を受賞したマイクロファイナンスの代表格であるグラミン銀行。チッタゴン大学教授のムハマド・ユヌスは１９７６年、銀行サービスを農村の貧困層に広げ、金融システムを確立するための調査プロジェクトを発足させた。大学周辺の村からサービスを始め、成功体験を積み重ねた。貸出金利は年約20％の単利。バングラデシュ中央銀行の支援を受け、首都ダッカの北方をはじめ各地に活動を広げる。１９８３年、政令で独立銀行となった。グラミン銀行の貸し出しは主に5人に1人のグループを組ませ、連帯責任を負わせることで貸し倒れを防ぐ仕組みだ。無担保融資にもかかわらず、高い返済率を保っている。グラミン銀行は、貧困層を救済しながら営利企業としても成功を収めた銀行として評価されているが、発足当初からバングラデシュ中央銀行の支援を受けているのである。

こうしてみると、「銀行」の基本機能は中世以来、ほとんど変わっていないことがわかる。

ヴェネツィア銀行やアムステルダム銀行が典型例だが、預金の受け入れと決済業務は社会のインフラとして不可欠であり、銀行の「公共性」の根底をなしてきた。一方、もう一方の柱である貸出業務は、毛織物業など他のビジネスと同様な営利行為であり、成功と失敗を繰り返してきた。貸出業務を禁じられた銀行も存在したのである。

銀行の運営形態が、そのときどきの経済情勢や政府の方針によって大きく左右される点も、中世から現代まで変わらない。不況下で経営が傾く銀行が増えると政府がテコ入れに動き、銀行業務を制限する。究極の規制が発券業務の禁止であり、中央銀行の創設である。地方銀行の経営不安に対応する形で発券業務を独占し、各国の中央銀行の模範となったイングランド銀行の歴史は、銀行は国や規制に縛られ、あるいは守られた存在であることを裏付けている。

米エール大学教授のロバート・J・シラーは銀行の起源や浮沈について説明している。内容を抜粋しよう。

銀行は投資マネージャーとほぼ同じ仕事をしているといえる。融資をするとき、銀行家は投資マネージャーと同じく、実質的にリスクのある投資をしているからだ。にもかかわらず、銀行家はすべてをよくわかった上でやっているに違いないと思われている。銀行家はほとんどの場合、最も変動の激しい、目立つ市場には手を出さないせいだろう。ヘッジファンドの

マネージャーなどとは異なり、長く由緒ある伝統を引き継いでいるせいかもしれない。歴史的に銀行業は通常、コミュニティの柱のような存在であり、少なくとも物事がうまくいっている平常時は関係者に金銭的な報いをもたらす。

現在の銀行は金塊や貨幣をしまっておく金庫、あるいは保管室と思われている。銀行は直観的に安全で実用的な投資の選択肢と見なされている。しかし、銀行という言葉の起源は安全／金庫ではなく、15世紀のイタリア語「バンカ」（台）である。お金についての不安は絶えないし、その安全なしまい場所への需要は、交換経済の始まりから人間を駆り立ててきた。ルネサンス期以降、銀行は古代ギリシャのアクロポリスのような古代の砦や、都市中心部の要塞にたとえられた。

銀行は投資マネージャーより強く安全性を打ち出している。一般的に投資が預金の形を取り、不安定な収益ではなく固定金利をもたらす。預金には通常、流動性があり、急な用件のときには引き出せる。銀行預金は庭に埋めたお金と同様に自由に利用できるが、安全性と期待収益については地中のお金にまさる。銀行はそれなりの収益を提供できるのはなぜか。政府の後ろ盾があるからにすぎず、経済への配慮から政府が銀行を失敗させないせいだけなのだろうか。だが、銀行は政府が預金保護や、問題が起きた際の救済に関与し始めるずっと以前からうまくやっていたのだ。[53]

シラーは銀行が果たす役割を極めて好意的に評価している。リーマン・ショック後、欧米の金融機関に対して世間から激しい批判の声が上がり、金融機関の業務や資産内容に厳しい制限を課す動きが加速している。シラーはこうした現状を憂慮し、「銀行はずっとうまくやってきた」と銀行を擁護している。

確かに中世以来の銀行の歴史をみると、銀行の経営破綻が増える時期は長い歴史のごく一部の期間にすぎない。預金者から預かったお金を、貸し出しを中心にうまく運用し、預金者に安定した利息を支払うと同時に、急な引き出しにも応じる――。極めて難しい仕事にもかかわらず、銀行が長年の伝統の中でノウハウを培ってきたのは確かだ。

ただ、「政府の後ろ盾」がない時代には経営に失敗する銀行が多く、経営破綻が相次いだのは歴史的な事実であり、銀行の歴史は、ある時期から「銀行制度の歴史」と重なり合うようになったのである。

時代と経済情勢に揺れ動いてきた日本の銀行

日本の銀行史にも触れておこう。

江戸時代には金融業務を営む商人が登場した。両替商が両替仲間という組織を結成し、商業と金融業を兼営する場合が多かった。両替商の主な機能は金貨と銀貨、金貨と銭貨、銀貨と銭貨の両替である。商取引の中心地だった大阪では、銀貨が取引通貨であり、「銀目手形」による決済が盛んだった。

手形は現在の小切手とほぼ同じ機能を持っていた。両替商は遠隔地間の取引の決済も担ったという。両替商は両替と為替が主な業務で、預金受け入れと決済、さらには一部貸し出しも手掛けていた。両替商の大半は明治維新前後に閉店や倒産に追い込まれた。

明治政府は1869年、東京、横浜など8カ所に為替会社を設立する。預金、貸し出し、為替、発券業務も担うが、経営不振に陥り、解散した。そこで政府は1872年、国立銀行条例を制定した。米国のナショナル・バンクを手本にした制度である。

英語のBankを「銀行」と翻訳し、初めて日本語の「銀行」という言葉が登場した。学者たちが協議し、お金（金銀）を扱う店という意味から、中国語で「店」を意味する「行」を採用し、「金行」と「銀行」が候補になったが、結局、語呂が良い「銀行」を選んだとの説が有力だ。

国立といっても、国が設立したわけではなく、国法に基づいて設立した銀行という意味であり、民間が出資する株式会社だ。財政難の政府が発行した不換紙幣の整理や産業への資金供給が目的で、発券、貸し出し、預金、為替などの業務を手掛けた。しかし、国立銀行の設立は4行にとどまった。銀行券には金との兌換が義務づけられており、金貨を求める人が多く、経営が苦しかったという。

政府は1876年、国立銀行条例を改正し、金貨との兌換を停止した。国立銀行は有利な事業となり、1879年までに153行に増えた。発券銀行の増加は紙幣の過剰発行を招いた。1877年の西南戦争に対応するための政府紙幣の発行も加わり、インフレーションが発生した。紙幣を整理し、兌換制度を確立するため、1882年、日本銀行を創設し、唯一の発券銀行とした。国立銀行は発券を禁じられ、預金銀行に転換したのである。

預金銀行を普通銀行として制度化したのが1893年に施行された銀行条例である。日清戦争後に設立ブームとなり、1901年末には普通銀行だけで1890行に達した。

普通銀行のほとんどは株式会社であり、有限責任だった。銀行が不良債権を増やして損失が発生しても株主の責任は限定されるため、銀行の経営者は危険な貸し出しを増やす傾向があった。さらに、当時は大蔵省による監督も厳しくなく、経営者の関係者に貸し出しを集中する銀行もみられ、「機関銀行」として問題視された。

1920年代の不況下で、不良債権を抱えて経営破綻する銀行が相次いだ。1927年には特殊銀行の台湾銀行にも信用不安が広がり、支払いを停止する。全国に信用不安が波及し、昭和金融恐慌が発生した。全国の銀行が一斉に休業。政府が支払い猶予令(モラトリアム)

を出し、日銀が救済融資を表明するとようやくパニックは収まった。１９３０年代半ばによ
うやく銀行の経営は安定する。

政府は金融恐慌の教訓を踏まえ、銀行の合同を推進する。１９２７年の銀行法では、銀行の最低資本金を定め、条件を満たせない銀行の単独融資を原則として認めず、合同を促した。銀行の合同が進み、１９３２年末には、普通銀行は５３８行に減った。日本でも「銀行」は経済情勢の変化と制度変更のはざまで揺れ動いてきたのである。

高度成長が終わり、自由化の流れが始まる

第２次世界大戦後の日本の金融制度は、競争を制限する規制に強く依存した仕組みに再編成された。同志社大学教授の鹿野嘉昭の解説に拠りながら、制度の変遷をみてみよう。[54]

鹿野によると、日本の金融制度の中核をなしてきたのは銀行である。銀行が提供する預金は原則として現金との１００％の交換が銀行によって保証されている。当座預金や普通預金は「預金通貨」とも呼ばれるように顧客からの指図に基づく勘定間の移転または振替を媒介として現金と同程度の支払い手段として機能している。日本では自動引き落とし、口座振替という預金通貨による資金決済が広く普及している。

預金を仲介とする決済サービスの提供は他の金融仲介機関にない銀行の機能であり、決済

サービス提供の有無が銀行を他の金融機関とは異なる「特別な存在」にしている。

本節の「銀行の世界史」でも触れたように、銀行の「独自性」とは決済機能に尽きる。そして、決済機能を提供できるのは、政府から免許を得た業者に限られると、法律で定められている。ここまでは欧米諸国とも共通だが、日本の場合は、銀行法の中に、貸し出しも基本機能として加え、さらには業務範囲などに関する様々な規制を張り巡らせることで、戦後復興を目指す産業界に安定した資金を供給する世界でも珍しい仕組みを作ったのである。

戦後日本の銀行業の基本は分業制であり、普通銀行、長期信用銀行、信託銀行、信用金庫、信用組合といった専門金融機関に分かれていた。分業制を支えていたのが銀行の業務範囲や店舗展開、金利などに関する規制であった。

銀行の業務範囲規制とは、①長短金融の分離、②銀行・信託の分離、③銀行・証券の分離を指す。高度成長時代の産業界には旺盛な資金需要があり、金融機関を取り巻く経営環境は良好だった。様々な規制の網は金融機関の行動を縛ったが、全体として収益機会が恵まれる中では、お互いに自分の領域を守っていれば安定した収益を上げられた。業務範囲規制は金融界全体の安定に貢献したのである。（図表5－2参照）

戦後以来の業務範囲規制は徐々に取り払われてきた。自由化の流れが始まったのは、高度

図表 5-2　日本の金融規制

金融機関の業態別規制………	●長短金融の分離（1999 年 10 月、普通銀行による社債発行解禁で事実上、撤廃） ●銀行・信託の分離（1999 年 10 月、信託子会社の業務制限撤廃で垣根が消滅） ●銀行・証券の分離（1999 年 10 月、証券子会社の業務制限撤廃で垣根が消滅）
金利規制（1994 年 10 月、流動性預金金利の自由化で完了）	
内外市場の分断規制・為替管理（1998 年 4 月、改正外為法が施行、外国為替取引が自由に）	

成長が終わり、安定成長期に入った1975年頃から。国債の大量発行と、金融取引の国際化（2つの「コクサイ化」と呼ばれる）が進み、自由化を促した。

大量発行された国債を売買する流通市場が発達すると、市場金利の変動が大きくなり、規制に縛られた預金金利とのバランスがとれなくなる。金融取引の国際化が進むにつれ、海外諸国からも規制緩和を求める声が強まった。業務規制や金利規制の緩和は、時代の流れとなっていく。

1979年には自由金利の大口預金である譲渡性預金（CD）の取り扱いが金融機関に認められ、1980年には中期国債などを中心に運用する公社債投資信託（中期国債ファンド）の販売が証券会社に解禁された。

自由化の動きを決定づけたのは、1984年の日米・円ドル委員会だ。日本の巨額の対米黒字の背景には、円資産の魅力の乏しさがある、という米政府の主張を受けた委員会であり、円安の是正と、日本の金融自由化が議題となった。

大蔵省は「護送船団方式」と呼ばれる独自の行政手法と業務・金利規制で金融界を牛耳っていたが、この時期から絶えず「外圧」にさらされるようになる。本音では従来の手法を続けたい大蔵省は、規制緩和を「小出し」にしながら対米摩擦を回避しようとしたのである。

1985年以降、自由金利の大口定期預金の預入限度額が徐々に引き下げられるなど自由化が加速。1993年6月の定期預金金利の完全自由化、94年10月の流動性預金金利の完全自由化をもって金利は完全に自由化。預貯金の預入期間や金利のつけ方に関する規制も96年10月に完全に自由化された。対米要求に応じる形での自由化でもあり、完全自由化までに10年以上かかったのである。

業務範囲規制の見直しも同様で、大蔵省の差配のもとで少しずつ進んだものの、銀行、信託銀行、証券会社といった業態別の秩序や、銀行業界内部での秩序を極力、守ろうとしていた。業態別子会社にしても、どの銀行が最初に証券子会社の設立を認められるか、といった話題に終始し、銀行の担当者は少しでも早く認可をもらおうと大蔵省に日参していた。80年代半ばから90年代半ばまでの自由化は、旧秩序の中での漸進的な措置にとどまったのだ。

「個人名」があがる数少ない官僚の1人

さて、ここから1人の官僚（正確には元官僚）に焦点を当てる。その名は大森泰人。
これまでの章では主に銀行のトップにスポットを当ててきた。銀行全体を動かす立場にある経営者としての行動や意識を検証すると、「銀行業とは何か」という本書を貫く問いへの答えがみえてくるからだ。

一官僚にすぎず、大蔵省全体を動かす立場にもなかった大森をあえて取り上げるのは、大蔵省および金融庁で金融・証券行政に長く携わり、この分野のプロとして金融・証券業界などに強い影響力を持っていたからである。また、専門誌に連載を持ち、若いころから「個人名」があがる数少ない官僚の1人でもあった。個性的な風貌、タバコとコーヒー以外は1日1度しか食事をしない習慣（筆者が大森に取材をしていた当時、本人から聞いた話）、ざっくばらんな語り口などの印象からか「異色官僚」と呼ぶ人も多かったが、大森の行政手法は基本に忠実であり、決して「型破り」ではない。

筆者は大阪に勤務していた当時、大森（1999〜2001年まで近畿財務局理財部長）に頻繁に取材する機会を得た。それ以外の時期には特別な接点はないが、大森が発信する情報には注目し、金融・証券行政の流れを理解する助けとしてきた。大森が発信する情報の中にはもちろん個人の感慨のような内容も含まれているが、大蔵省や金融庁が組織として何を目的にし、どう動こうとしているのか、本筋がみえてくるからである。

以下では、大森の連載コラムや講演録、対談記事、加筆・修正分などを収録した著書を読み解きながら、この20年間の金融行政の変遷をたどる。[55]

政府は90年代半ばまでの漸進的な自由化と決別し、一気に金融規制を緩和する方針に転換した。1996年11月、2001年を最終期限とする抜本改革を打ち出したのである。1986年に英国で実施されたビッグバン（証券市場改革）にちなみ、「日本版ビッグバン」と呼ばれた。東京市場を2001年3月末までに、ニューヨーク、ロンドン並みの市場にするため、フリー、フェア、グローバルの3つの原則を掲げて規制改革に取り組んだ。日本版ビッグバンは橋本龍太郎首相が打ち出した、行政、財政、教育などの6大改革の1つと位置付けられ、とりわけ注目を集めた。

政府がこの時期に方向転換したのはなぜか。大森の説明を聞こう。

大蔵省時代の金融行政は銀行、証券、保険と業態別に分かれていた。担当する業態の経営を安定させながら、預金者、投資家、保険契約者を保護するという考え方が基本だった。ところが、1990年代半ばごろから、個別金融機関の経営不安が目立ってきた。そして、1995年秋の大和銀行ニューヨーク事件に対する行政の対応、同年末の住宅金融専門会社（住専）処理への公的資金の投入は国民の怒りに火をつけ、大蔵省への批判が強まった。

証券局に所属していた大森は、経営危機に陥った三洋証券の破綻を回避すべく、証券業界に奉加帳を回して救済しようとする従来型の行政に携わっていたが、ニューヨーク事件や住専処理で批判の矢面に立っていた銀行局の様子をみながら、いつまで従来の手法が通用するか疑問を感じ始めていた。

証券行政についても、免許制で証券会社の新規参入を抑制し、固定した手数料収入を保証して投資家を保護しようとするよりも、顧客資産の分別管理さえしっかりすれば、自由な競争に任せた方が多様なサービスが提供され、国民にとってメリットが大きいのではないかと考えるようになった。

金融行政の大転換を主導したのは1996年初めに証券局長に就任した長野厖士だ。大森は長野の薫陶を受け、ビッグバンの実現に注力する。ビッグバンの原点は証券局が主導する証券市場改革であり、批判の矢面に立っていた銀行局はどちらかというと受け身の対応だったのである。大森によると、長野の手法は単純であり、大きく構えるということに尽きる。なぜ、日本の市場はニューヨークの活況に遠く及ばないのかと問えば、競争制限的な市場の仕組みが浮かび上がり、何をなすべきかが自然とわかる。

1996年半ばから政府の証券取引審議会で抜本改革の議論を始めたが、同年秋に橋本首相が6大改革に取り込んだことで、世間の注目を集め、一時、ブームの様相を呈した。

ビッグバンは行政官が主導した最後の大仕事だった

日本版ビッグバンに盛り込まれた規制緩和・撤廃は、内外の資本取引の自由化、証券市場改革など多岐にわたるが、証券会社の免許制から登録制への移行、会社型投資信託の創設、証券総合口座の導入など大半は証券市場に関連するものであり、銀行に関しては投資信託の窓口販売解禁が目立つ程度だった。

ビッグバンの一環で銀行法も改正され、ディスクロージャー(情報開示)の義務付け、大口信用規制の強化、「アームズレングス・ルール」(銀行が子会社や関連会社などとの間で実行する取引の条件が銀行に不利益を与えないようにする規制)の対象拡大などが盛り込まれた。規制緩和が中心の証券市場改革とは対照的に、銀行グループ全体への監視を強化する内容が目立った。証券市場改革とともに大半の項目が1998年12月までに実行された。

大森は「ビッグバンブーム」の中で、次第にビッグバンによる経済構造改革の側面を強く意識するようになったという。証券市場改革がメーンだったビッグバンが銀行改革へとウィングを広げていったプロセスとも重なるが、なおバブル崩壊に伴う「負の遺産」処理が終わっていなかった日本経済全体に与える影響までは読み切れていなかったといえる。

大森はビッグバンの狙いについて「元本保証の銀行預金が原資だとリスクテイクに限界があるので、チャレンジャーのイノベーションを資金面から支える証券市場に期待するのが、失われた20年を通じての基本の構え」と繰り返し強調する。この構えこそ、長野から学んだ大きな構えにほかならない。以下は大森による解説だ。


日本は敗戦後、一貫して銀行型金融システムの国である。経済全体で資金不足なら、銀行が低利に規制された預金を国民から集め、政策的に必要な産業に供給するシステムが効率的である。敗戦国にとって、まずは石炭業と鉄鋼業の基盤を整え、次いで製造業が耐久消費財の規格大量生産により先進国にキャッチアップするのが先決だった。

短期の運転資金も、長期の設備資金も銀行から借り、自社株も持ってもらい、銀行OBまで受け入れる。経営危機になれば、メーンバンクとして銀行が経営再建を支援する。企業の株式公開は資金調達のためというよりも東証一部上場というブランドイメージの確立と新卒採用を有利にするためだった。

1980年代になると、これから成長する産業は判然としなくなる。銀行の保守的な担当者に資金供給を託すよりも、証券市場に参加する不特定多数の投資家に委ね、市場が今後の成長分野を見出していく方式の方が望ましい。銀行型金融システムと、証券市場経由の資金仲介が主役の市場型金融システムでは、今後の成長分野が明確ではない成熟経済になるほど、リスクテイクとガバナンスの機能に優れ、リターンを投資家が享受し得る市場型システムの方が適している。

イノベーションの実現にかけるリスクマネーを市場型金融システムが提供し、市場によるガバナンスが経営を規律して環境変化に対応する産業構造の変化を促し、預金者から部分的にせよ転換した広範な投資家が、増えない賃金を補うリターンを得る好循環が理想形だ。

銀行が企業の信用リスクを評価して貸し出しを実行するのは今後とも重要な役割だが、完済されるまで抱え込むと、実体経済のリスクが銀行にだけ集中してしまう。その貸し出しをさっさと銀行から切り離し、証券化して広く個人にリスクシェアしてもらう方が金融システムとして強靭である。

これは大森の私見ではなく、大蔵省の考え方を代表しているといえよう。産業界への資金供給や銀行経営をマクロの視点でとらえ、ビッグバンの必然性を説いている。それでは、金融市場を活用する投資家、とりわけ個人への影響をどのようにみていたのだろうか。大森の認識はこうだ。

ゼロ金利に巨額の預貯金が張り付いている日本では、貯蓄と投資は明らかに断絶しており、むしろ投機と投資が主観的に連続している。大多数の日本人にとって資産形成とはリスクを取るものではなかった。制度を変えれば国民の意識や行動も変わると期待するのがナイーブなら、一朝一夕にはいかずとも、意識や行動に直接、働きかけていくべきであろう。今のところ、普通の家庭の団欒で、どの企業が伸びるかなどという会話が交わされる国ではないが、政府が明確な教育方針を持てば、長い間に国民性を形成した例は枚挙にいとまがない。

大森は、銀行に証券仲介業を解禁する理由（２００４年12月に実施）を以下のように説明している。

日本人が歴史上、短期間で劇的に変化してきた国民であることは、明治維新や先の敗戦が示す通りだが、変化には導き手を必要とした。今回は外圧ではない。資金やリスクを有効に配分できる21世紀の金融システムに向け、日本国民の、リスクを取る資産形成の導き手となるのは当然、日本の仲介機関である。

証券会社や投信、投資顧問会社は投資商品による運用の担い手としての活躍が期待される。だが、投資と投機が主観的に連続しているがゆえに、投資を遠ざけてきた大多数の日本人を入口まで導くのは、銀行の役割であろう。

ビッグバンとは、大森がよく口にする「国民」から出てきた改革ではなく、住専処理などで批判を受けた大蔵省銀行局を横目でみていた証券局が、英米の金融制度を手本にして導入を急いだ「上からの改革」なのである。大森は「ビッグバンとは実質的に行政官が主導した最後の大仕事だったのではないかと感じている。その後の自分の行政官としての人生は、長野局長の猿真似を試みているにすぎない」と率直に記している。

ビッグバンは、世間から批判を浴びていた「護送船団方式」から大蔵省が脱出する起死回生の策になるはずだったが、予期せぬ副作用を招いた。ビッグバンの立法作業は着々と進んだが、金融不安が急速に広がったのである。大蔵省が法律をつくって制度的な枠組みを整える前に、市場が変化を先取りし、事実上のビッグバンが起きた。

フェアでないものに対する世間の目や市場の裁きが厳しくなったと大森はみる。1997年11月には三洋証券、北海道拓殖銀行、山一證券、徳陽シティ銀行が立て続けに経営破綻した。不良債権、簿外債務、不祥事など破綻の理由は様々だったが、株価が急落し、資金調達ができなくなったのは同じだった。山一証券の経営破綻に関して記者会見した長野は「市場が正常ではない経営を裁いたのは、ビッグバンをやりたいと思った人間にとっては好ましいことだ」と発言して批判を浴びる。

財政・金融の分離は大蔵官僚にとって屈辱

市場や世間の厳しい視線は大蔵省自身にも向けられた。大蔵省や日銀の幹部が銀行や証券会社などから過剰な接待を受けていたことが問題となった。1998年に入ると、金融検査官やキャリア官僚が収賄容疑で逮捕、起訴された。多くの幹部らが処分の対象となり、長野もその中の1人として減給処分を受け、1998年4月、辞任した。

長野に心酔していた大森は喪失感を味わいながらも、現場監督として立法作業の詰めを急ぐ。1998年6月、ビッグバンを実現するための金融システム改革法が成立した。証券会社の登録制への移行、証券取引所への取引集中義務の撤廃、銀行による投資信託の窓口販売の解禁など広範な内容で、1998年12月に施行された。1999年10月には株式売買の委託手数料が自由化、業態別子会社の業務制限が撤廃され、日本版ビッグバンはほぼ完了したといえる。

金融機関の業務を縛っていた規制を緩和するだけなら、金融・証券市場は無秩序に陥る。業務規制の緩和と同時並行で進んだのが、会計制度の改革（いわゆる会計ビッグバン）と金融検査・監督体制の改革だ。

金融・資本市場で金融機関が自由に行動するには、透明な会計制度が欠かせない。1996年8月、政府は会計制度を国際標準に移行させると表明した。内外の投資家が適切に投資判断できる環境を整えるのが狙いだ。1つ目の柱は連結財務諸表制度の強化。1999年度決算（銀行は98年度決算）から、ある企業が別の企業に及ぼす影響力を加味した実質基準に基づく連結財務諸表の作成、税効果会計の強制適用、キャッシュフロー計算書の作成が義務づけられた。２０００年度からは、有価証券や金融商品を一部の例外を除いて期末時点での時価で評価する時価会計も導入された。同年度には、年金資産・負債の状況を開示する年金会計も導入された。この時期に導入された様々な会計改革は、日本の金融機関および企業の行動を大きく変えることになった。

業務の自由化と一対の措置と言えるのが、金融検査・監督手法の改革だ。大蔵省は行政のスタンスを「事前予防から事後チェックへ」と転換していく。金融機関には自由な活動を認めるが、事後に厳しくチェックするという考え方で、金融機関の箸の上げ下ろしまで指導すると揶揄されていた行政手法を１８０度転換することを意味していた。行政の役割は「公正で信頼感ある市場」とするための取引ルールの整備、厳格な監視・処分、透明な破綻処理、金融制度や民商法、決済制度、税制といった市場のインフラ整備などに限られてくる。

検査・監督手法の改革の中で、銀行経営に与える影響が大きかったのが１９９８年4月に導入された早期是正措置である。金融機関の自己資本比率（リスク資産に占める自己資本の割合）を評価基準に、監督当局が資産査定を実施し、自己資本比率が４％（国内基準行の場合）を下回る場合には経営改善計画の提出命令、2％以下なら業務改善命令、マイナスなら業務停止命令を出すという内容だ。早期是正措置は、蔵相の諮問機関である金融制度調査会が答申した「金融システム安定化のための諸施策」に基づいて成立した金融関連3法の目玉だった。

金融検査とは、検査官が個々の金融機関に出向き、資産・負債の状況などを把握し、経営の健全性を確保させようとする行政手法を指す。金融検査に劇的な変化をもたらしたのが、1999年夏に公表された金融検査マニュアルだ。検査官が実施する金融検査のチェックポイントを整理し、取締役会を中心とする経営陣の責任を明確にし、金融機関のリスク管理に対する知見の重要性や意識改革を強調する内容だった。

金融機関は自ら内部検査を実施して資産の自己査定、リスク管理、法令順守の状況などを点検し、当局はその妥当性を検証する方法を導入したのである。

検査・監督体制も大きく変わる。大蔵省に財政・金融などの権限が集中していることが金融不安を招いたとの批判が強まり、1997年6月、金融監督庁設置法案が成立し、98年6月に施行された。金融制度の企画・立案機能は大蔵省に残すが、金融機関に対する検査・監督機能は金融監督庁に移した。金融監督庁は2000年7月に金融庁に衣替えし、金融制度の企画・立案機能も所管することになり、財政と金融の完全分離が実現した。

こうしてみると、「日本版ビッグバン」、「会計ビッグバン」、金融検査・監督の方法や体制の見直しなどが同時並行で進んだことがわかる。しかしながら、個々の改革を主導している主体は微妙に異なり、大蔵省は全体を必ずしもコントロールできていなかった。とりわけ、政治主導で決まった財政・金融の分離は多くの大蔵官僚にとって屈辱的な出来事だった。筆者は当時、金融監督庁への異動が決まった官僚から「大蔵省の存在は日本人なら誰でも知っているが、金融監督庁なんて誰も知らない」といった恨み節をよく聞かされた。

金融機関の業務範囲の制約をできる限り少なくする一方で会計基準を国際標準に合わせ、金融機関に対する検査・監督体制を強化する――。改革の方向は間違っていなかったが、金融機関の「負の遺産」処理が終わっていない時期だけに、これだけの改革をこなせない金融機関が出てきたのは当然だ。しかも、金融機関の破綻処理を進める制度が未整備だったことが致命傷となった。1997年の金融危機は、つぎはぎだらけの金融・証券制度改革がもたらしたともいえる。

時限立法による公的資金の注入や破綻処理を経て金融危機がようやく一段落した2000年5月、改正預金保険法が成立し、2001年4月に施行された。この時点でようやく金融機関を破綻処理する恒久的な仕組みができたのである。

金融危機による混乱を伴いながら2001年までに諸改革は一気呵成に進んだが、大きな宿題が1つだけ残った。「投資サービス法」（仮称）の制定である。その後、金融審議会での長年の議論を経て2006年に「金融商品取引法」として成立し、2007年9月に施行された。証券会社の設立が免許制から届け出制に移行するなど規制緩和が進み、金融商品の種類が増えるにつれ、顧客（投資家）と金融業者との間でトラブルが発生することも多くなる。そこで、金融業者を横断的に監視し、「投資家保護」を目的とする法律が金融商品取引法である。

証券取引法、金融先物取引法、商品ファンド法、抵当証券法などを統廃合して一本化した法律で、業態別に縦割りで定められていた金融商品の販売・勧誘に関する規制を横断的な規制に改めた。規制の対象は株式、債券、投資信託、デリバティブ（金融派生商品）、外国為替証拠金取引（FX）など。金融商品の販売業者は商品の仕組みやリスクを事前にわかりやすく説明する義務を負う。

欧米を手本に歩んできた日本は、ロールモデルを見失った

大森はこれまでの金融制度改革の流れを以下のように解説する。証券市場の構成要素は、

①投資家（個人投資家や機関投資家）、②投資対象（株や投信や国債など）、③両者をつなぐ仲介者（証券会社、銀行や取引所など）の3つ。ビッグバンとは③の「遅ればせ」の自由化である。日本でも、ビッグバンにより市場仲介者の業務を自由化した帰結として、多くの仲介者が新規参入し、売買手数料も大幅に低下したが、経済の先行きへの期待が持てない中で肝心の投資家の裾野が広がったとはいえない。

そこで、投資についての分立した法制を横断的に再編統合し、リスクのタイプが同じなら投資家への対応も同じにそろえ、投資家がリスクを認識して投資しやすくする環境を制度的に整備したのが金融商品取引法だ。③に続いて①へと進んできた制度改革が、②そのものの品質保証へと向かうのは自然な流れに感じる。投資対象が投資家に自らの情報を開示する水準は強化してきたから、より実質的に、投資家（株主）の利益に目を向けて経営しているか、というコーポレートガバナンス（企業統治）が次の課題になる。

金融システム不安が去るにつれ、金融検査・監督体制にも転機が訪れる。元金融庁長官の五味廣文（在任期間は2004年7月～2007年7月）は1990年代後半以降の金融行政を3つの時代に区分している。[56]

バブル崩壊後、大手金融機関の経営破綻が相次いだ1999年頃までが「危機管理の時代」。金融検査マニュアルが整備され、検査官が金融機関の資産内容を厳しくチェックして不良債権の処理を促した2005年頃までが「リスク管理の時代」。大手銀行の不良債権処理が進み、公的資金の返済も進んだ2005年以降を「利用者保護の時代」と位置付けている。

第3章で紹介したUFJ銀行の検査忌避事件が象徴するように、「リスク管理の時代」には金融機関と金融庁は対立する関係になりがちだった。護送船団方式の行政手法から一気に転換した金融庁に対して金融界などから「厳しすぎる金融検査が金融機関の貸し出しを抑制し、不況を招いている」、「検査マニュアル至上主義」といった批判の声が上がった。金融機関側の言い分がすべて正しいとは限らないが、金融庁と金融機関の意思疎通がうまくいっていないのは確かだった。

五味は金融庁長官に就任したとき、国内外の金融機関のトップに対話を呼びかけた。責任ある立場の人間同士が知り合い、直接情報や意見を頻繁に交換することで、それぞれ意思決定する場合の重要な材料を蓄積できると考えたからだ。しかし、国内の金融機関のトップや幹部はあまり来なかった。

金融庁の敷居が高いから、仕事が忙しいからという程度の極めて日本的な理由からだったのではないか。金融庁は横暴でやっかいだと思われていたという点をもう少し身にしみて感じていれば違うアプローチもできただろうと、自戒の念を込めて述懐している。

金融庁は2007年7月、金融行政の新たな方針を示す「ベターレギュレーション（金融規制の質向上）への取り組み」を公表した。不良債権の処理が進んで金融システム不安は収まり、金融行政の軸足を「利用者保護」や「公正・透明な市場の確立と維持」に移す狙いがある。

ベターレギュレーションの柱は4つ。1つ目はルールベースの監督とプリンシプルベースの監督の最適な組み合わせ。詳細なルールを設定し、個別事情に適用する「ルールベースの監督」といくつかの主な原則を示し、それに沿った金融機関の自主的な取り組みを促す「プリンシプルベースの監督」を最適な形で組み合わせ、全体として金融規制がうまく働くようにする。

2つ目の柱は、優先課題への効果的な対応。金融システムに内在するリスクをできるだけ早く認識し、行政資源を効果的に投入する。そのためには経済、市場の動向把握や、金融機関の戦略や活動についての正確な認識が重要であり、金融機関や市場参加者とのコミュニケーションを強化する必要がある。

3つ目の柱は金融機関の自助努力の尊重とインセンティブの重視。4つ目の柱は行政対応の透明性と予測可能性の向上である。金融庁は検査マニュアルや監督指針、各事業年度の検査方針、監督方針を公表し、行政処分の基準やルールの解釈についてのQ&Aなども公表する。関係者の要望を聞きながら、さらに改善していく。そして、当面の具体策として金融機関などとの対話の充実、情報発信の強化、海外当局との連携強化、調査機能の充実による市場動向の的確な把握、職員の質向上を挙げた。

2008年秋のリーマン・ショックは日本の金融行政にも影響を及ぼした。世界同時不況のもとで金融機関はリスクテイクに慎重になり、中小・零細企業などへの貸し出しを抑制するようになった。資金繰りに苦しむ中小・零細企業が急増したのである。

政府は2008年11月、金融検査マニュアルを改訂し、貸し出し条件を変更した債権であっても、実現する可能性が高い合理的な経営改善計画があれば「不良債権」としない扱いに変更した。さらに、民主党政権に交代した2009年12月、「金融円滑化措置法」が施行され、中小企業や住宅ローンの借り手から返済条件の変更を求められたときは、できる限り応じるよう、金融機関に求めた。2011年3月末までの時限立法だったが、2度の延長を経て13年3月末で終了した。リーマン・ショック後の金融検査マニュアルの改訂は、自民党政権のもとでの動きだったが、金融円滑化法の制定にまで至ったのは、中小企業や個人の保護政策を重視する民主党や、同党と連立を組んでいた国民新党の意向が強かったためだ。銀行経営は、経済情勢だけでなく、政府や政権の意向にも強く左右されるのだ。

金融庁は2014年9月、14事業年度の「金融モニタリング基本方針（監督・検査方針）」を公表した。13年度はそれまでの「検査基本方針」に代わる「金融モニタリング基本方針」と、「監督方針」の2本立てだったが、14事業年度からは一本化した。

金融モニタリングとは、金融庁の検査局による「オンサイト・モニタリング」（立ち入り検査）、監督局による「オフサイト・モニタリング」（ヒアリングや随時の報告、資料の徴求による情報収集）を指す。２つの局が別々のマニュアル・指針に基づいて実行してきたが、14事業年度からは金融モニタリングをオンサイトとオフサイトを包括する概念と捉え、オンとオフ（検査・監督）を一体化する方針を打ち出した。

金融庁が検査・監督の一体化に乗り出したのは、金融機関が抱える潜在的なリスクをリアルタイムで把握し、金融機関に業務運営やリスク管理体制の改善を促すためという。定期的に金融機関に出向いて経営状態を調べる検査局と、金融機関からのヒアリングをもとに金融システムの全体像を考える監督局は、旧大蔵省時代の接待汚職事件への反省などから分離された。それから15年以上が経過し、両局の情報交換が十分でないなど、検査と監督が分離している弊害の方が大きくなっていると金融庁は判断している。

世界の金融当局の動きも、日本の金融行政に転換を促している。リーマン・ショック後、世界の金融当局の間で「マクロ・プルーデンス」の重要性が認識されるようになったためだ。

マクロ・プルーデンスとは金融システム全体の健全性を意味する。
個別の金融機関の健全性と、内外の経済や金融・資本市場の動向がどのように影響を及ぼし合っているかを分析するのが、マクロ・プルーデンスに基づくモニタリングだ。1990年代の日本の金融危機や、2008年の世界金融危機のような危機の発生を防ぐためには、経済全体の動きを把握し、危機の予兆を察知した上で芽を摘む作業が欠かせないという考え方に基づいている。

それには個別金融機関の経営の健全性を事後的にチェックするだけでは限界がある。金融庁は、金融機関や金融システムが直面するリスクの実態を把握した上で、業界横断的な問題の抽出、改善策を検討するとしている。事後チェックよりも、潜在的なリスクの発見、「フォワードルッキング」（先行きを見据えて判断する手法）による未然防止を重視する姿勢を鮮明にし始めている。
オンサイトとオフサイトのモニタリング手法を効率よく組み合わせ、金融システムや金融機関全体に影響がある点については深く検証する一方、それ以外の、小口の資産査定などは金融機関の自主性に任せるといったメリハリをつけるのだ。

成果は出ているのだろうか。例えば、金融庁が2014年7月に公表した「金融モニタリ

図表5-3　投信販売の今後の課題

> 日本で様々な資産への分散投資を通じた個人の安定した資産形成を進めるには、①金融機関が顧客のニーズを的確に把握し、ニーズに沿った商品のうち顧客にとって最良の商品を提供する、②金融機関の取り組みが、顧客に投資の成功体験をもたらし、ひいては、貯蓄から投資への流れを一層進めることにつながる、③この結果、金融機関の投信販売による収益が拡大・安定する、という好循環を実現することが重要である。一部の銀行で新たな動きが現れているが、今後さらに、こうした好循環を実現する観点から、投信販売に改善・向上できる点がないか、検討することが期待される。
>
> 銀行の業績評価で預かり資産残高などを重視する動きについても、営業現場の目標（インセンティブ）が行き過ぎると、例えば、営業店で顧客の解約の求めに消極的な対応が取られるなど、顧客の意向に沿わない営業がなされる懸念もあることから、目標設定の適切性などについて不断に検証することが重要である。
>
> リスクの複雑な商品を、銀行窓口ではなくグループ内の証券会社でのみ取り扱う場合でも、顧客に適切な情報を提供し、最適な商品を提案することが求められる。

（出所）金融庁の金融モニタリングレポート（2014年版）から抜粋

ングレポート」では、銀行による投資信託の販売について、２００３年３月末から10年間、２年ごとに、その時々に最も人気があった投資信託に乗り換える売買をした場合の収益状況を試算した結果を示している。金融庁によると、２０１３年３月末時点での運用実績は12・８％で、所得課税（４・３％）と販売手数料（11・４％）の合計を２・８％（概数、年平均で０・３％）下回っている。その上で、顧客ニーズを的確に把握した上での最良の商品の提供→顧客に投資の成功体験をもたらす→金融機関の投信販売による収益が拡大・安定する、という好循環の実現が重要と指摘している。（図表５－３参照）

投信販売の問題点には２０１５年７月に

公表したモニタリングリポートでも、以下のように触れている。「安全性の高さ」を重視する顧客が多い一方、実際の売れ筋商品はリスクの比較的高い商品が主流。販売会社の中には、分散投資を推奨すべく、コンサルティング営業に注力し、バランス型商品が売れ筋に挙がる先もある。手数料に不満を持つ顧客が多い一方、販売手数料の平均値は年々上昇傾向（複雑な仕組みの投信販売が増加）。販売会社は、手数料に見合ったサービスを提供しているか、改めて確認する必要がある。

資産査定に重点を置く従来の検査では、こうした指摘はできなかったのではないだろうか。リーマン・ショック後、世界の金融当局の間で起きている変化は、日本の金融行政のみならず、銀行経営にも直接、影響を及ぼそうとしている。前節では、リーマン・ショックを引き起こした原因を問う言説を紹介した。金融の自由化の中で肥大化した欧米などの金融機関は、最先端の金融技術を駆使しながら自己勘定での証券売買にのめり込み、傷口を広げた。先進各国の政府は多大な公的資金を投入して危機を収束させたものの、金融機関に対する激しい批判が巻き起こった。自由化と規制緩和の流れは逆流し、主要国は金融機関の行動や業務内容を厳しく規制する方向にかじを切っている。

バブル崩壊後、不良債権問題に長く苦しんできた日本の銀行は、リーマン・ショックの原因となった証券取引には、ほとんど手を染めておらず、世界金融危機の影響も比較的少なくて済んだ。しかし、世界全体で広がる規制強化の動きには無縁ではいられない。日本版ビッグバンが典型だが、欧米を手本に規制緩和の道を歩んできた日本は、突然、ロールモデルを見失った。それだけでなく、欧米で急速に進む規制強化への対応を迫られている。

かつての「先生」たちが、戦後日本の銀行規制を手本に

みずほ総合研究所は国際規制の動きを整理している。[57]

2010年、G20は国際決済銀行（BIS）による自己資本規制（バーゼル3）の実施で合意した。13年から段階的に実施し、2019年1月に完全実施する。質と量の両面からの自己資本強化、リスク捕捉の強化、レバレッジ比率規制の導入、流動性規制の導入が主な改正点だ。

自己資本の強化では、「普通株ティア1」、優先株などを含めたティア1全体、補完項目を含めた自己資本全体の3段階で、それぞれ4・5％、6％、8％という最低基準を設け、資本調達の手段もこれまでより限定する。銀行勘定の金利リスク（IRRBB）など、なお協議中の項目もある。銀行が保有する国債や住宅ローン債権の金利リスクに応じて自己資本を積み増すべきだとの議論も出ており、これが実現すると日本の銀行には多大な影響が予想される。

グローバルなシステム上重要な銀行（G－SIBs）に対しては経営破綻のリスクを低下させるために、その重要性に応じてさらに普通株ティア1の上乗せを求める。世界の銀行監督機関を束ねるFSB（金融安定理事会）が該当する銀行を毎年、公表しており、日本からは3メガバンクグループが選ばれている。

この点に関連し、「大きすぎてつぶせない」（Too Big To Fail）問題への対応も協議が進んでいる。その方法は、①健全性を確保するために自己資本の上乗せを求める、②そもそも大規模な金融機関をつくらない、③経営破綻しても納税者に負担を求めないで済む破綻処理制度を整備する、の3つである。FSBはG－SIBsに対し、破綻時に損失を吸収し、資本を再構築できるようにするため、自己資本に加えて長期社債などをあらかじめ発行・保有することを義務付けるTLAC規制を提案した。

金融機関の業務範囲を厳しく規制する動きも広がっている。米国では2010年7月、包括的な金融規制改革法としてドッド・フランク法が成立した。業務範囲に関する規制は、ボルカー・ルールと呼ばれ、銀行とその関連会社、銀行持ち株会社に対し、自己勘定トレーディング業務やヘッジファンド、プライベート・エクイティ・ファンドへの出資を原則、禁止した。同法は539の条文からなる膨大な法律で、ボルカー・ルールのほか、金融監督体制の強化・刷新、納税者負担の回避、破綻処理ルール、消費者・投資家保護、経営陣の報酬規制などが含まれている。当局がルール案を示した後、多くの反対意見が出たが、2015年7月に施行された。

英政府は2010年6月、銀行改革を検討する独立銀行委員会を発足させ、2011年9月、最終報告書をまとめた。個人や中小企業に提供する銀行サービスを、その他の業務から切り離す「リテール・リングフェンス案」を提案した。リテール預金の受け入れと当座貸し越し業務は、リングフェンス銀行として当局から許可を受けた銀行だけに認められる。リングフェンス銀行にはデリバティブやトレーディング業務などを禁止する。2013年12月に法律が成立し、2019年までに実施する予定だ。

欧州連合（EU）は2012年9月、銀行セクターの改革に関する報告書を発表した。預金を取り扱う銀行からトレーディングやデリバティブ取引、ファンド投資などを分離し、別法人にすることを提案した。

これを受け欧州委員会は2014年1月、銀行の業務範囲規制に関するルール案を公表した。域内の大手30行を対象に、①自己勘定でのトレーディングの禁止、②デリバティブや証券化商品などのトレーディング業務を、預金を取り扱う銀行から分離・独立させる権限を各国の監督当局に与える、などの内容だ。①を2017年1月、②を2018年7月から適用するとしている。

日本の銀行界からは、日本に適した規制を考えればよいとの声も聞こえてくる。しかし、経済や金融のグローバル化が加速する中で起きたリーマン・ショックや、金融危機の後始末が一因となった、ギリシャをはじめとする欧州債務危機を「対岸の火事」と片付けるわけにもいかない。

戦後、独自の銀行規制を作り上げた日本は、１９８０年代は欧米からの圧力に応じて、１９９０年代後半以降は自らの意思で、欧米の自由化路線を後追いしてきた。その「先生」たちが、今度は、戦後日本の銀行規制を手本にするかのような動きを加速させている。銀行は制度や政策との絡み合いの中で、揺れ続けるしかないのだろうか。

52 板谷敏彦『金融の世界史』（新潮選書 2013）、国際銀行史研究会編『金融の世界史』（悠書館 2012）
53 ロバート・J・シラー『それでも金融はすばらしい』（山形浩生、守岡桜訳、東洋経済新報社 2014）：94-98
54 鹿野嘉昭・前掲書
55 大森泰人『金融システムを考える』（金融財政事情研究会 2007）、『霞ヶ関から眺める証券市場の風景』（金融財政事情研究会 2015）
56 五味廣文・前掲書：11-18 205-208
57 みずほ総合研究所・前掲書

第3節

着地点はどこに

前節では、バブル崩壊後の金融危機の教訓から、政府が「貯蓄から投資へ」の掛け声のもとで金融・証券市場の改革に取り組んできた経緯を紹介した。預金を通じて集まったお金を銀行が持て余し、「銀行にリスクが集中する状態」を解消するのが政府の狙いだ。

銀行がリスクを抱え込んで経営が破綻するような事態になれば、経済全体が混乱し、公的資金（税金）の投入が避けられなくなるからだ。１９９６年秋に日本版ビッグバンを打ち出してからほぼ20年がたつが、この間、日本の金融・証券市場を巡るお金の流れはどう変化してきたのだろうか。

「預金を取り崩して株を買いなさい」と言われても……

企業は１９８０年代半ばから90年代前半まで、景気拡大や低金利のもとで借入金を増やし、設備や不動産への投資を拡大した。しかし、バブル崩壊で過剰設備、過剰雇用、過剰債務の

3つの過剰が企業に重くのしかかる。それ以降、企業は債務圧縮に力を入れ、1990年代半ば以降は資金不足の「赤字主体」から資金余剰の「黒字主体」に転じている。有利子負債を返済、期間利益の蓄積、その範囲内での設備投資という行動パターンが定着したのである。リーマン・ショックの直後には銀行からの借り入れを増やす動きもみられたが、長期的には、有利子負債を減らして手元資金を積み上げる動きが続いている。

それでは個人の家計はどうだろうか。家計の金融資産残高は増加傾向が続いている。日銀の資金循環統計によると、2015年3月末の金融資産残高は約1700兆円。このうち現・預金が約51・7%と最も多くのウエートを占め、保険・年金準備金（26%）、株式・出資金（10・8%）、投資信託（5・6%）などの順となっている。ビッグバンを打ち出した直後の1997年3月末の数字をみよう。金融資産残高は約1260兆円で、現・預金（52・2%）、保険・年金準備金（26・6%）、株式・出資金（8・2%）、投資信託（2・2%）となっている。

手元資金の半分以上を現・預金に回す傾向は20年間、全く変わっていないのだ。（図表5－4参照）

第2次安倍晋三政権が発足した後の株高の影響もあり、株式や投資信託のウエートがやや

図表 5-4　家計の金融資産残高

（兆円、2015 年 3 月末）

金融資産計	1708	100%
現・預金	883	51.7%
債券	27	1.6%
投資信託	95	5.6%
株式・出資金	184	10.8%
保険・年金準備金	444	26%
その他	73	4.3%

（出所）日銀資金循環統計

高まってはいるが、政府が「貯蓄から投資へ」という看板を掲げて国民を誘導しようとしている割には変化に乏しい。家計は依然、余裕資金を現・預金に回し、以前は「借り手」であった企業も手元資金を積み上げ、現・預金などに回す傾向が強まっている。銀行には相変わらず預金が集まり、銀行からお金を借りてくれる企業は減っている。「預金過剰」と「貸し出し過剰」という「オーバーバンキング」に拍車がかかっているのだ。

なぜ、「預金信仰」とも呼べる状況が続いているのか。銀行の利用者（個人や企業）、銀行、政府にできることはないのだろうか。

日本人の多くが依然、余裕資金を預金に回している背景を「日本人の国民性」、「護送船団行政の名残」などから説明する識者もいる。確かにそういう側面もあるだろうが、株式や投資信託を購入して着実に資産形成ができたという成功体験を持つ人がほとんどいないから、ではないだろうか。日本版ビッグバンの効果で、日本の証券市場にはネット証券などの業者が参入した。

株式の売買委託手数料も自由化され、個人にとっても使い勝手はよくなっているはずだ。だが、肝心の株価が低迷し続ける中で「預金を取り崩して株を買いなさい」と言われても、多くの人が反応しないのは当然だ。株式や投資信託を購入すれば着実に高い運用利回りを期待できるようなら、政府が誘導しなくても、多くの人が自然に株式市場に目を向けるようになるのではないか。

政府が力を入れるべきは、個人投資家に魅力を感じさせる投資対象を増やすような政策であろう。


また、現在の証券市場は、機関投資家や投資ファンドなどがコンピューターを活用した高速売買でしのぎを削る「プロ中のプロ」向けの市場になっているのも、個人が腰を引いている原因の1つではないか。

経済評論家の勝間和代は、日本人は金融リテラシーを鍛えるべきだと提案する。[58] 勝間のいう金融リテラシーとは、金融に関する情報や知識を学ぶだけでなく、与えられた情報を批判的にみながら金融に関する知識と経験を積み重ね、金融の情報や知識を主体的に読み解けるようになることを指す。

勝間は「金融市場は、ある意味でプロ同士の市場。そこに知識もスキルも劣る素人が突然、入っていったらどうなるか。プロ同士のボクシングのリング内に素人が突然、入って闘うようなもので、ボコボコにKOされてしまうのがオチ」と警告する。だが、個人が、勝間が期待するレベルに達するのはかなり難しいと言わざるを得ない。

この面では、金融仲介業者、とりわけ銀行の責任は重い。「金融のプロ」ではない個人顧客は、仲介業者に頼らざるを得ないからだ。

金融庁の２０１４年版「金融モニタリングレポート」では、銀行が取り扱う投資信託の人気商品を乗り換えながら購入した人は10年間で結局、損をしているというデータを示した。銀行が投資信託の窓口販売に熱心なのは、手っ取り早く手数料収入を稼げる上に、自行のバランスシートには残らず、「銀行にリスクが発生しない」ためだろう。その動機を否定はできないが、投信を購入する側の視点も重視して販売する姿勢が希薄だと、個人投資家は逃げてしまい、再び「預金者」に戻るだけだ。

「金融リテラシー」を鍛える

前節で紹介した規制緩和の流れの中で、最も恩恵を受けているのは銀行である。

１９９８年12月から銀行窓口で投資信託の販売を始めたのを手始めに、住宅ローン関連の長期火災保険、個人年金保険、証券仲介業、一時払い終身保険、死亡保障保険・医療保険、外国銀行の業務の代理・媒介などにも相次ぎ、サービスを広げてきた。金融商品を製造する業者と販売する業者が分離する「製販分離」が進んだと指摘されるが、証券会社が「預金」を取り扱えるわけではない。証券会社や保険会社が「製造」する商品を、銀行窓口で取り扱えるようになり、銀行が金融商品の販売チャネルの中核を担うようになったのである。「貯蓄から投資へ」の誘導役として銀行に期待している金融庁の思惑通りになっているのだが、形は整っても結果は出ていない。

また、日本人の「預金信仰」は変わらなくても、どの銀行にも預金が集まりやすい状況がこれからも続くとは限らない。ひとたび金融不安が広がれば、銀行は「預金の取り付け騒ぎ」が起きるリスクを常に抱えているのは、本書で取り上げた、預金流出に苦しんだ銀行の例をみれば明らかだ。そこまでいかなくても、相続財産の動向によっては地方から都市への資金の流れが加速し、地域銀行などから預金が流出する可能性があるとの野村総合研究所の試算を先に紹介した。しかも、人口の高齢化がさらに進めば勤労世帯が減り、金融資産は取り崩されていく。

預金が集まりすぎるどころか、預金が足りなくなる時代が来るのだ。投資信託を強引に販売して顧客に損をさせても恥じない姿勢を示す銀行や、黙っていても預金が集まると思い込み、預金者を軽視する態度を取っている銀行は、やがて顧客から見放されるだろう。

個人にできることは何だろうか。銀行に余裕資金のほぼ全額を預けている人に「株や投資信託を購入せよ」と勧めはしないが、「銀行預金は株式投資よりは安全だから、そのままにしておけばよい」と助言するつもりもない。

銀行が経営破綻した後、ペイオフが発動され、預金がカットされたのは、決済システムに参加していなかった日本振興銀行の場合だけであり、それ以外の金融破綻では預金は全額保護されている。ペイオフを実施するときの預金者の混乱や日本経済に与えるダメージの大きさを考えると、政府が今後もペイオフに踏み切る可能性は低いが、ペイオフの制度は整備されていることを忘れてはならない。

預金者は、銀行という名の金庫にお金を預けている「貸金庫の利用者」ではなく、銀行にお金を提供している「債権者」である。貸金庫を利用しているだけなら、自分が利用したいときにだけお金を出し入れすればよいが、実際には銀行は金庫番ではない。銀行は預かったお金を金庫に入れたままにしているのではなく、一部だけを残して運用している。運用に失敗して大きな損失を出せば、お金が返ってこなくなる可能性があるのだ。債権者が債務者である銀行の行動をチェックしなければならないのは当然のことだ。

最終的に銀行預金を継続するにせよ、自分がお金を預けている銀行の経営状態がどうなっているのか、他の金融機関や運用手段に乗り換える余地はないのか、と考えてみるだけでも、「金融リテラシー」を鍛えることになるはずだ。銀行の窓口に足を運び、運用の相談をしてみるのもよい。担当者の説明をうのみにするのではなく、他の金融機関や証券会社などにもできれば足を運び、対応を比べてみてはどうだろうか。

個人投資家向けアドバイザーの内藤忍は「一番相談してはいけないのが、銀行の窓口」と言い切る。[59] 銀行が熱心に販売している投資信託や保険は、銀行に入る販売手数料が大きく、必ずしも顧客の将来の資産形成を考えているわけではないと銀行を批判。投信を購入するなら、金融の専門家（フィナンシャルプランナー）にコンサルティングフィーを払って相談し、販売手数料のかからないネット証券で納得できる商品を購入する方が合理的と、銀行以外での購入を勧めている。

銀行の本業である貸出業務について改めて考えてみよう。

これまで繰り返し説明してきたように、銀行は預金で集めたお金を貸し出しでは運用しきれず、国債を購入したり、日銀に余裕資金を預けたりしながら帳尻を合わせている。それでも、貸出業務が運用の中核をなす点は変わらない。日銀の異次元緩和政策の影響もあって、貸出業務で利ざやを稼ぐのは難しい情勢とはいえ、銀行にとって貸出業務による利益は引き続き収益の柱である。

金融を専門とする研究者や銀行アナリストらは銀行の経営者に対し、「貸出金利を引き上げて収益を改善せよ」と提言する。対する銀行側は「オーバーバンキングのもとで自行だけが貸出金利を引き上げようとすれば、取引先に逃げられてしまう」と反論する。全国に支店網を張り巡らせているメガバンクや、特定の地域に充実した店舗網を持つ地域銀行などが激しい貸し出し競争を繰り広げる中で金利を引き上げるのが難しいのは確かだ。

しかし、同じ環境下でも、例えば3メガバンクの中で、三井住友銀行だけが、貸出金利と国債など有価証券の運用利回りから、預金金利や経費などの資金調達原価を差し引いた「総資金利ざや」を確保できているのはなぜなのか。経済環境だけではなく、銀行の姿勢や手法の違いが表れているのではないだろうか。貸出金利が低いのは借り手にとっては良いことではないかとの見方もあろうが、果たしてそうだろうか。総資金利ざやがマイナスになっている「逆ざや」の銀行は、一握りの優良企業だけを相手にしようとするから貸出先が限られ、運用難に陥っている可能性は高い。貸し倒れの発生を過度に警戒するあまり、貸出金利を上げられる、あるいは上げなければならない取引先を避けているのではなかろうか。

銀行は個人客との信頼関係をいかに築いていくのか

筆者はこれまで数多くの銀行の経営者や銀行員に接してきたが、銀行員のやりがい、使命、職業倫理といった話題になると、貸出業務を軸とした法人取引での経験を挙げる人が圧倒的に多い。「よちよち歩きの零細企業が銀行からの借入金をうまく活用して一人前に育った」、「経営難に陥った企業を支えて再建した」、「経営者と一緒になって新たな事業展開を考え、成功した」、「銀行が預金流出に苦しんでいた時に中小企業の経営者が大口預金を契約してくれた」……。こうした話をする時の銀行員は目を輝かせ、生き生きとしている。

経済環境がどれほど変化しようとも、銀行業のコアはやはり貸出業務しかないのだ。

借り手の側、とりわけ優良な中小企業の経営者には「低金利競争」に惑わされない姿勢を期待したい。名刺が30枚もたまるほど通い詰める銀行の営業担当に会うのはもちろん自由だが、結局は「低金利」が売り物なら、その銀行との「新規取引」は慎重にすべきであろう。

銀行と企業の貸借関係は長期の信頼関係が基本である。「案件ごとに金利が最も低い銀行を選んでいる」と自慢げに語る経営者もいるが、ひとたび経営状態が悪くなったとき、銀行側がどんな対応を取るかは想像に難くない。「適正な金利水準」は、信頼関係で結ばれた、銀行と企業の共同作業の中で自ずと決まるはずだ。

日本のバブル期の不動産担保融資が典型だが、銀行にとって企業向け貸出業務は決して

「安全な運用対象」ではない。ひとたび判断を誤れば、銀行の屋台骨を大きく揺るがす危険性を秘めている業務でもある。ただ、銀行が企業と真摯に向き合い、事業の将来性を真剣に考えた上で与信判断をしていれば、バブル期の轍を踏む可能性は小さい。

個人向け貸出業務の柱は住宅ローンである。企業向け貸し出しに比べると、融資審査は型通りで済み、回収難に陥るリスクが小さいとあって、大手銀行や地方銀行などの金融機関は一時期、こぞって住宅ローンに注力した。

ところが、企業向けと同様に金融機関同士の競争が激化し、住宅ローン金利は超低水準に張り付いている。あるメガバンク首脳は「人件費などのコストを考えると住宅ローンは赤字事業になってしまった。住宅ローンの取り扱いなどやめたい」と本音を語る。安易な薄利多売に走ってきた帰結であり、自業自得ともいえる。

野村総合研究所の調査によると、住宅ローンを借りている人が、借入先を選んだ理由の中では（複数回答）、「金利が低かったから」（64％）、「金利・手数料優遇があったから」（52％）、「返済の方法や手数料が良かったから」（49％）が上位に並んだ。[60] 利用者の側も「価格」を最優先しているのだから、銀行が低金利競争にまい進するのはやむを得ないと言う声が聞こえてきそうだが、調査結果では別の側面も明らかになっている。（図表5－5参照）

野村総研は調査への回答者を、住宅ローンを借りた時期によって分類。１９９０年代に借

図表 5-5　住宅ローンの選択理由

金利が低かったから	64%
金利・手数料優遇があったから	52%
返済の方法や手数料が良かったから	49%
知名度のある金融機関だったから	46%
住宅の購入先（販売会社など）に紹介されたから	43%
店舗や窓口が自宅や職場の近くにあったから	37%
給振口座や決済口座に指定していたから	36%
ブランドイメージの良い金融機関だったから	34%
豊富な知識や高い専門性を持った担当者に勧められたから	31%
以前から貯蓄や投資で利用していたから	30%

（注）野村総合研究所が 2013 年に調査、複数回答、15 の選択肢のうち上位 10 を掲載、回答者は「現在借りている住宅ローンがある」と回答した 1270 人

りた人と2010年以降に借りた人を比較した。「金利が低かったから」と回答する人の割合は前者が54%、後者が78%と金利選好が強まっている一方、「豊富な知識や高い専門性を持った担当者に勧められたから」との回答が前者は27%で、後者は38%と金利以外の要素を重視する人も増えている。顧客は頼れる相談役を求めているのだ。投資信託の販売と同様に、改善の余地は大きそうだ。自ら起こした低金利競争の結果、採算に合わなくなってきたからといって急にローン審査を厳しくするような行動は許されないのではないか。超低金利のもとでも採算に合う事業にするにはどうすればよいのか。運営コストを減らす余地はないのかなども含めて住宅ローン事業を再構築すべきであろう。

元銀行支店長の菅井敏之は「銀行はお金の出し入れをするだけの場所ではなく、安い金利でお金を貸

してくれる場所だ」と説き、銀行の活用方法を提案する。[61] お金が余っている銀行が貸せるところは住宅ローンくらいしかないが、金利が1％を切るような低金利では原価スレスレか人件費を考慮したら利益はないかもしれない。結局、カードローンしか貸せるところがない。でも、これは銀行の都合であって私たちの人生には全く関係がない。

カードローンを利用して資産が形成されるはずがない。借金には〝いい借金〟と〝悪い借金〟があり、カードローンは後者、住宅ローンは前者だという。金利が安くて長期で貸してくれる住宅ローンを上手に活用することが、資産形成のカギを握ると強調する。

菅井は、メガバンクよりも信用金庫の方が事業資金や住宅ローンを貸してくれやすいと指摘。給与振込口座は信用金庫に作り、小口決済用にメガバンクに口座を持てばよいと助言する。また、「銀行員（信金の従業員を含む）は相談されるのが大好き」なので、税理士や司法書士などの人材紹介を依頼すれば応じてくれる。特に地元の信用金庫はその地域の情報とネットワークを持っているから紹介してくれるだろうと、信金との取引を勧めている。

銀行は個人顧客との信頼関係をいかに築いていくのか。銀行員が法人取引の「成功体験」を語るのと同様に、個人との取引についても「銀行員になってよかった」と回顧できるようなビジネスに変えていかなければ、個人顧客と銀行との距離は広がるばかりだ。

説明がないから「ATM手数料が高い」と不満に

銀行のビジネスモデルについて整理しよう。銀行の経営者が、収益力が低下している本業の預金・貸出業務に代わる収益源を探そうとするのは当然だ。研究者やアナリストらも「収益力を強化せよ」と経営者の背中を押す。もちろん、努力は続けなければならないが、「魔法の杖はない」というのが、本書の結論である。

本書では、金融危機に直面し、銀行の再生を目指して奮闘した経営者らを取り上げた。先見性、リーダーシップ、戦略作りなど経営者としての能力が高い人物ばかりだが、「新たなビジネスモデル」作りに成功した経営者はいない。銀行界では今、社外取締役による経営のチェック機能を強化する動きが広がっているが、コンプライアンス（企業統治）の強化にはなっても、そこからビジネスモデルが生まれてくるわけではない。

新しいビジネスモデル作りが難しいのは日本だけの話ではない。「世界の銀行史」には様々なタイプの銀行が登場するが、「銀行業」の本質は中世イタリアに銀行が生まれて以来、変わっていない。

一方、収益の拡大を狙って「新規事業」に乗り出し、失敗に終わった事例は後を絶たない。欧米のユニバーサルバンクは投機色が濃い、自己勘定での証券売買（トレーディング業務）

に手を染め、リーマン・ショックを引き起こして一敗地にまみれた。金融庁はユニバーサルバンクを手本に規制緩和に取り組み、日本には3メガバンクグループが誕生した。銀行、証券、信託を金融持ち株会社の傘下に置く「金融コングロマリット」を形成しているが、業務の多角化には落とし穴があることを肝に銘じないと、ユニバーサルバンクの二の舞を演じかねない。

川本裕子はバブル崩壊後の銀行界の現状をみながら、日本の銀行は「公共性」を隠れ蓑に収益力の強化を怠ってきたと主張。収益力を強化するための具体策として、貸出金の利ざや拡大、口座維持手数料の導入、大企業向け貸し出しの資本市場への移行（資本市場からの受託・引受手数料の拡大）、個人ローンへの取り組み、投資信託の販売増、営業経費（人件費と物件費）の削減を挙げた。[62]

投信販売や決済業務などによる手数料収入を増やすのは1つの方向ではあるが、貸出業務を凌駕する規模にはならないだろう。ATM手数料を軸に収益を伸ばしているセブン銀行のような成功事例はあるが、セブン－イレブンの店舗を利用できるなど様々な条件が重なっているからこそ可能なビジネスモデルだ。

ATMによる手数料とATMの維持・運営費用を比べると大半の金融機関は「赤字」である。それでも、利用者の間では「預金金利はゼロに近いのに、ATM手数料は高すぎる」との不満の声が絶えない。手数料を払うのに抵抗感が強い日本の風土の中で、手数料ビジネスを成り立たせるのは、かなり難しい。

3メガバンクグループが急拡大している海外事業は、閉塞感が漂う国内市場の限界を補う経営戦略であり、打開策ではあろう。金融庁は2015年版「金融モニタリングレポート」で3メガバンクの海外業務を以下のように総括している。一部を要約して紹介しよう。

3メガバンクグループ（以下3メガバンクと略す）は、リーマン・ショックや欧州債務危機の影響で海外の大規模金融機関がグローバルに融資残高を減らす中、海外の資金ニーズや国内より高い収益性に着目し、グローバルに活動する非日系企業や海外展開を指向する日系企業に対する貸し出しを中心に、海外業務を積極的に拡大してきている。3メガバンクでは、国内貸し出しの利ざやが縮小する中、成長領域と位置付ける海外業務の重要性がますます高まっているが、近年、海外業務を取り巻く環境には変化が生じている。特に3メガバンクが注力するアジアでは、欧米金融機関の復調や地場銀行の台頭により貸出市場の競争は激化している。また、金融危機を踏まえた国際金融規制の強化が進む中、資本規制への対応やリスク管理の高度化などの面でさらなる取り組みが求められている。海外業務の拡大に伴う外貨建て貸し出しの増加により、預貸金ギャップ（預金と貸し出しの差）が貸し出し超過になっており、さらに海外貸し出しを増やすには、外貨流動性への対応（外貨を調達すること）が必須になっている。

3メガバンクは海外でこれまで日系・非日系の優良顧客向け貸出業務に注力しており、金利収入に大きく依存したビジネスモデルとなっている。一方、欧米金融機関の復調や地場銀行の台頭による競争激化、国際金融規制の強化および外貨流動性の制約などに直面しており、中期的には優良顧客向けの貸出業務だけでは収益面の成長は難しくなることが予想される。[63]

金融庁は、現地での貸し出しを柱とする3メガバンクの海外展開を基本的には評価しているものの、復調し始めた欧米金融機関との競争の激化や、資源価格や為替相場などの経済環境の変化に対応できる管理能力の向上を求めている。邦銀はかつて欧米の金融機関の尻馬に乗る格好で海外展開したものの、必ずしも収益には貢献せず、バブル崩壊後に海外業務を大幅に縮小した。

現在の3メガバンクはかつての姿とは大きく異なる。2015年3月期決算では3メガバンクグループ（平均）の国際部門による利益は、全体の33％に達している。（図表5－6参照）地に足がついてきた証左ではあるが、異変が生じたときに悪影響が出るリスクも高まっている。

日本の利用者の側からみると、メガバンクの海外業務はどの程度、安全なのかを把握する

図表5-6　3メガバンクグループの国際部門収益の割合

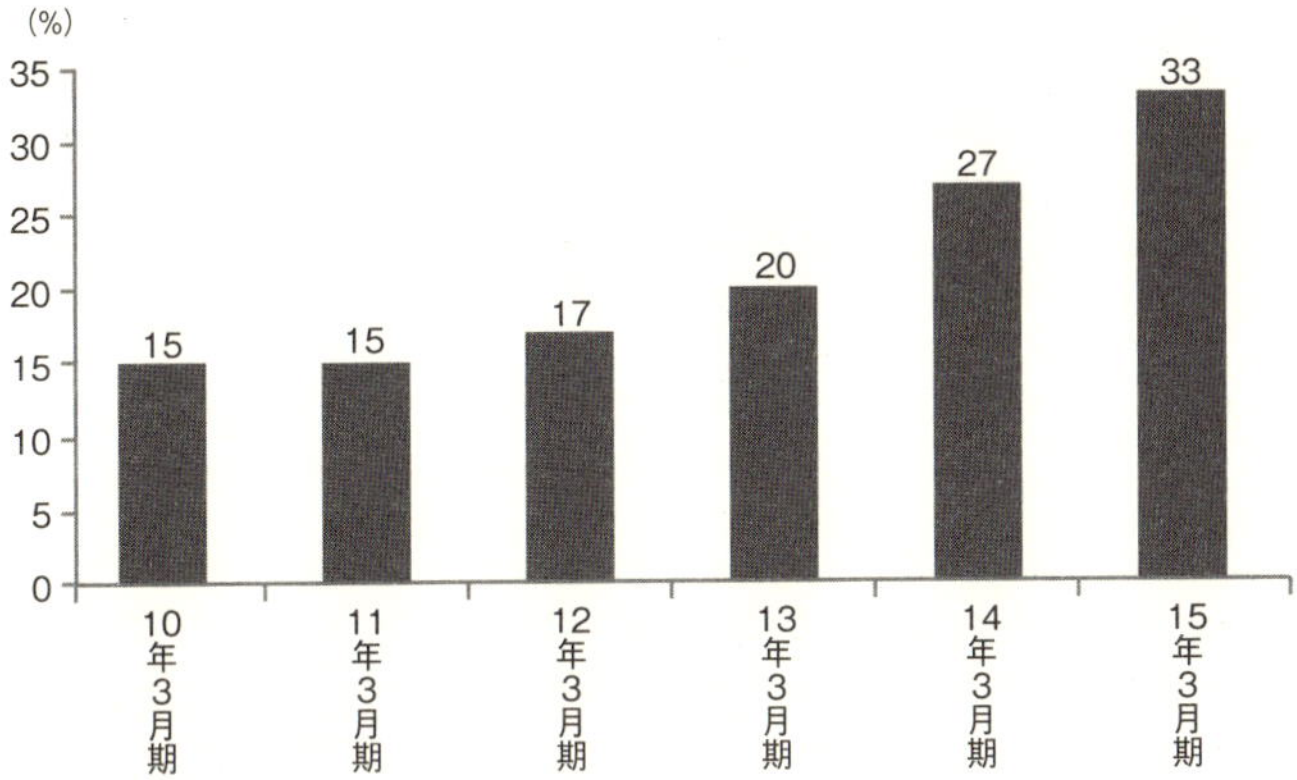

（注）金融庁調べ

のは難しい。例えば、三菱ＵＦＪグループでは、北米のユニオン・バンクとタイのアユタヤ銀行の収益への貢献が大きいが、それぞれどんな銀行で、資産内容や収益構造はどうなっているのか、などを一般向けにもっと詳しく開示する必要があろう。

銀行の情報開示についていえば、インターネットの普及もあり、以前よりはかなり充実してきた。銀行のホームページにアクセスすれば多くの情報を入手できる。

ただ、現状で十分とは言えない。銀行の情報開示に欠けているのは「わかりやすさ」である。銀行業界は、専門用語が飛び交う業界でもある。決算などで発表している利益１つをとってみても、「業務粗利益」、「業務純益」、「コア業務純益」、「営業純益」といった言葉が混在し、一般の人には近づきがたい空気を醸し出している。

もう少し工夫できないのだろうか。

海外業務の内容について指摘したが、一般の人が本当に知りたい情報とは何かを、もっと真剣に検討してほしい。例えばATMの手数料収入は年間いくらで、維持・運営コストと比較した損益はいくらなのか。「赤字だ」と言うだけでは説得力がない。きちんと情報開示すれば「手数料が高すぎる」という利用者の声が正当なのかどうか、議論は収斂していくだろう。

銀行の収益力に話を戻そう。かつての邦銀の海外展開が失敗の歴史だったように、銀行が収益源を多角化していくのは容易ではない。そこで、多くの経営者たちは「時間を買うために」合併や経営統合に走り、生き残りや勢力の拡大を目指してきた。

バブル崩壊後、かつてないほど再編機運が盛り上がり、現在の5大金融グループが誕生したが、各グループを構成する銀行の組み合わせは歴史の「必然」というよりも「偶然」に左右されて決まった面の方が大きい。

バブル崩壊に直面した経営者たちの苦闘ぶりは評価できるが、「なぜ、この組み合わせに落ち着いたのか」と突き詰めて問われれば、合理的な説明はできないだろう。銀行の合併や経営統合は「銀行が潰れなくても済んだ」という一点を除けば、銀行のステークホルダー（利害関係者）の利益とは無関係な次元で決まり、現在に至っている。地域経済の疲弊に直面し、収益の基盤が揺らいでいる地銀・第2地銀などの間では、今後も金融再編の動きは続くだろうが、「利用者の視点」を忘れないようにしてほしい。

監督官庁と金融機関が「相互不信」

最後に、金融行政について触れよう。戦後の日本では、大蔵省（現・財務省／金融庁）が金融機関の箸の上げ下ろしまで指導する、「護送船団方式」と呼ばれる行政手法のもとで産業界に安定した資金を供給してきた。1970年代の高度成長期まではこの手法がうまく機能していたが、80年代以降は監督官庁と業者が癒着するマイナスの側面の方が目立つようになってきた。

1998年の接待汚職事件はその象徴であり、この時の反省を踏まえて金融行政は大きく変わる。金融庁は金融機関の資産内容を厳しくチェックするようになった。「事前指導から事後チェックへ」の転換である。

接待汚職事件のイメージは強く、護送船団方式は、金融機関が大蔵官僚をゴルフや料亭などで接待する場面と結び付けて語られがちだ。住宅金融専門会社への公的資金の導入などで怒りを募らせた国民が、過剰接待を批判するのは当然だ。ただ、護送船団方式は、ある時期までは機能していた事実を改めて確認しておきたい。

筆者が信託銀行の業界を担当していた1990年代半ばのことだ。大蔵省銀行局の課長補佐が赴任すると、信託協会の会長行（信託業界内で1年ごとの輪番制を敷いていた）の担当者は、その課長補佐を1日缶詰にして、業界の動向や課題をレクチャーしていた。課長補佐は1年程度で交代してしまうのだが、1カ月もしないうちにキャッチアップする。大蔵省は個々の業界動向を熟知した上で、金融行政を担っていたのだ。

そして、金融業界と密着していた大蔵省は、経営危機に陥る金融機関が現れたときには責任をもって対応していた。本書では、まだ「護送船団方式」が続いていた時期に経営難に陥った銀行の事例をいくつか取り上げたが、いずれも大蔵省は「救済スキーム」作りに関与し、金融システム不安が広がらない様に汗をかいていた。しかし、大手銀行などが抱え込んだ不良債権額が巨額になるにつれ、大蔵省が主導する救済スキームでは対処しきれなくなったのである。

また、大蔵省と金融業界の二人三脚には誰もストップをかけられないという構造欠陥を抱えていた。金融業界の動向を熟知していた大蔵省は「膨れ上がったバブル経済はやがて崩壊する」という経済の大きな流れを読めず、バブルにまみれる金融機関に待ったをかけるどころか、金融機関同士の収益競争を楽しみながら観察している風でもあった。

金融業界全体が罠に陥っているとき、大蔵省も一緒になって罠に陥っていたのだ。

こうした旧時代の反省のもとに、金融監督庁（現・金融庁）が大蔵省から分離して発足すると、金融機関と当局との関係はがらりと変わる。金融機関による接待がなくなったのはもちろん、日常の情報交換も事務連絡が中心となり、意思疎通が途絶えてしまう。ＵＦＪ銀行の検査忌避事件にみられるように、金融庁と金融機関の間には緊張感が走り、場合によっては「敵と味方」に分かれてしまう。

厳しい金融庁検査を受け、貸出金に対する引当金を積み増さなくてはならない金融機関からは「検査不況だ」との怨嗟の声が出るようになった。金融機関と監督当局の癒着を断ち切り、不良債権問題を決着させるためには、こうした冷たい関係の期間は必要だったのだろう。ただ、監督官庁と金融機関が「相互不信」の状態に陥ると、その余波が両者以外のステークホルダーに押し寄せ、金融機関から円滑に資金を調達できなくなるといった弊害が生じがちになる。

金融担当相の竹中平蔵が主導した「金融再生プログラム」の効用で、大手銀行が不良債権問題にけりをつけると、金融庁は、事後チェック型の検査を軸とする態勢の見直しに着手した。検査のたびに金融機関の成績表をチェックするだけでは、金融機関の実態はつかめない。

金融庁が「金融モニタリング」という呼び名のもとで金融機関との関係を改善し、情報交換に注力するようになったのは自然な流れであろう。

厳しい業務規制＋日本固有の会計制度＋官民一体の金融監督が中心の体制（＝護送船団方式）から、業務規制の自由化＋国際標準の会計制度＋厳しい金融検査が中心の体制（＝脱・護送船団方式）へと移行した金融行政。不良債権問題が決着し、平時に戻ったと判断している金融庁は、業務規制の自由化＋国際標準の会計制度＋官民で情報を共有する検査・監督体制へとかじを切っている。

金融庁が公表している「金融モニタリングレポート」を読むと、金融庁が金融機関の経営内容にかなり踏み込んでいるのがわかる。護送船団時代の大蔵省も金融機関の実態を把握はしていたが、その内容は外部には一切、公表していなかったし、金融業界を横断して分析し、金融機関にフィードバックすることもなかった。だからこそ、バブル経済の崩壊という大きな時代の変化を大蔵省も察知できず、金融機関とともに沈没しかけたのであろう。

様々な経験を経た上で現在の金融行政が目指している方向は正しいようにみえる。ただ、金融界との情報交換が緊密になればなるほど、かつての「護送船団方式」に逆戻りする可能性は否定できない。ある地銀幹部は「地銀A行はニューヨークに進出する計画ですよと大蔵省の担当課長に耳打ちされてうちも進出を決めたが、バブル崩壊後に撤退する羽目になった」と述懐する。現在、同じような光景がみられないのか、要注意だ。両者が緊張感を失わずに相互にチェックし合う関係が理想である。

金融庁は、バブル崩壊後、欧米型の金融規制やユニバーサルバンクを目標にしてきた。だが、リーマン・ショックを経て大きく変貌・凋落し、「お手本」ではなくなっていることを率直に認めるべきであろう。金融ジャーナリストのマーチン・メイヤーは１９９０年代後半に、米国の銀行界の未来を予想している。内容を要約しよう。

かつての銀行は「誰かよくわかっている人々のお金を集め、それを誰かわかっている人たちに貸す」ビジネスだったが、銀行の収益の大半は手数料や証券市場での運用益となった。銀行が歴史の中で果たしてきた役割である「情報集約的貸し出し」の余地がどこにもない。もはや銀行は地域の取引残高を集めて地域の商取引をする企業に利子を取って貸し出す企業ではない。預金金利や手数料を巡る競争が激しくなると、サービスを均一にして手数料を引き下げる。規模の利益を追求するようになり、銀行同士の合併や買収が進んで大規模な銀行が相次ぎ誕生する。個人や企業も単に預金するのではなく、リスクを承知でマネーゲームに参加するようになる。21世紀にはごく少数の大規模銀行だけが生き残る。銀行というより「金融サービス機関」と化す。今時、銀行になりたいと思う者はいない。みんな「金融サービス機関」になりたがっている。[64]

メイヤーの読みは的中したが、リーマン・ショックで風景はがらりと変わった。外資系銀行に勤務する藤沢数希はリーマン・ショックの反省を踏まえ「巨大金融コングロマリットを解体せよ」と主張する。一部を抜粋する。

利用者の視点に立った日本独自のモデルを

金融というのは、世界経済が健全に成長していくために必要不可欠なものだ。資金が余っている個人、企業あるいは国が、資金が必要な個人、企業、国に貸し出したり、投資したりすることにより、世界経済は成長していく、これは金融機能のない世界を想像してもらえば自明だろう。

しかし、こういった金融業務を、一部の巨大金融コングロマリットからなるインナーサークルだけで独占させておく必要はない。預金や融資を担当する銀行と、様々な複雑な商品を扱う証券を完全に分離する。投資銀行部門とマーケット部門も完全に別会社にする。徹底的な機能分離により、問題があったら民間銀行として自己責任でつぶすような金融システムの構築を国際的に目指すべきである。スピンオフした小規模なヘッジファンド、ブティック投資銀行、独立系リサーチハウス、個人投資家が、グローバル・マーケットに直接つながり、金融サービスの新たな担い手になっていけばいい。[65]

藤沢の提言はその後、欧米ではかなり現実になりつつあるが、日本に関しては、3メガバンクグループ中心の金融秩序は今のところ揺らいでいない。

今後、3メガバンクが欧米のユニバーサルバンクの轍を踏む可能性も低いだろう。それでは、3メガバンクはどんな金融グループを目指すのか。欧米型モデルが潰えた今、日本独自のモデルを提示できるのか、改めて問い直す時期であろう。日本型モデルの構築を目指しつつ、日本にとって最適な金融規制、監督・検査体制の組み合わせを、利用者の視点に立って模索し続けるしかない。

58 勝間和代『お金は銀行に預けるな』（光文社新書　2007）：18-19　126
59 内藤忍『10万円から始める！［貯金額別］初めての人のための資産運用ガイド』（ディスカヴァー携書　2015）：36-38
60 宮本弘之・鳩宿潤二・久保田陽子・前掲書：108-115
61 菅井敏之『お金が貯まるのは、どっち!?』（アスコム　2014）：88-90　219-220
62 川本裕子『銀行収益革命』（東洋経済新報社　2000）：84-86
63 金融庁『金融モニタリングレポート』(2015)：21-24
64 マーチン・メイヤー『ザ・バンカーズ』（阿部司訳、時事通信社　1998）：（上）246-254　（下）274-280　302-305
65 藤沢数希『外資系金融の終わり』（ダイヤモンド社　2012）：221-224

おわりに

大手書店に足を運ぶと「金融」のコーナーにはたくさんの本が並んでいる。金融の仕組みや制度、理論を解説した専門書、金融再編や経営破綻をテーマにしたドキュメントや回顧録、お金の殖やし方に関するノウハウ本、金融実務の手引書など多種多様だ。多忙な日々の中で、どの本を読めばよいのか、迷う人も多いだろう。

そこで筆者は、この1冊を読めば「銀行とは何か」、「バブル崩壊後、日本の銀行に何が起きたのか」、「銀行を巡って今、何が議論されているのか」をつかめる本を作りたいとの思いで本書を執筆した。「はじめに」でも触れたが、筆者が記者生活を通じて見聞してきた事実を土台に、ベストセラーになった本や、筆者が読んで面白いと感じた本、経済学者が書いた入門書、シンクタンク研究員のレポートなどのエッセンスを縦横無尽に取り込み、「本の垣根」を取り払ったつもりである。ただし、本書は読書ガイドではないので、引用する著書は最低限の冊数に絞り込んだ。一般の読者が目を通しづらい専門論文の引用はできる限り避け、読みやすさ、わかりやすさに重点を置いて構成した。

本書の執筆は、筆者自身の記者生活を振り返り、点検するよい機会にもなった。記憶の淵に沈んでいた場面や、その時々に抱いた考えや感情などが同時によみがえり、新聞記者としての原点に戻ることができたような気がする。

こうして出来上がった本書が、読者に何らかのヒントをもたらし、銀行との付き合い方を改めて考えるきっかけになれば幸いである。

謝辞

本書は、筆者の取材に応じてくださった数多くの方々の協力なくしては成立しなかった。改めてお礼の気持ちを伝えたい。編集作業では、ディスカヴァー・トゥエンティワン編集部の三谷祐一さん、林秀樹さんに多大なご尽力をいただいた。お礼を申し上げる。また、手前味噌になるが、こうした著書の出版を認めてくれた日本経済新聞社にも感謝する。

そして、本書を、筆者の心の支えとなっている妻・量子と、自分の道を切り開きつつある娘・華奈に捧げる。

２０１５年秋　　　　　　前田裕之

ドキュメント 銀行

金融再編の 20 年史――1995-2015

発行日 2015 年 12 月 30 日 第 1 刷
2016 年 1 月 20 日 第 2 刷

Author 前田裕之

Book Designer 重原隆

Publication 株式会社ディスカヴァー・トゥエンティワン
〒 102-0093 東京都千代田区平河町 2-16-1 平河町森タワー 11F
TEL 03-3237-8321（代表）
FAX 03-3237-8323
http://www.d21.co.jp

Publisher 干場弓子
Editor 三谷祐一 林秀樹

Marketing Group
Staff 小田孝文 中澤泰宏 片平美恵子 吉澤道子 井筒浩 小関勝則 千葉潤子 飯田智樹 佐藤昌幸 谷口奈緒美 山中麻吏 西川なつか 古矢薫 米山健一 原大士 郭迪 松原史与志 蛯原昇 中山大祐 林拓馬 安永智洋 鍋田匠伴 榊原僚 佐竹祐哉 塔下太朗 廣内悠理 安達情未 伊東佑真 梅本翔太 奥田千晶 田中姫菜 橋本莉奈 川島理 倉田華 牧野類 渡辺基志

Assistant Staff 俵敬子 町田加奈子 丸山香織 小林里美 井澤徳子 藤井多穂子 藤井かおり 葛目美枝子 竹内恵子 清水有基栄 小松里絵 川井栄子 伊藤香 阿部薫 常徳すみ イエン・サムハマ 南かれん 鈴木洋子 松下史

Operation Group
Staff 松尾幸政 田中亜紀 中村郁子 福永友紀 山﨑あゆみ 杉田彰子

Productive Group
Staff 藤田浩芳 千葉正幸 原典宏 石橋和佳 大山聡子 大竹朝子 堀部直人 井上慎平 松石悠 木下智尋 伍佳妮 賴奕璇

Proofreader 株式会社 T&K
DTP アーティザンカンパニー株式会社
Printing 三省堂印刷株式会社

ISBN978-4-7993-1820-1